航空装备体系保障性建模与仿真技术

丁 刚 崔利杰 张 琳 著

西安电子科技大学出版社

内 容 简 介

本书面向航空装备典型任务，提出了航空装备体系保障性仿真的概念建模技术，建立了评估航空装备体系保障性的指标体系，根据航空装备体系各类保障实体活动特点，构建了体系保障性的多 Agent 模型。在明确航空装备体系保障性仿真目标的基础上，本书设计了仿真业务流程，并基于业务流程，对体系保障性仿真运行控制、运行架构和指标计算模型进行了设计，搭建了航空装备体系保障性仿真的技术框架。最后结合开发的仿真平台，以一个典型案例对本书所提方法和技术进行了验证。本书可以作为装备机关、军事院校、科研单位及部队人员学习、研究航空装备体系保障性分析与评估方法的书籍，也可以作为装备体系保障性研究与教学方面的参考书。

图书在版编目(CIP)数据

航空装备体系保障性建模与仿真技术 / 丁刚，崔利杰，张琳著. —西安：西安电子科技大学出版社，2022.9
ISBN 978–7–5606–6502–3

Ⅰ. ①航… Ⅱ. ①丁… ②崔… ③张… Ⅲ. ①航空装备—系统建模 ②航空装备—系统仿真 Ⅳ. ① E154

中国版本图书馆 CIP 数据核字(2022)第 101011 号

策　　划　戚文艳
责任编辑　马晓娟
出版发行　西安电子科技大学出版社(西安市太白南路 2 号)
电　　话　(029) 88202421　88201467　　　　邮　　编　710071
网　　址　www.xduph.com　　　　　　　　　电子邮箱　xdupfxb001@163.com
经　　销　新华书店
印刷单位　陕西天意印务有限责任公司
版　　次　2022 年 9 月第 1 版　　2022 年 9 月第 1 次印刷
开　　本　787 毫米×1092 毫米　1/16　印张 9.5
字　　数　218 千字
印　　数　1～1000 册
定　　价　58.00 元
ISBN　978–7–5606–6502–3 / E

XDUP 6804001–1
***如有印装问题可调换

前　　言

当前和未来一段时期，体系化作战将成为常态，空中战场日益呈现出空天地协同、人机环交织、软硬件耦合的特点。作为航空兵部队战斗力的重要组成部分，航空装备体系的可保障性已经成为与装备体系性能同等重要的能力要求。

本书沿着问题—指标—建模—验证的思路，从军事问题切入，提出航空装备体系保障性概念模型和指标的构建方法；通过研究航空装备体系保障实体的活动特点，构建出体系内各类保障实体的多 Agent 模型；在此基础上，设计了面向作战任务的航空装备体系保障性仿真技术框架，并结合所开发的工具平台，通过一个作战案例验证了所提技术和方法的有效性与可行性。

本书共 6 章，除第一章为理论概述外，其他章可分为概念建模、仿真建模和案例验证三个部分。其中，概念建模部分包含第二、三章；仿真建模部分包含第四、五章；第六章为案例验证。

第一章从"装备性能"与"装备体系可保障性"两个方面阐述了本书的研究背景和研究意义，对装备体系保障性研究、体系保障性概念建模、体系保障性指标构建和体系保障性仿真技术等相关研究现状进行了分析，给出了本书的整体架构。

第二章在明确航空装备体系保障性概念模型定义的基础上，按照"任务—功能—实体—关系—数据"的逻辑主线建立航空装备体系保障性任务模型、功能模型、实体模型、关系模型和数据模型等五大类二十八种视图，实现对整体概念模型较为完备和细致的描述。

第三章从保障性逻辑控制关系出发，界定体系不同层次的能力要求，重点描述对于体系保障能力的要求；沿着模型—能力—指标的思路，在构建航空装备体系保障性指标体系的基础上，重点提出航空装备体系保障性评估的综合指标，即体系完好率、体系使用可用度和体系任务持续概率，给出了三个体系指标的明确定义和计算公式。

第四章从体系实体复杂行为与交互通信的涌现行为模拟出发，设计体系保障性多 Agent 开发过程，构建实体模型逻辑框架；针对航空装备体系特点，构建体系保障性多 Agent 模型，建立 Agent 功能类型与交互关系模型，并设计 Agent 结构定义与关键算法，特别是对多 Agent 结构模型、功能模型、状态模型和响应模型进行设计，支撑基于模型的决策优化的实现。

第五章设计体系保障性分析仿真业务流程、推演运行控制、仿真运行架构和指标计算模型，从装备保障业务逻辑出发，设计体系保障性分析仿真业务流程，重点对体系保障性分析推演运行控制进行设计，以仿真运行架构为载体，对体系保障性指标计算模型进行设计，构建出体系保障性分析仿真推演的技术框架。

第六章以航空装备典型作战任务为背景，将本书提出的建模与仿真方法应用于作战中的装备体系保障性分析评估上，包括作战背景描述、任务参数设置、保障性参数设置、仿真模型构建和仿真分析评估。通过案例分析，验证定量分析评估体系保障性支撑作战任务能力的技术途径，为指挥员作战指挥和保障实施提供决策依据。

本书是作者科研创新的结果。在编写过程中，我们参考了许多书籍和文献，在此向相关作者致以诚挚的谢意！还要感谢空军研究院苗学问、张军高工，空军工程大学郑东良、张亮教授，西北工业大学宋述芳、张峰教授，北京瑞风协同公司王可技术总监等专家学者给予的指导和支持。

本书可供从事装备体系保障性研究的相关技术人员阅读，也可供大专院校的教师、研究生以及科研机构的研究人员参考。

由于作者水平有限，书中难免存在不妥之处，敬请读者批评指正。

著　者

2022.03.05

目　　录

第一章 综 述

1.1 研究背景和意义

信息化战争中，体系化作战成为常态，特别是空中战场日益呈现出空天地协同、人机环交织、软硬件耦合的特点。作为航空兵部队战斗力的重要组成部分，航空装备体系的可保障性已经成为与装备体系性能同等重要的能力要求。体系保障性指面向体系作战任务，相互独立、相互协作的武器装备系统组成的复杂系统能满足平时战备训练和战时使用要求的能力。当前，在空军部队转型建设的背景下，对航空装备保障能力的评估与优化存在巨大困难。特别是，在执行战训任务时，装备保障机构往往根据以往演习、训练保障经验等制定装备保障方案，对保障方案生成、评估的适用性、合理性验证缺乏行之有效的方法手段。这一问题的解决对推动航空装备更好地满足作战使用需求，促进航空兵部队装备保障能力的提升具有重要意义。建模与仿真方法能够克服实战、武器装备试验和实兵演习的缺点，无需实际使用装备，通过建立装备体系活动与演化模型，可在各种不同外界输入条件下进行反复计算和评估，具有经济、简便、灵活、通用等特点，因而成为非实战条件下评估装备效能最常用和最主要的方法。

本书研究面向任务的航空装备体系保障性建模与仿真关键技术，可为解决航空装备体系执行战训任务过程中的保障性分析与优化问题提供理论、方法与技术支撑。

1.2 国内外研究现状

1. 国内外文献概况

1) 国内文献概况

为了从整体上了解国内面向任务的体系保障性研究现状，我们对 CNKI 中国学术期刊网络出版总库、中国博士学位论文全文数据库、中国优秀硕士学位论文全文数据库、中国学术期刊全文数据库进行检索，时间截至 2020 年 6 月。以"任务""装备""保障""维修"为关键词进行精确匹配检索，得到 88 篇文献；以"任务""装备""保障"为关键词对硕、博论文数据库进行模糊匹配检索，得到 18 篇文献。去除重复和明显不相关文献，过滤得到总文献 76 篇。统计得到 76 篇文献的总被参考数为 1246，总被引数为 320，总下载数为 18811，篇均被参考数为 16.39，篇均被引数为 4.21，篇均下载数为 247.51，下载被引比为 58.78。从检索结果可以看出，研究背景和依据可以追溯到 20 世纪 70 年代，文献数量稳步增加但总数仍然较少。现有研究文献较少，进一步研究具有较好的延续性。文献数量趋势与我军装备信息化建设阶段相吻合，但面向任务的装备保障研究文献比较缺乏。从 2004 年开始，发文量总体呈现稳步增长，2018 年达到最多的 8 篇。

76 篇文献中，博士毕业论文 2 篇(占比 2.6%)，硕士毕业论文 16 篇(占比 21.1%)，期刊论文 58 篇(占比 76.3%)；国家自然科学基金资助论文 5 篇(占比 6.6%)，装备预研基金资助论文 4 篇(占比 5.3%)，全军军事学科研计划课题资助论文 1 篇(占比 1.3%)，湖北省自然科学基金资助论文 2 篇(占比 2.6%)。

以文献来源分，国防科学技术大学 11 篇(14.5%)，《系统工程与电子技术》6 篇(7.9%)，《兵工自动化》5 篇(6.6%)，《火力与指挥控制》5 篇(6.6%)，《控制与决策》2 篇(2.6%)，《装备学院学报》2 篇(2.6%)，《国防科技》2 篇(2.6%)，其他 43 篇(56.6%)；以文献作者所属研究机构分，国防科学技术大学 19 篇(25%)，解放军军械工程学院 17 篇(22.4%)，空军工程大学 11 篇(14.5%)，解放军装甲兵工程学院 10 篇(13.2%)，海军工程大学 6 篇(7.9%)，解放军装备指挥技术学院 4 篇(5.3%)，其他 9 篇(11.8%)。从文献来源和作者所属研究机构来看，从事这方面研究工作的主体是军队院校和军工单位。

通过词频统计得到排名前 10 位的关键词为保障任务(20 次)、装备保障(16 次)、作战单元(14 次)、维修任务(11 次)、任务规划(11 次)、保障力量(10 次)、保障方案(9 次)、作战任务(8 次)、装备维修保障(8 次)、装备保障能力(7 次)，出现频次均大于 6。从这一结果和文献内容可以看出，目前国内有关装备保障研究的基本情况表现为：一、以保障任务规划、保障力量统筹、装备保障实施及其之间的交互影响为主体；二、以保障任务为中心展开保障能力、保障任务规划等的研究；三、针对装备保障本身研究保障资源、维修实施及保障方案生成等传统综合保障问题；四、面向作战单元对作战任务、保障力量和维修任务进行相关研究。总的来看，研究涉及战训任务的较少，未见有从顶层作战任务导出装备体系保障性需求并进行有效评估的内容。

2) 国外文献概况

以 ("support"OR"mission"OR"maintenance"OR"reliability")AND("equipment system of system"OR"equipment support system of system"OR"equipment support system")AND("multi-view"OR"multi-agent"OR"agent")为检索策略对工程索引(EI-CPX)、美国政府科技报告(NTIS)、科学引文索引(SCI-E)、科技会议录引文索引(CPCI-S)、Scopus 数据库、博硕士论文数据库(PQDT)、欧洲专利数据库(http://gb.espacenet.com/)、美国专利数据库(http://www.uspto.gov)、世界知识产权组织专利数据库(http://www.wipo.int/pctdb/en)、德温特创新索引(DII)、搜索引擎 Google(http://www.google.com.hk/)、新技术与工程文摘(ANTE)、高科技与航空航天文摘数据库(Advanced Technologies & Aerospace Index)、Dialog File:Inspec 和 Dialog File:Pascal 进行搜索，时间截至 2020 年 7 月，得到 62 篇文献。去除重复和明显不相关文献，过滤得到总文献 16 篇，而且以国内学者发表于国际会议的文献或发表于国内期刊被国外相关数据库索引的文献为主。

2. 装备体系保障性研究

保障性是装备、资源、战训任务互相匹配作用的综合系统特性，保障性模型构建即采用不同的方法和技术建立装备、资源和战训任务的数学或逻辑模型。目前的装备体系保障性研究主要集中在保障任务规划与调度、保障资源需求确定与优化配置以及维修实施与优化三个方面。

1) 保障任务规划与调度

高龙等[1]构建了基于多 Agent 的分布式装备保障体系任务分配框架，提出了以任务成功率为中心的分布式装备保障任务分配模型，保障任务来源于装备体系遂行作战或训练任务时产生的装备保障需求，其研究的重点集中于保障任务的分配；Luo Lingzhi 等[2]设计了一定流程优先级限制下的多机器人组任务分配算法；左文博等[3]建立了防空反导装备抢修任务分配模型；王坚浩等[4-5]构建了装备保障编组协同任务规划数学模型和方法，可对大规模复杂任务分配方案进行求解，提出了基于多维动态列表规划和混沌蝙蝠算法的混合任务规划方法；马海英等[6]基于区域作战时保障力量设置在一个保障基地，研究了其保障任务分配的数学模型和求解算法；赵田等[7]以装备保障任务为对象，从任务流程、信息流转、过程控制三个方面探究了装备保障任务规划机理；邢彪等[8]以保障任务的成功性为度量标准提出了保障节点的任务分解、支援和协同策略，并在此基础上建立了装备保障体系的任务鲁棒性指标；李康等[9]从仿真建模角度出发，对装备保障效能仿真评估中的任务建模因素、任务模式和执行过程进行了研究；Song Tailiang 等[10]从系统任务需求的角度提出了作战特性和保障特性的概念并分析了两者之间的关系，进一步研究了系统保障性目标的定义、组成、内容及要求，介绍了确定系统保障性目标的方法。

保障任务规划与调度研究中，多以装备保障任务为对象，考虑战训任务的研究较少，且大多数情况下将作战任务进行简化处理；规划与调度的衡量指标多为保障任务或单一装备的任务成功性指标，较少考虑现代作战条件下多类型大数量装备的体系级指标；某一保障任务中多以单一保障任务的规划与调度作为研究对象，较少考虑实际复杂任务及其多阶段转化条件下多类型多流程的保障任务规划；未见从装备体系支撑作战任务的角度提出全面的体系级的保障性评价指标，并对相应的维修保障任务与调度进行全要素、全流程、全过程的研究。

2) 保障资源需求确定与优化配置

于凤竺等[11]从保障任务切入，构建了基于任务优先级的保障资源优化配置模型；王铁宁等[12]以遂行多阶段作战任务的装甲装备群为研究对象，构建了装甲装备群携行备件配置优化模型，实现了携行备件资源的针对性配置；胡文璟[13]通过对保障性分析方法的研究提出了适用于装备研制开发企业中配套研制保障资源时的过程与方法；李鼎[14]研究了基于 Petri 网和改进遗传算法的基本作战单元使用保障资源仿真优化模型构建方法；盛旺等[15]通过对基本作战单元的使用保障任务可靠性进行分析，构建了基于排队论的单个作业使用保障设备配置优化模型，并采用解析方法对模型进行求解，优化了使用保障设备的配置方案；Li Li 等[16]研究了以最小化完工时间为目标的任务时间不确定的鲁棒性资源配置问题；王睿等[17]建立了考虑战时动态任务、装备自然故障和战损故障、备件的报废和采购等因素的战时备件维修和供应保障模式下的舰艇编队任务成功性评估模型；盛经雨[18]构建了基本作战单元使用保障资源协调配套评价指标体系；Hooks 等[19]研究了利用 OSA(Open System Architecture)方法对航空电子系统资源统型与标准化，以减少出厂费用和寿命周期费用的方法。

保障资源需求确定与优化配置的研究多以保障任务或装备单元为切入点，研究某单一资源或单个作业使用保障装设备或备件的优化配置问题；资源配置效能的度量多以保障流程或行为本身的完成度为衡量指标，少有涉及对最终战训任务完成的影响评价；保障资源的配置大多面向某型装备或基本作战单元，面向作战单元或作战集团装备体系的需求与优化较少；未见面向装备体系及其任务对保障资源全要素整体运用的研究。

3) 维修实施与优化

韩小孩等[20]研究了"不完全维修"条件下的功能单元任务可靠度评估方法和任务期间维修时可修单元组合任务维修度评估方法，并进一步对装备任务成功性进行评估；王开良等[21]建立了基于兰彻斯特方程的维稳军事行动军械装备维修任务量估算方法；刘文宝等[22]针对装备维修任务规划的特点，构建了基于遗传算法的维修任务规划策略，建立了以作业总维修工时最短为目标函数的维修保障任务规划数学模型；曹立军[23]提出了以任务成功性为中心的维修策略，并以某型自行火炮为例，建立了反映其任务成功性的评估指标体系；郭霖瀚等[24]描述了基本作战单元的预防性维修过程，提出了故障发生比、更换比和报废比参数，建立了仿真模型，并根据 Monte Carlo 仿真原理给出了仿真算法；綦海龙等[25]确定了装备维修保障维修任务量模型，进一步运用任务安排模型给出了任务数多于维修人员数和维修时间有限两种情况下的处理方法；刘斌[26]提出了以舰船任务可用性评估舰船维修保障系统效能的方法，并针对保障资源优化、维修策略优化对装备保障体系效能的影响进行了分析和研究；田舢等[27]建立了装备抢修任务分配问题的数学模型，以装备整体修复时间最短为目标函数，提出应用遗传算法解决该类问题；张涛[28]在分析装备平时和战时的任务需求特点的基础上研究了装备使用阶段的维修保障能力评估指标，以使用可用度和任务成功概率为主要评估指标，建立了相应的模型及其求解算法。

维修实施与优化的研究集中于单装或基本作战单元维修任务规划、分配与维修能力评估；对装备功能单元考虑了任务维修度的评估方法；针对某型装备研究了维修保障系统的效能评估，对资源与维修对保障体系的效能影响进行了研究；一些学者建立了某些维修过程的计算机模型描述，以及相应的评价指标和仿真算法；从战训任务出发到维修保障实施与优化的研究较少，面向任务的装备体系级的维修相关要素与流程优化的研究也较少。

从以上文献分析可以看出，当前保障性研究在保障任务规划与调度、保障资源需求确定与优化配置和维修实施与优化三个方面进行了较为深入的研究，这些研究成果为面向任务的航空装备体系保障性研究提供了一定的技术基础。然而，针对航空装备体系保障性建立科学完整的计算机描述模型，从战训任务出发构建评估保障性的体系级指标，面向航空装备保障指挥建立智能决策仿真模型的研究很少，特别是将"模型描述—指标构建—智能决策"综合联通研究并进行系统实现和案例验证的相关研究还未发现。

3. 体系保障性概念建模研究

概念模型是为解释问题域而建立的模型，是连接需求和仿真系统的桥梁，能够解决军事领域专家与技术人员之间的沟通难题，具有各方面都易于理解的描述方法和表达方式，包括假设、算法、特性、关系和数据等[29]。概念模型的构建是研究复杂军事问题的有效技术手段,是军事系统建设中连接军事人员和技术人员的桥梁,军事人员可以根据概念模型有针对性地提出需求和问题,而技术人员则可以根据概念模型进行后续的程序开发、计算机仿真等活动[30]。

近年来,装备体系相关问题研究成为军事领域的热点,而包括概念模型在内的体系研究以美军提出的 DoDAF 框架应用最为广泛。DoDAF 框架提供了不同的视图集对体系结构进行描述,反映实际作战任务及执行作战任务的系统之间的复杂关联关系。但由于种种原因,国内在运用 DoDAF 框架时,各视图的交互映射关系一直没有得到很好的解决。当前,国内军事概念模型的构建在各领域得到应用。中国人民解放军空军工程大学李大喜等[31]提出了基于 MOTE 的空基反导军事概念的模型描述方法;中国人民解放军海军指挥学院阮长明等[32]构建了海军战役特种作战军事概念模型体系架构;中国人民解放军火箭军工程大学孙新波等[33]基于 UML 对常规导弹毁伤评估系统进行了概念建模;在装备保障概念建模方面,中国人民解放军军械工程学院刘彬等[29]探讨了装备保障仿真军事概念模型研究的主要内容和亟待解决的问题;中国人民解放军军械工程学院李晨等[34]构建了面向任务的陆军装备保障系统概念模型;中国人民解放军装备学院舒正平等[35]分析了装备保障能力系统的内涵并建立了其概念模型;中国人民解放军军械工程学院唐凯等[36]运用系统六元理论构建了陆军战术级装备保障系统体系结构及其形式化描述;中国人民解放军陆军军事交通学院王骏等[37]运用软件系统方法构建了航材保障概念模型并提出了信息化航材保障的发展对策;中国人民解放军军械工程学院柏彦奇教授[38]提出的系统六元抽象理论是一种面向实体的模型方法论,由于该模型方法具有一般适用性、简洁性和完备性,其被大量应用于解决复杂系统问题[39-41]。

可以看出,概念建模在装备保障领域得到了广泛的应用。航空装备保障是由在空军机务保障实践中形成的组织架构、保障资源、保障流程和作业方式等要素构成的复杂体系,是由管理活动、作业活动与保障资源相互作用形成的涌现系统。新式战机大量装备部队,随之而来的保障体系建设问题日益突出。本书考虑现代空中作战对装备及其活动提出的新要求,结合多视图体系结构描述复杂体系问题的优点,从装备实体通过装备活动构成体系的角度研究装备保障问题,提出针对航空兵典型作战任务,以保障指挥流程为驱动,以支撑多阶段任务完成为目标,研究航空装备保障系统概念模型的构建,是后续开展保障性运行仿真、评价和决策的基础性工作。

4. 体系保障性指标构建研究

体系保障性指标构建作为一个新事物,是从型号装备保障性参数、装备系统的保障性指标逐渐发展而来的,在理论和方法上都有了一定的积累。关楠[42]提出了基于灰色理论的装备保障性评价数学分析方法,解决了保障性工程中对定性定量指标的定性分析,可用来评估保障性工程的决策优劣;金荣[43]给出了一种基于熵权多目标决策的某型飞机保障性评价方法,其评价指标和评价对象面向单型装备;李军亮等[44]通过更新过程理论,建立了故障时间和维修时间服从一般分布的系统可用度方程,给出并证明了系统可用度求解的一般方法,其系统界定为军用飞机及其子系统和部件;郭小威等[45]针对装备群多阶段任务特点,以最大化任务可用度为目标建立了规划模型,利用改进算法对模型进行了求解,但其维修活动假定在任务间隔期内,未考虑持续任务与维修同步进行的情况;魏勇等[46]通过任务成功率定义建立了任务成功率仿真模型，并将原理模型应用于某舰艇多阶段任务训练仿真；陆凯等[47]建立了装备体系维修保障能力参数体系，有助于维修保障能力建模以及仿真，其参数体系建立基于平时保障流程；Claude M.和 Bolton Jr.[48]提出未来作战系统 FCS 中与后勤保障相关的两个关键性能指标参数，即运输与部署指标 KPP4 和支持与可靠性指标 KPP5，通过 FCS 体系保障相关技术优化达到提高后勤保障效率和降低作战费用的目标；Mohammad Asjad 等[49]建立了一种获取机械系统保障性特征的概念框架，通过研究发现从用户的角度出发可用度和寿命周期费用是定量描述保障性的可行指标；通过进一步研究，Mohammad Asjad 等[50]给出了系统可用度的定义，建立了机械系统基于使用和维修保障的系统可用度模型，分析了 RMS 参数对机械系统可用度的影响；Mo Yuchang 等[51]分析了故障冗余多阶段任务系统 FTMPS 的任务可靠性，建立了阶段持续时间随机、维修活动非指数分布以及不同维修策略下的解析计算方法，并且以太空船执行近地飞行任务和分布式计算机系统完成长时科学实验为例进行了验证。

可以看出，当前保障性指标研究大多面向单一装备及其部件，侧重于通过保障性分析建模影响装备的设计制造过程及费用控制，对装备体系完成战备与战时使用任务的研究相对较少，这一方面凸显出保障性研究与现代条件下作战任务特点不完全相适应，另一方面也体现了对装备体系保障性指标的构建还存在诸多不足。基于此，本书考虑通过明确航空装备体系保障性的概念，在分析航空装备体系保障性逻辑控制机理的基础上，建立航空装备体系的保障性指标体系，并且给出各保障性指标的明确定义及计算公式，为后续开展体系保障性评价和决策奠定基础。

5. 体系保障性仿真技术研究

系统建模是指将实际系统的结构、功能、输入输出关系用数字模型、逻辑模型等描述出来，通过对模型的研究来反映对实际系统的研究[52]。有了系统模型，再借助于计算机就可以模拟系统和功能，这就是系统仿真，相当于在实验室内对系统作实验，即系统的实验研究。体系是大规模的系统集成，一般意义上，体系属于一类特殊系统，在解决体系问题时，应将其视为"系统工程发展的新领域"[53]。

武器装备体系研究的根本目的是武器装备体系优化，核心是比较和选择[54]。优化选择的目标可以是效费比最大、对使命任务适应度最大、对任务变化鲁棒性最强、获取信息与决策最优等[55]。体系保障性研究的优化对象主要是装备体系的维修保障能力，按照维修保障能力的表现形式，可分为通过实际作业进行的评估和不通过实际作业过程进行的评估。第一类包含实战(演练)评估、试验评估、实兵演练评估等；第二类主要是建模与仿真方法[56]，建模与仿真方法克服了实战、武器装备试验和实兵演练的缺点，无需实际使用装备，只需通过建立装备体系活动与演化模型，在各种不同外界输入条件下进行反复计算和评估即可，具有经济、简便、灵活、通用等特点，因而成为非实战条件下评估装备效能最常用和最主要的方法。

近年来，随着装备全寿命周期，特别是作战使用保障问题的凸显，装备保障建模与仿真研究逐渐引起学者的重视。潘星等[57]基于体系工程(SoSE)需求开发过程和装备体系特点给出了装备体系 RMS 论证框架；罗湘勇[58]针对复杂装备保障任务提出了基于 DoDAF 的装备保障任务建模与仿真验证方法；刘彬等[29]对装备保障仿真概念模型构建的相关问题进行了研究；李晨等[34]构建了面向任务的陆军装备保障系统概念模型；米巧丽等[59]基于 ExtendSim 对舰炮维修保障过程进行了建模与仿真；尹丽丽等[60]基于多智能体对装备保障体系进行了分布式建模与仿真；寇力等[61]对基于多智能体的装备保障体系仿真关键技术进行了研究，构建了原型系统并进行了案例分析；Mahulkar V 等[62]基于智能体对海军作战人员日常维修流程进行了体系建模与仿真分析；Yang Lianbao 等[63]基于智能体对多源数据集成进行了研究，以解决高速公路信号系统维修决策支持的问题；CaoYu 等[64]基于多智能体系统对装备保障过程建模进行了研究；Panteleev 等[65]基于智能体方法建立了一种装备维修保障过程模型，用以解决维修服务公司提供相应服务的优化；Du Xiaoming 等[66]建立了基于智能体的装备保障指挥框架，对各智能体的沟通机制进行了设计；李亚飞等[67]研究了舰载机保障作业实时调度方法的仿真实现；张亚东等[68]研究了列控运营场景危险分析及仿真验证方法；赵洪利等[69]采用离散系统仿真的方法建立了备发仿真模型；杨英杰等[70]对装备维修保障仿真系统的灵敏度分析与参数优化进行了研究；王双川等[71]对战时合成部队多阶段作战任务成功概率的仿真评估方法进行了研究；Massimo 等[72]构建了电气电子设备可靠性和部件复用失效概率模型；Zhou 等[73]建立了一种基于维修过程仿真的维修性评估方法；许庆等[74]建立了面向仿真的航天装备维修保障效能评估指标参数体系；Miranda 等[75]构建了一种基于仿真的备件供应链网络与维修系统联合支持与评估建模方法；Petrovic 等[76]建立了一种基于统计过程控制与仿真的维修过程快速评估方法；Pang 等[77]研究了新一代装备维修的仿真建模与评估方法。

　　以上文献对装备保障系统建模与仿真相关问题进行了较为深入的研究，其不足主要集中在三个方面：一是缺乏从完成装备体系任务的角度出发建立全面的建模、评价、验证和优化的解决方案研究；二是在构建模型的过程中对于保障体系要素的数学和逻辑描述的科学性有待提高，主要表现在体系自适应性和涌现性的表示和控制方面；三是由于模型设计开发的复杂性，很多仿真更加关注模型的设计、开发和运行，对实验设计和实验分析方法着力不够，导致问题的研究缺乏深度。考虑多 Agent 技术在解决复杂系统仿真领域的涌现性、演化性问题的优势，本书基于多 Agent 仿真建模技术，提出航空装备体系保障的多 Agent 仿真开发过程，建立构成航空装备体系保障性仿真的多 Agent 模型，基于 ABMS 方法设计装备体系保障性评价仿真实验和具体的仿真系统体系结构，从完成装备体系任务的角度出发，建立较为全面完整的保障性建模与仿真技术方案，支撑航空装备保障能力提升的决策分析和方案优化。

　　综上，结合装备体系保障性研究进展，本书重点研究面向任务的航空装备体系保障性概念建模、评价指标构建、智能仿真技术和仿真运行设计四个方面的主要内容，为航空装备体系敏捷保障能力论证、验证、评价和优化提供科学的手段。

1.3　本书主要工作及章节安排

　　本书沿着"军事问题—概念模型—评估指标—保障模型—仿真模型—应用验证"的思路，从军事问题切入，提出航空装备体系保障性概念模型构建方法，进一步，提出航空装备体系保障性指标构建方法；通过研究航空装备体系保障实体的活动特点，提出体系保障性多 Agent 模型构建技术；在此基础上，设计面向作战任务的保障性分析仿真方法；最后通过一个作战案例验证所提技术方法的有效性与可行性。本书整体框架如图 1.1 所示。

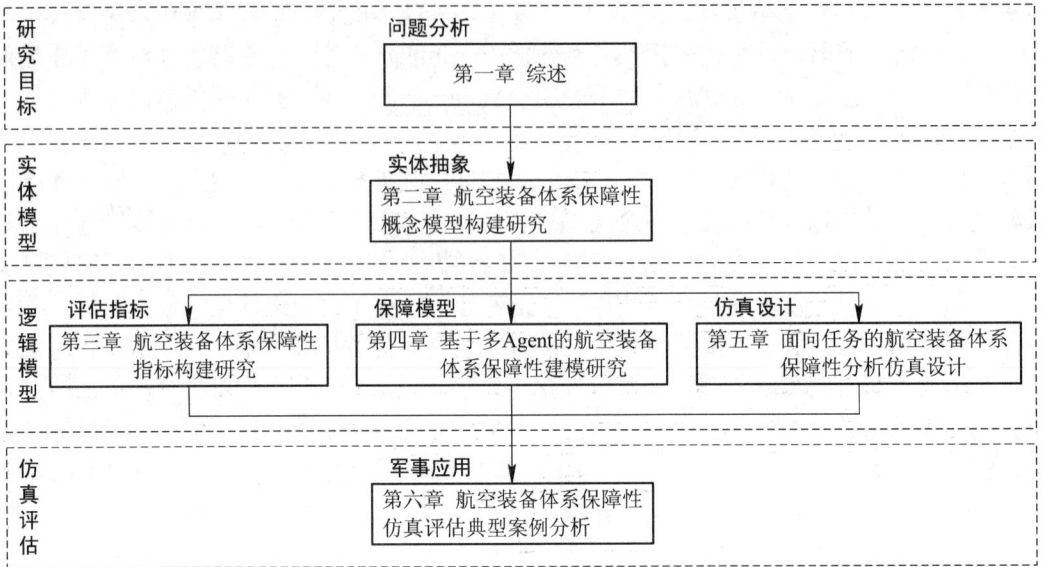

图 1.1　本书框架结构

本书的主要内容归纳如下：

第一章　综述。首先，从航空兵作战关注的"装备性能"与"装备体系可保障性"两个方面阐述本书研究背景和研究意义；其次，进行文献综述，对装备体系保障性研究、体系保障性概念建模、体系保障性指标构建和体系保障性仿真技术等相关研究的技术和方法进展进行分析；最后，介绍本书主要工作及章节安排。

第二章　航空装备体系保障性概念模型构建研究。围绕保障任务到保障活动映射关系，结合航空兵作战特点，明确航空装备体系保障性概念模型的定义；按照"任务—功能—实体—关系—数据"的逻辑主线建立航空装备体系保障性概念模型，构建体系保障性任务模型、功能模型、实体模型、关系模型和数据模型等五大类二十八种视图，实现对整体概念模型较为完备和细致的描述。本章为体系保障性指标构建和后续仿真建模提供实体模型基础。

第三章　航空装备体系保障性指标构建研究。本章基于 STAMP 的航空装备体系保障性指标构建方法研究，建立了一种基于系统控制的保障性指标构建方法。首先，从保障性逻辑控制关系出发，界定体系不同层次的能力要求，重点描述对于体系保障能力的要求；其次，沿着"模型—能力—指标"的思路，在构建航空装备体系保障性指标体系的基础上，重点提出开展体系保障性评估的综合指标，即航空装备体系完好率、体系使用可用度和体系任务持续概率；最后，给出三个体系级指标的明确定义和计算公式。本章内容为高效、准确地实施航空装备体系保障性评价、控制、统筹和优化提供了支撑。

第四章　基于多 Agent 的航空装备体系保障性建模研究。本章建立了一种体系保障性模型构建与仿真交互方法。首先，从体系实体复杂行为与交互通信的涌现行为模拟出发，设计体系保障性多 Agent 开发过程，构建实体模型逻辑框架；其次，构建体系保障性多

Agent 模型，建立 Agent 功能类型与交互关系模型，设计 Agent 结构定义与关键算法，重点对多 Agent 结构模型、功能模型、状态模型和响应模型进行设计；最后，设计多 Agent 仿真交互模型。通过研究，抽象模拟航空装备体系保障实施中的智能因素，用以支撑基于模型的决策优化的实现。

第五章 面向任务的航空装备体系保障性分析仿真设计。本章主要设计体系保障性分析仿真业务流程、推演运行控制、仿真运行架构和指标仿真计算模型。首先，明确保障性分析仿真设计的目标和需要解决的关键问题；其次，从装备保障业务逻辑出发，设计体系保障性分析仿真业务流程；再次，基于仿真业务流程，重点对体系保障性分析推演运行控制进行设计；接着，对体系保障性分析仿真运行架构进行设计，界定其关键技术途径；最后，以仿真运行架构为载体，对体系保障性指标仿真计算模型进行设计。通过研究，构建了体系保障性分析仿真推演的技术框架。

第六章 航空装备体系保障性仿真评估典型案例分析。本章以航空兵参加应急作战任务为背景，将本书提出的建模与仿真方法应用于作战中的装备体系保障性分析评估，包括作战背景描述、任务参数设置、保障性参数设置、仿真模型构建和仿真评估分析。通过案例分析，验证定量分析评估体系保障性支撑作战任务能力的技术途径，为指挥员作战指挥和保障实施提供决策依据。

第二章　航空装备体系保障性概念
模型构建研究

体系保障性属于一类复杂军事问题，研究航空装备体系保障性建模与仿真首先需要解决的是外场一线维修保障军事人员与建模仿真技术人员之间的沟通难题，从而建立军事需求与仿真系统的连接桥梁。本章提出基于多视图的体系保障性概念模型构建方法，即在分析多视图体系结构建模方法和结构描述机理的基础上，按照"作战任务映射—保障任务驱动—保障功能交互—保障要素实体描述—保障基础数据支撑"的逻辑主线，构建装备体系作战任务映射模型、装备体系保障任务驱动模型、装备体系保障功能交互模型、装备体系保障要素实体模型和装备体系保障基础数据模型共五大类二十八种视图。本章的研究为后续开展体系保障性运行仿真、评价和决策奠定了基础。

2.1　概　念　界　定

2.1.1　航空装备体系

装备体系指在特定的作战指挥和保障条件下，以完成作战任务为目的，以形成所需作战能力为直接目标，由功能上相互依托、构成上互相补充的一系列装备系统组成的有机整体[47, 78]。由此，可给出航空装备体系的定义。

航空装备体系是面向一定作战任务，由相互独立、相互协作的空中平台和机载武器系统及二者的保障系统等组成的复杂系统。空中平台包括战斗机、轰炸机、预警机、运输机、无人机等，机载武器包括空空导弹、空地导弹、制导炸弹、非制导炸弹、机炮等，保障系统包括使用与维修构成体系的装备所需的所有保障资源及其管理活动。

按照功能结构和组成类型的不同，一般可将航空装备体系划分为五个子系统，即指挥控制系统、预警探测系统、信息传输系统、作战执行系统和作战支援系统[79]。每个系统可能由类型不同但功能一致的装备单元(如 12 架运输机)相互连接进行资源、信息交换，形成复杂的作战网络结构。每个装备单元包括一定数量的基本装备单元(如 1 架运输机)。航空装备体系组成如图 2.1 所示。

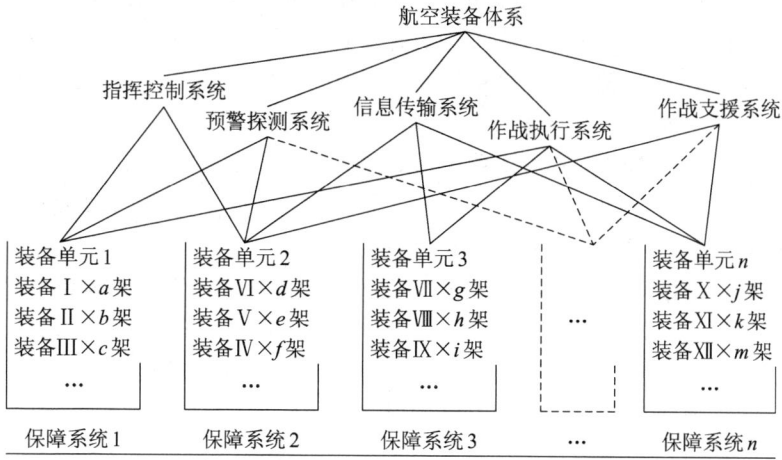

图 2.1 航空装备体系组成

2.1.2 航空装备体系保障性

保障性研究涉及过程维(装备生命周期)、系统维(装备构成)和特性维(指标度量)三个维度,过程维度可分为规划论证、方案设计、初步设计、详细设计、试验定型、生产制造、作战运用等,系统维度可分为部件层、分系统层、武器装备、装备系统和装备体系等,特性维度可分为单项度量、综合性度量和任务级度量等。体系保障性定位于针对装备体系的作战运用过程中的任务级研究。体系保障性研究的问题域如图 2.2 所示。

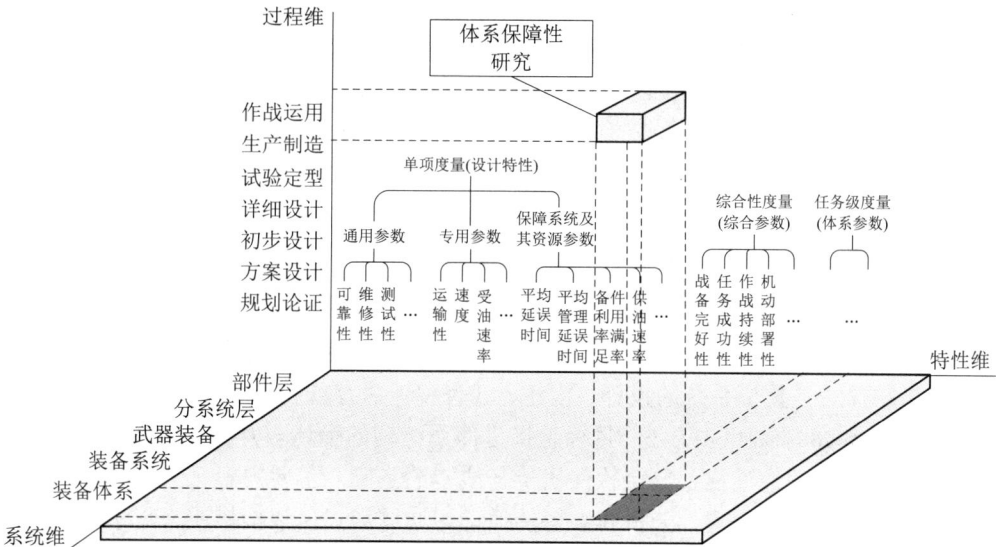

图 2.2 体系保障性研究的问题域

航空兵作战的基本特征是任务持续时间长、任务推进多阶段多、支撑任务装备多、装备构型演化快,随之而来的保障任务也体现出新的特征。航空装备体系保障性特征体现在三个方面：一是保障实施任务复杂。随着空军实战化训练大纲的全面实施，装备保障对象的复杂性、多样性、实战化特点更加突出，保障活动经常在多任务、大区域、高强度下实施。二是保障指挥协调难度大。各级指挥员在组织保障活动过程中普遍缺乏科学的控制方法和指标要求，对保障资源的调度缺少成熟的现代智能系统支撑。三是保障评估优化要求高。保障评估从面向单装到以装备体系保障效益为对象，要求提高从任务推进、资源配套、作业组织等多个环节进行综合评估优化的能力，从而提高航空维修保障效益。

本书重点研究面向任务的航空装备体系保障性。航空装备体系保障性是指面向体系作战任务，相互独立、相互协作的航空武器装备系统组成的复杂系统能满足平时战备训练和战时使用要求的能力。要准确地形式化描述航空装备体系保障性，首先需要分析体系结构，在界定体系构成要素的基础上，建立能够描述航空装备体系保障性的概念模型。因此，航空装备体系保障性概念建模应从体系任务、装备体系、保障任务、保障功能、保障系统、保障实体之间的逻辑控制关系导出。

2.2　构　建　方　法

2.2.1　多视图体系结构建模方法

1. 多视图建模方法

多视图(Multi-View)是以多种视角看待同一事物所产生的关于该事物的不同映像，即从不同的视角对系统进行建模，形成不同的视图，各自集中表现系统的某个特定方面[80]。多视图方法论一方面能够较方便地反映各类相关人员的需求和愿望，另一方面也易于形成对系统的整体描述，因此适用于复杂系统仿真概念模型体系结构的开发。如在建筑行业或者机械设计领域，楼宇建造出来或者机械产品加工出来之前，设计人员用图纸来刻画自己的设计意图。多视图建模作为体系结构建模方法，提供了理解和分析复杂结构的思路，它既是描述工具又是沟通工具，是进行装备体系设计的一种相对高效的手段[81]。即对复杂结构进行描述需要从不同侧面进行刻画，即从不同视角以不同视图完整、准确地反映研究对象在问题域(Problem Domain)中的属性、状态、演化和涌现。

2. IEEE 多视图结构描述

IEEE Std 1471—2000[82]发布于 2000 年 9 月，其针对软件密集型系统(Software-Intensive System，指软件对于整个系统的设计、构建、部署和评估有重要影响的系统)推荐体系结构描述(architectural description)方法，目标是推进体系结构的描述与互操作。该标准通过体系结构要素及其实践的标准化，奠定软件质量与成本的基础。主要内容：一是标准化描述了软件密集型系统架构的创建、分析和维持的活动，通过形式化架构描述来记录架构；二是建立了体系结构描述的概念框架；三是定义了架构描述的内容；四是在附件中提供了关键概念和术语的基本解释、与其他标准的关系以及使用示例。多视图概念模型体系结构描述如图 2.3 所示。

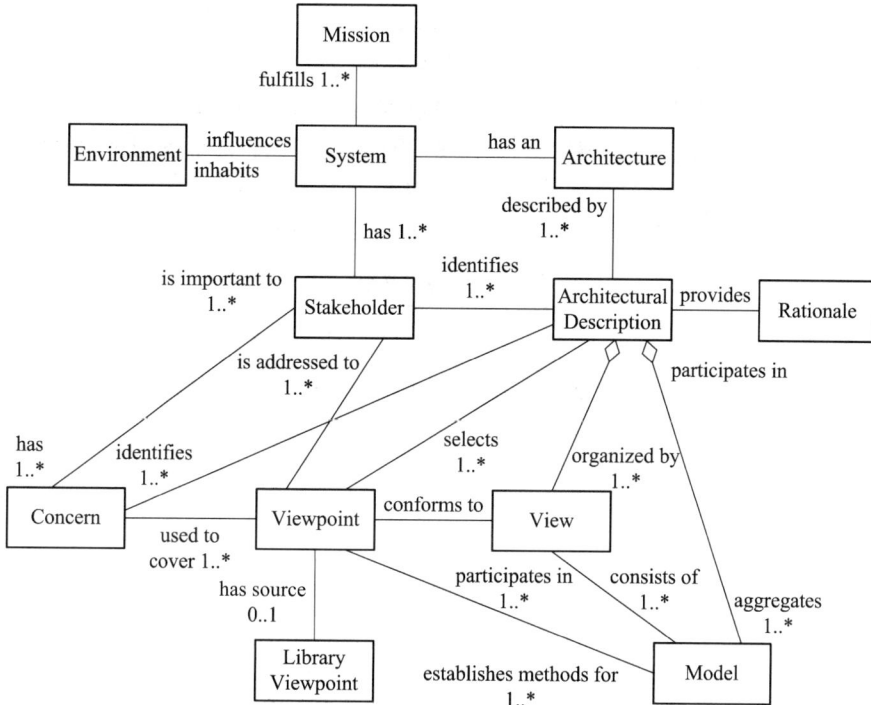

图 2.3　多视图概念模型体系结构描述

图 2.3 使用统一建模语言 UML(Unified Modeling Language)描述要素之间的关系，图中方框表示架构设计文档中需要描述的要素，连线表示这些要素之间的关系。体系结构描述分为五层：

第一层为 Mission：Mission 为使命任务，指系统的目标，如增加赢利或市场占有率，或者提高作战持续完成概率等。

第二层为 Environment、System 和 Architecture：Environment 是系统范围之外对系统有影响、有交互的客观存在；System 是相互作用的、组织在一起的组件的集合，完成若干功能；Architecture 指系统的架构，是系统组件的基本组织形式、组件之间以及组件与环境之间的关系，以及指导其设计和演化的原则，每个系统都有一个体系架构。

第三层为 Stakeholder、Architectural Description、Rationale：Stakeholder 是系统利益相关方(涉众、干系人)，一个系统有一个到多个利益相关方，例如用户、开发人员或管理者；Architectural Description 指架构描述，一个系统架构对应一个架构描述，架构描述由 stakeholder 识别并整理规范，是用文档描述架构而得到的工作成果的集合；Rationale 是基本原理和方法，如在设计架构时，选择 A 而非 B 的理由，以及架构设计如何满足功能性需求和非功能性需求等。

第四层为 Concern、Viewpoint、View：Concern 指对利益相关者非常重要的兴趣点(关注点)，决定系统的可接受性，关注点一般包括系统的功能要求、性能需求、安全性、可靠性和保密性等，利益相关方有一个或多个 Concern；Viewpoint 是利益相关者观察系统的视角，定义了如何构造和使用视图，哪些信息应该出现在视图中，选取信息的理由等，不同的 Stakeholder 可能有不同的关注点，从而选择不同的视角；View 是利益相关者从不同视角观察到的系统某一方面的视图(表示)，视图与视角一一对应。

第五层为 Library Viewpoint、Model：Library Viewpoint 存放以往对系统观察的各种不同视角，由不同利益相关者的各种不同的关注点总结得出，方便后人来参考使用；Model(模型)是用来表达视图的方法(图、表、文档、UML 数据、文本自然语言等)。

对以上术语进行梳理：体系架构应该由多个视图进行描述，视图与视角相统一，每个视图的描述文档必须有依据，比如符合若干利益相关方的关注点。

IEEE Std 1471 明确了实施多视图体系结构描述的一般要求，如表 2.1 所示。

表 2.1　多视图体系结构描述的一般要求

描述要素	一般实施要求
识别和概述信息	包括摘要、内容、术语表、参考资料和变更历史
利益相关方和关注点	列出利益相关方和关注点都必须处理的最小清单示例
视角	视角所涉及的利益相关者；视角所涉及的关注点；将要用到的语言、建模、分析技术；选择视角的原理；可能还包括完整性、正确性检验，评估原则、指导原则等
视图	包括根据其视角的要求对系统的表示
一致性信息	记录所有视图之间的不一致信息，最好附有对其一致性的分析
基本原理	所选架构概念和选择的基本原理，最好附有所考虑备选方案的依据

2.2.2　体系保障性多视图概念模型构建方法

1. 体系保障性概念建模控制逻辑

模型是系统各实体交互关系的简化表示，这些关系包括因果关系、流程关系和空间关系等，建立基本的实体模型是模拟有限的资源、有限的资源供给和需求时机之间匹配关系的前提和基础。航空装备体系保障性概念模型是航空装备体系保障总体概述信息的集合，构建概念模型的目的在于确定体系保障性的研究范围和总体情况，明确体系研究对象和在什么样的范围内运行，主要包括任务的来源、时间、边界、对象、资源和流程等。面向任务的航空装备体系保障，保障性概念建模的控制由战训任务输入发起，逐级生成各类保障任务，以战训任务保障活动实体为载体驱动保障任务实施。随着任务的推进，各保障对象与保障资源不断响应保障指挥的指令，保障指挥的输入表现为任务动态信息和环境扰动信息等。总体上，航空装备体系保障性概念模型中的控制模块包括任务来源、保障任务实施和环境信息输入三部分，建模控制逻辑如图 2.4 所示。

保障任务进程通过保障指挥进行总体推进，其中保障实体是保障指挥的主要作用对象，战场环境信息是保障指挥的外界环境输入，保障监测是保障指挥的基本依据。把保障任务实施模型归纳为保障指挥视图、保障实体视图、保障对象视图、保障监测视图以及保障数据视图五大类，分别描述保障指挥、保障资源、保障对象、保障评估和保障信息的静态和动态过程。使命任务视图是对作战任务的结构化描述，由使命任务导出保障目标视图，其核心是描述航空装备体系的使命任务、作战目标、任务阶段划分等信息；保障目标视图则围绕体系使命任务提出保障目标和对应于体系演化的能力要求；保障任务视图以保障目标为基本输入，提出执行的具体保障任务，如使用保障、维修保障和供应保障等；保障对象视图描述任务各阶段映射的装备单元及其维修要求，在任务过程中为保障活动提供输入；保障数据视图是对任务活动过程中使用的力量与资源的结构化描述，是外场资源调配的基本依据。随着阶段任务的推进，构成体系的基本装备单元以一定的概率产生故障、战伤或战损，需求通过战场态势视图进行描述，提供保障需求视图的输入。

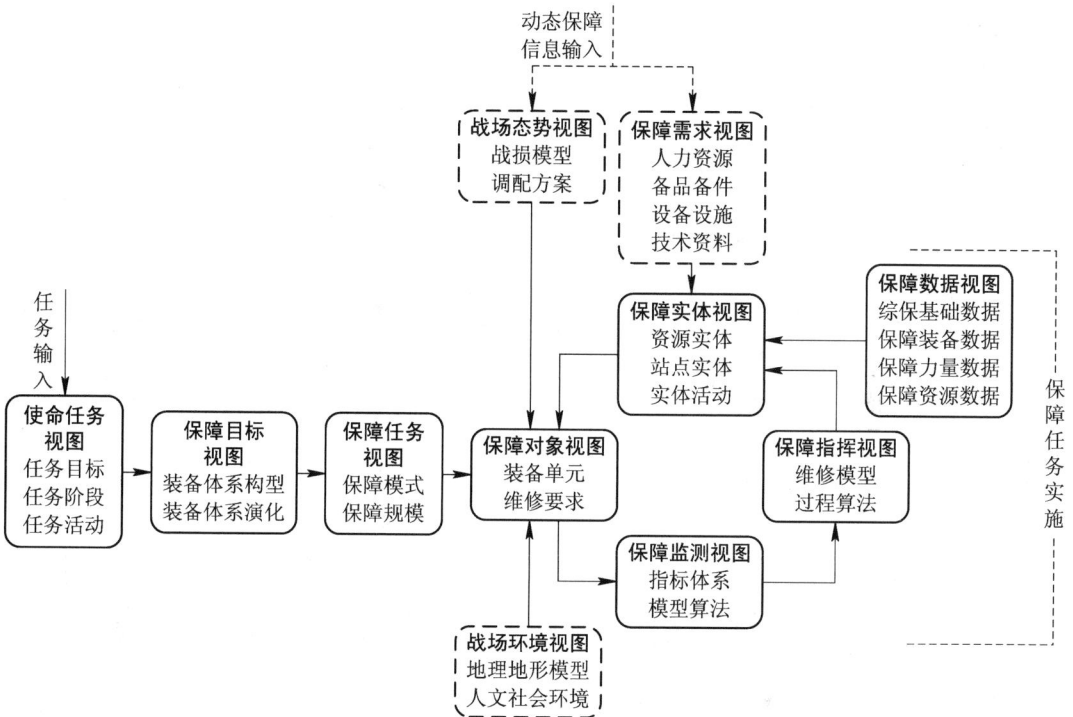

图 2.4　航空装备体系保障性概念建模控制逻辑

2. 体系保障性多视图概念模型

航空兵作战保障任务复杂多样，组织指挥难度大。因此，概念建模研究的起点是作战任务，完成这些任务的载体是航空装备体系，支撑装备体系完成任务的是装备体系的保障能力。体系保障性概念模型是对任务涉及的装备体系、保障体系的实体及其活动规律的描述，以期解决保障活动中复杂的资源管理、活动实施以及方案优化问题。基于此，以航空装备体系保障性概念建模控制逻辑为基础，针对仿真推演的目标与内容，选取作战任务视角、保障任务视角、保障功能视角、保障要素视角和保障数据视角五个关键视角，可以建立面向任务的航空装备体系保障性五大类概念模型，包括装备体系作战任务映射模型、装备体系保障任务驱动模型、装备体系保障功能交互模型、装备体系保障要素实体模型和装备体系保障基础数据模型。这些概念模型共同定义保障对象和保障主体的要素、结构、关系和行为。装备体系作战任务映射模型由装备体系任务阶段视图 M-1 和装备体系任务分解视图 M-2 进行形式化描述；装备体系保障任务驱动模型由装备体系保障任务驱动视图 T-1、装备体系保障任务流程视图 T-2 和装备体系保障任务时空视图 T-3 进行形式化描述；装备

体系保障功能交互模型通过装备体系保障外部功能视图 F-1 和装备体系保障内部功能视图
F-2 进行形式化描述；装备体系保障要素实体模型由装备体系保障要素实体视图 C-1 和装
备体系保障实体关系视图 R-1 进行形式化描述；装备体系保障基础数据模型由装备体系保
障基础数据视图 D-1 设计和装备体系保障数据关系视图 D-2 进行形式化描述。体系保障性
多视图概念模型如图 2.5 所示。

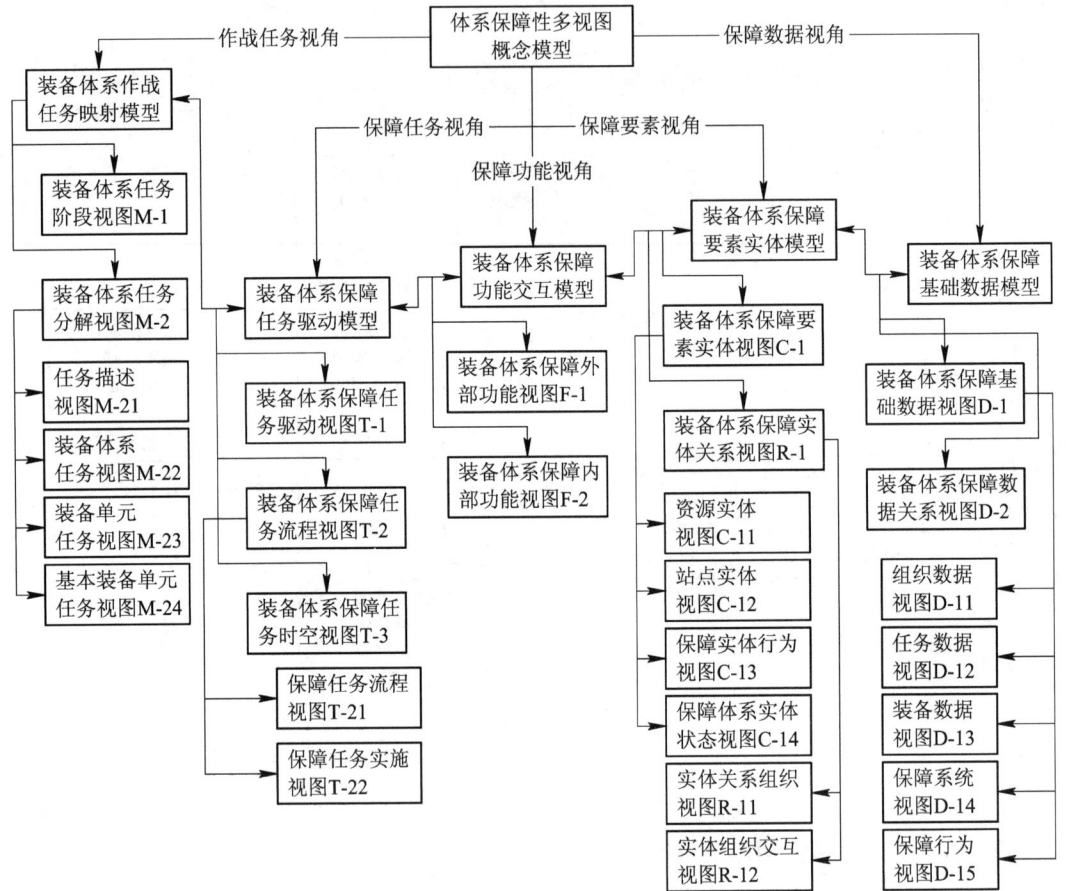

图 2.5　体系保障性多视图概念模型

2.3　模型构建

2.3.1　作战任务映射模型

装备体系保障性的研究对象是执行一定任务的航空装备体系，考虑任务持续过程中的
综合保障活动组织。因此，任务的结构化描述是体系保障性概念模型构建首要解决的问题。
装备体系作战任务映射模型由装备体系任务阶段视图 M-1 和装备体系任务分解视图 M-2
进行刻画。

1. 装备体系任务阶段视图 M-1

航空装备体系作战任务建模是对装备体系任务想定、任务执行过程和装备节点任务剖面的描述。装备体系任务阶段视图如图 2.6 所示。

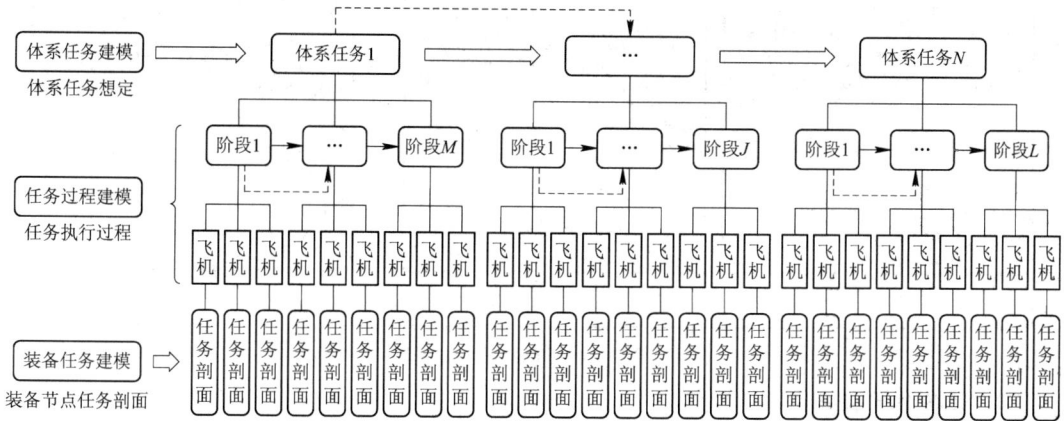

图 2.6 航空装备体系任务阶段视图 M-1

如图 2.6 所示，可将航空装备体系任务模型分为三个层面。首先针对装备体系的任务想定，建立由多个单一任务及其之间逻辑转换关系的任务序列；其次对于每一个任务，将其划分为若干阶段，建立各个阶段的转换关系和时序逻辑，并在每一阶段，定义其所需要的装备、装备之间的连接关系以及转换逻辑；最后对于每一型装备，对其任务剖面进行建模，定义其故障时间、飞行时间、再次出动准备时间、飞行后检查时间和任务成功判断点等。

2. 装备体系任务分解视图 M-2

面向多阶段任务的建模抽象描述装备体系任务流程、任务阶段划分、任务执行过程，对装备体系整个任务流程、任务时序、信息流程、所用到的装备、各装备之间的连接关系和相互影响进行建模。装备体系任务分解视图 M-2 包括任务描述视图 M-21、装备体系任务视图 M-22、装备单元任务视图 M-23 和基本装备单元任务视图 M-24。

1) 任务描述视图 M-21

任务装备体系由不同的装备单元组成，如对某国海军基地进行防区外精确打击，要求出动火力打击、信息支援、信息战、指挥控制等装备单元协同完成作战任务。以信息支援装备单元为例，其任务目标包括获取目标图像、位置、周边态势及敌方防空系统情报，在突防空域附近进行空中预警监视和构建空中指挥平台等。装备单元由基本装备单元组成，基本装备单元是能够独立执行作战任务的最小单位，由单个装备系统或同型装备系统群和保障系统构成[83]，如上述防区外精确打击任务中的火力打击装备单元由轰炸机或轰炸机编队构成。基本装备单元配置有伴随保障系统，装备单元配置保障机构，共同构成装备体系。任务描述视图如图 2.7 所示。

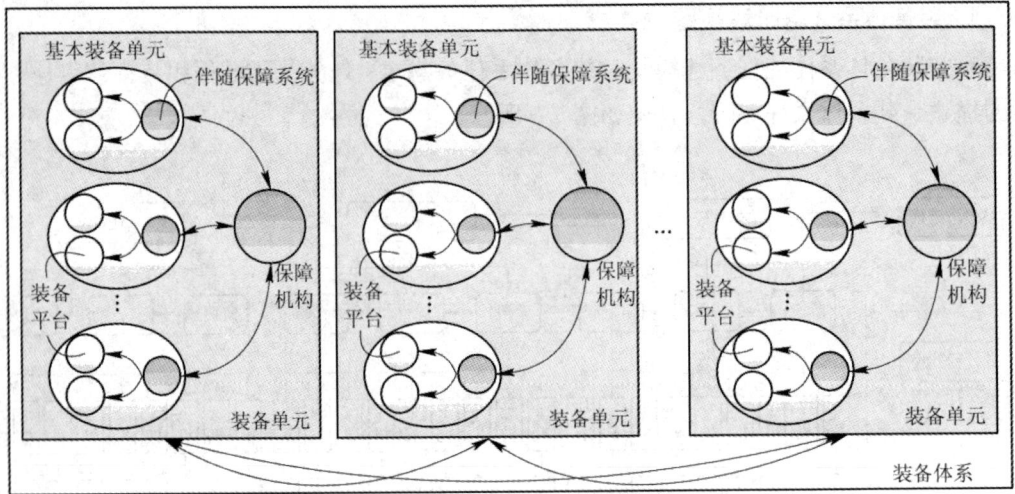

图 2.7　任务描述视图 M-21

2) 装备体系任务视图 M-22

装备体系任务定义装备体系所执行的多个阶段任务及其逻辑转换关系，并通过视图逐层映射到装备单元和基本装备单元。装备体系任务涵盖各个装备单元的任务，装备单元在装备体系中提供不同的作战能力，且互相影响和制约，并且具备动态特性，随时间的推进和任务执行情况的变化而变化。装备单元任务涵盖各基本装备单元的任务，但又不等同于各基本装备单元任务的叠加，基本装备单元通常构成 k/n 冗余配置。任务下达之后，各阶段装备体系的最小构型确定，为了确保任务持续完成，体系构型应该优于任务要求的门限值，即任务强度不小于要求的强度 S。阶段任务强度可以用要求的一定构型的装备工作时间来表征。当构成体系的装备以一定的概率发生故障，维修保障体系的运行不能维持体系构型的门限值时，表示体系无法持续执行任务。装备体系任务视图如图 2.8 所示。

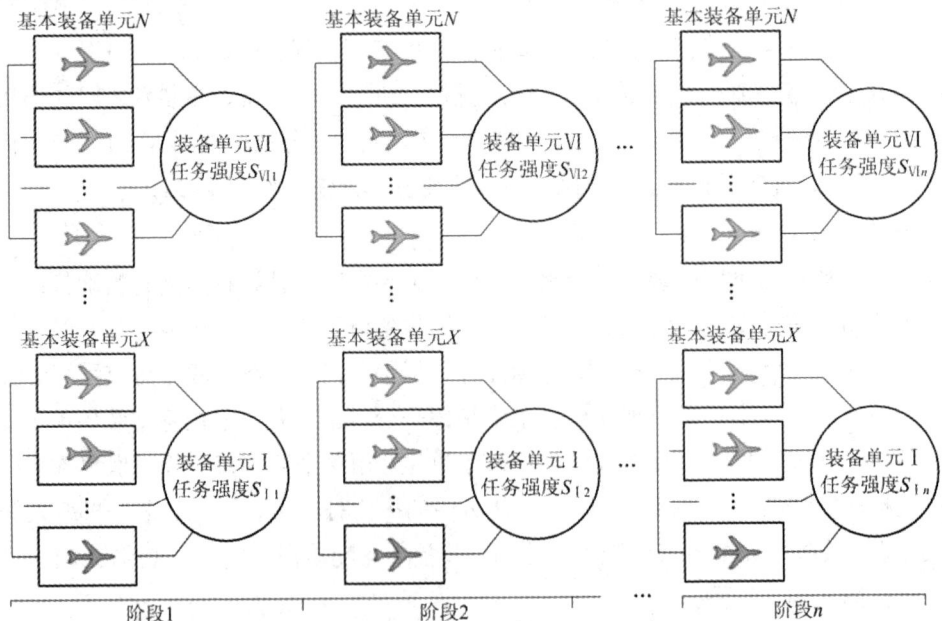

图 2.8　装备体系任务视图 M-22

3) 装备单元任务视图 M-23

装备单元任务由基本装备单元在多个阶段中的任务及其逻辑转换关系进行定义。基本装备单元在执行任务过程中形成一定的任务剖面，在某一时间段内可能满足装备单元的任务强度要求，也可能无法满足。保障体系仿真优化的目的正是在于对比分析不同的保障方案并提出实施建议，使得基本装备单元出现故障时能够以最小的资源消耗最快地重新满足装备单元的强度要求。如图 2.9 所示，假设在任务的 f 阶段和 h 阶段，要求装备单元VI的任务强度是 2/4，装备单元 I 的任务强度是 1/3，则在 f 阶段，装备单元任务剖面可以满足任务需求，而在 h 阶段，虽然装备单元 I 的任务强度满足任务需求，但是装备单元VI的任务强度达不到任务要求，因此 h 阶段任务失败，因此装备体系任务也失败。

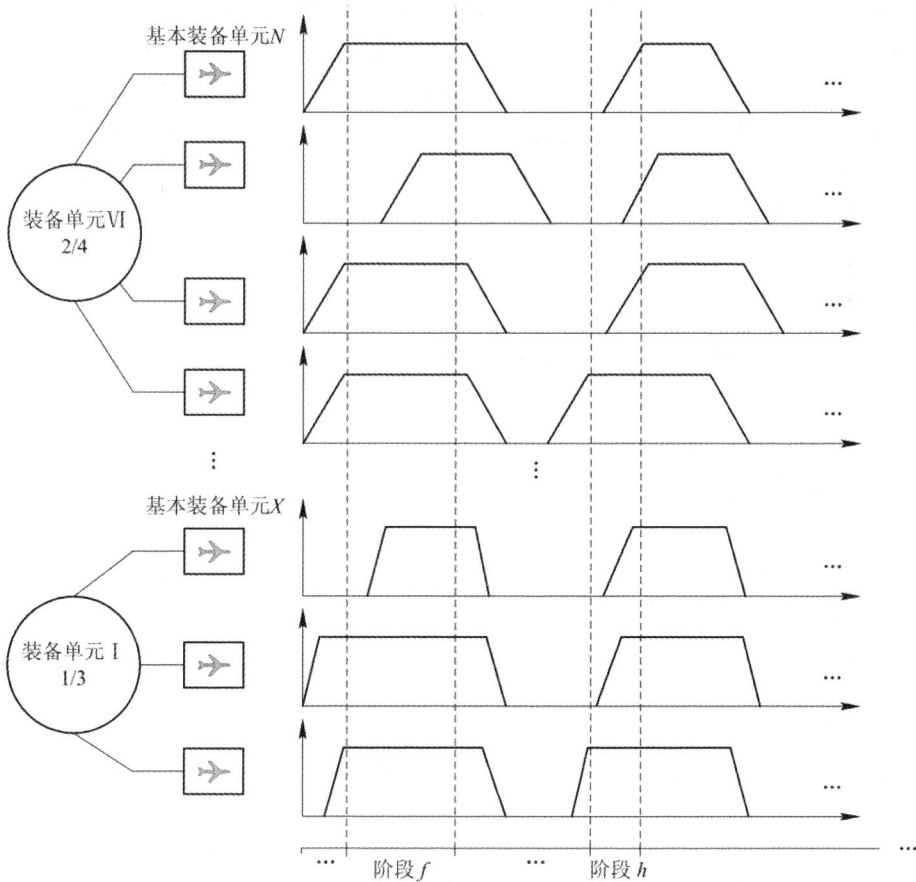

图 2.9 装备单元任务视图 M-23

4) 基本装备单元任务视图 M-24

基本航空装备单元一般映射到某型战机，战机在执行任务过程中，组成战机的二级系统及其部件以一定的模型产生故障或战损，战机必须返场维修或失效报废，从而影响任务的持续推进。对基本装备单元任务进行建模，主要是定义其飞行前准备时间、任务飞行时间、故障维修时间、故障等待备件时间、再次出动准备时间、飞行后检查时间和任务成功判断点等。基本装备单元任务视图如图 2.10 所示。

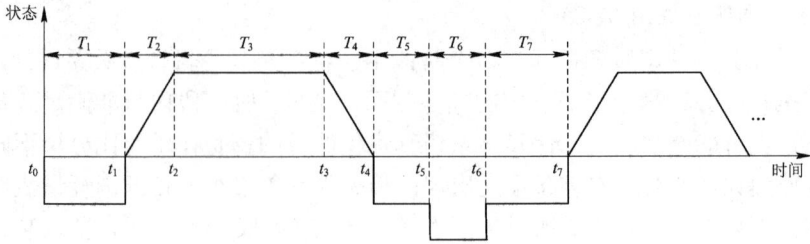

图 2.10 基本装备单元任务视图 M-24

基本装备单元在执行多阶段任务中，飞行前准备时间 $T_1 = t_1 - t_0$；t_1 时刻开始机动，t_2 时刻到达任务空域执行作战任务，机动时间 $T_2 = t_2 - t_1 = T_4 = t_4 - t_3$；对装备单元执行任务的有效支撑时间 $T_3 = t_3 - t_2$；故障维修时间 $T_5 = t_5 - t_4$；维修等待备件时间 $T_6 = t_6 - t_5$；再次出动准备时间 $T_7 = t_7 - t_6$；阶段任务成功判断点为装备单元持续满足强度要求达到阶段转化的时刻。装备体系执行任务期间，体系并不过分关注某一基本装备单元的完好状态，只需要关注装备单元的任务强度是否满足即可，从而将综合保障资源与调度的服务对象由传统的面向单一装备的粗放型保障转移到面向装备体系的精细化保障上，这也是后续仿真优化的基本出发点和落脚点。

2.3.2 保障任务驱动模型

装备体系保障任务驱动模型由装备体系保障任务驱动视图 T-1、装备体系保障任务流程视图 T-2 和装备体系保障任务时空视图 T-3 进行刻画。

1. 装备体系保障任务驱动视图 T-1

任务驱动遵循"任务时间—装备构型—体系结构—维修保障"的逻辑关系。装备体系执行任务中，装备单元发生故障或战损，保障指挥机构调动保障资源和库存物流组织维修保障活动，装备单元修复完毕将立即返航到指定空域。体系任务分解到某阶段后，装备单元同时进入战斗，处于热备份状态，即装备单元发生故障时备份单元立即进入战斗状态。装备保障体系任务驱动视图如图 2.11 所示。

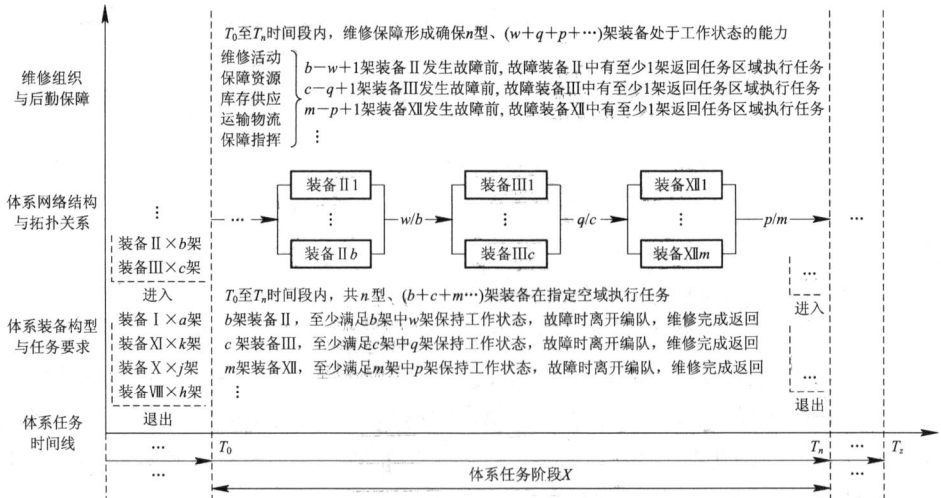

图 2.11 装备保障体系任务驱动视图 T-11

如在装备体系任务的第 X 阶段，T_0 时刻，b 架装备 Ⅱ、c 架装备Ⅲ进入任务区域，a 架装备Ⅰ、k 架装备Ⅺ、j 架装备Ⅹ、h 架装备Ⅷ退出任务区域，m 架装备Ⅻ及若干其他类型装备在任务区域持续执行任务，则在[T_0，T_n]时间段内任务飞机共 n 型、$(b+c+m+\cdots)$ 架在指定空域执行任务。飞机体系构型如图 2.12 所示。

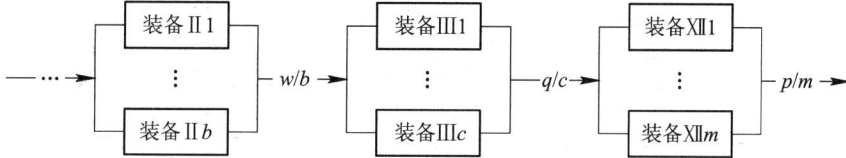

图 2.12　[T_0，T_n]时间段内体系构型图 T-12

此阶段保证 b 架装备 Ⅱ 中有 w 架正常工作，c 架装备Ⅲ中有 q 架正常工作，m 架装备 Ⅻ中有 p 架正常工作，即认为构型满足任务强度要求，阶段任务可以持续进行。以装备 Ⅱ 为例，如果在第 $b-w+1$ 架装备 Ⅱ 发生故障前，故障装备 Ⅱ 中有至少 1 架返回任务区域执行任务，则认为阶段任务完成，否则任务失败。其他装备分析情况类似。当体系任务所有阶段要求的装备构型任务强度都达到时，体系任务完成，否则体系任务失败。维修保障实施则以大修、定检、排故、出动检查等维修组织、资源调度、库存供应、运输物流和保障指挥等活动为主。

2. 装备体系保障任务流程视图 T-2

装备体系保障任务流程视图 T-2 包括保障任务流程视图 T-21 和保障任务实施视图 T-22 两类视图。

1) 保障任务流程视图 T-21

保障任务流程以使命任务装备体系为分析对象，以多阶段作战任务推进为逻辑主线，将作战任务逐层分解映射到基本装备单元。随着任务时间的推进，根据任务要求转换装备体系执行任务。任务过程中，由装备可更换单元的可靠性模型作为故障机制触发自然故障，并产生相应的修复性维修任务；由装备保障事件模型作为触发机制产生相应的预防性维修任务，并将装备运送到达维修站点执行维修保障活动。因不同维修机构能力不同，装备维修通常先由伴随保障修理组进行，若维修能力不足，则需调度战场抢修分队在现场完成；如果装备仍然无法修复，则送维修工厂或大修工厂完成装备维修；在装备维修过程中，不断调用所需保障资源、航材供应等。在装备修复之后返回装备单元继续执行作战任务，直至装备体系任务完成。保障任务流程视图如图 2.13 所示。

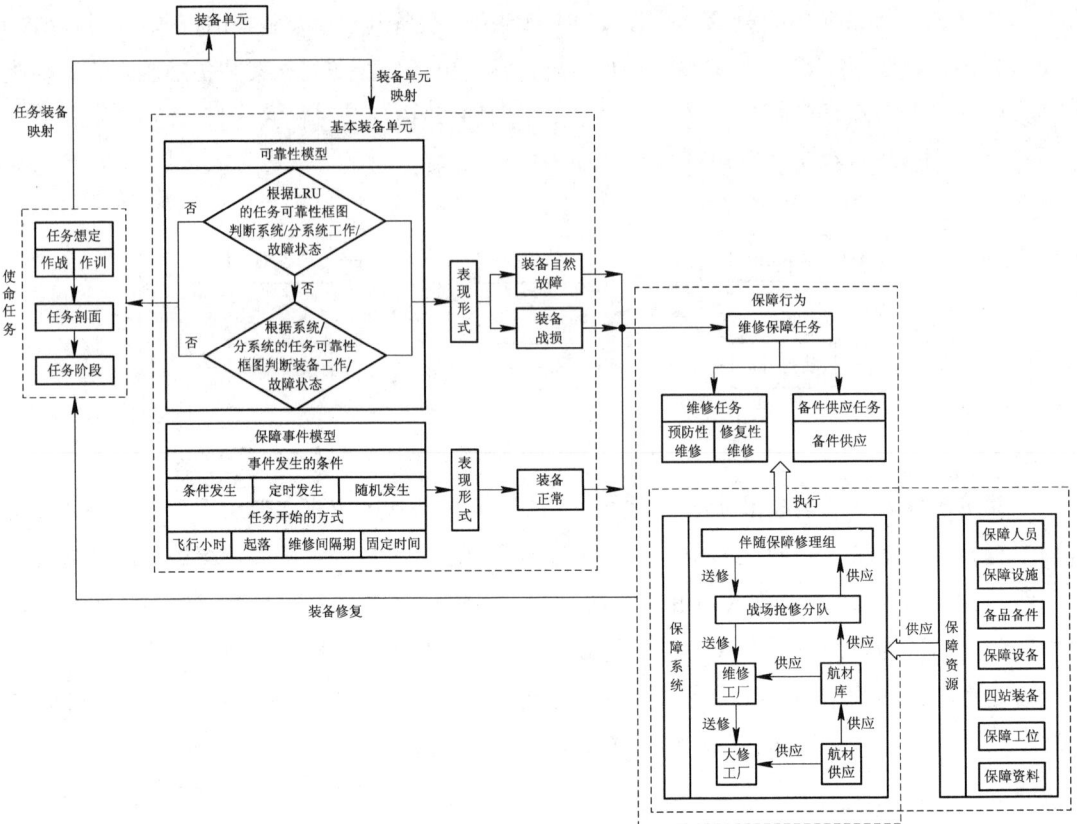

图 2.13　保障任务流程视图 T-21

2) 保障任务实施视图 T-22

保障任务实施视图描述保障活动的运行和保障资源需求，该视图连接保障装备对象、保障活动以及保障资源实体，主要包括任务代码、装备构型 ID、保障需求、故障模式、故障描述、维修人员、备件代码、设备设施、弹药需求、优化方案等描述。其中保障体系运行优化方案是面向不同作战飞机、同时维修多型战机、保障资源共享、保障实施交联的区别于传统机组保障的新模式。保障任务实施视图如表 2.2 所示。

表 2.2　保障任务实施视图 T-22

参数名称	参数说明	参数格式
任务代码	装备构型阶段任务描述	结构型
装备构型 ID	需要维修的装备构型	结构型
保障需求	大修、定检、排故、出动检查	字符型
故障模式	构型装备的故障模式	字符型
故障描述	故障具体表述	字符型
维修人员	所需专业维修人员	字符型
备件代码	所需备件	字符型
设备设施	所需维修设备设施	字符型
弹药需求	弹药供应需求	字符型
优化方案	保障实施聚合方案	字符型

3. 装备体系保障任务时空视图 T-3

装备体系保障任务时空视图描述体系任务推进的时间和空间因素，时空因素主要来源于多阶段任务的时序推进、任务地理空间属性、各级首长及指挥人员的决策部署和战场态势的实时变化。装备体系保障任务时空视图如表 2.3 所示。

表 2.3　保障任务时空视图 T-3

定义	描述	标准
作战任务时域	任务开始时间、任务结束时间	军用标准时间
保障任务时域	阶段任务时间线	军用标准时间
活动三维区域	经度、纬度、高程	2000 国家大地坐标系
战场环境态势	地理、地形、社会、战场对抗	军队综合兵要信息规范

2.3.3　保障功能交互模型

装备体系保障功能交互模型由保障任务驱动模型导出，功能由实体间的交互产生，也需要用户要求的明确和信息基础设施支撑。保障功能交互模型通过外部功能视图 F-1 和内部功能视图 F-2 进行刻画。

1. 装备体系保障外部功能视图 F-1

外部功能的产生由保障系统与外部实体数据互相作用达成，其基本载体是保障资源和保障装设备。现代信息作战条件下，多种来源的数据需要系统集成之后输入到应用系统作为保障系统的输入信息，主要包括战场态势信息、保障数据信息、保障需求信息、使命任务信息、保障目标信息、保障任务信息及联合协同信息等；同时，面向任务的外场保障向保障系统提出了敏捷、完备、准确、标准规范、通信兼容和指挥平台嵌入的基本要求；保障系统解决的最终问题是支撑装备体系完成作战任务，包括保障流程推演、保障资源调度、保障体系规划、抢救抢修实施、航材弹药调配、保障效能评估及保障决策建议等。装备体系保障外部功能视图如图 2.14 所示。

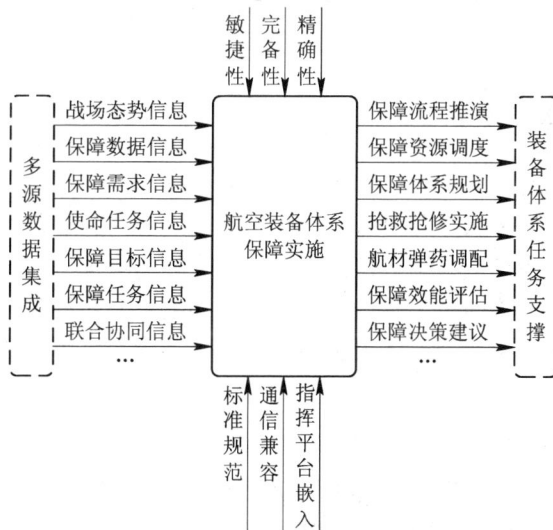

图 2.14　装备体系保障外部功能视图 F-1

2. 装备体系保障内部功能视图 F-2

内部功能视图以航空装备体系的最小构型及构型演化为准则，以"故障机群落地—机群维修—机群出动—机群返航"为活动主线，共同驱动相关维修事件展开和维修资源调度。内部功能的起点是执行任务过程中机群故障的出现，终点则是装备体系任务的达成。装备体系保障内部功能视图如图 2.15 所示。

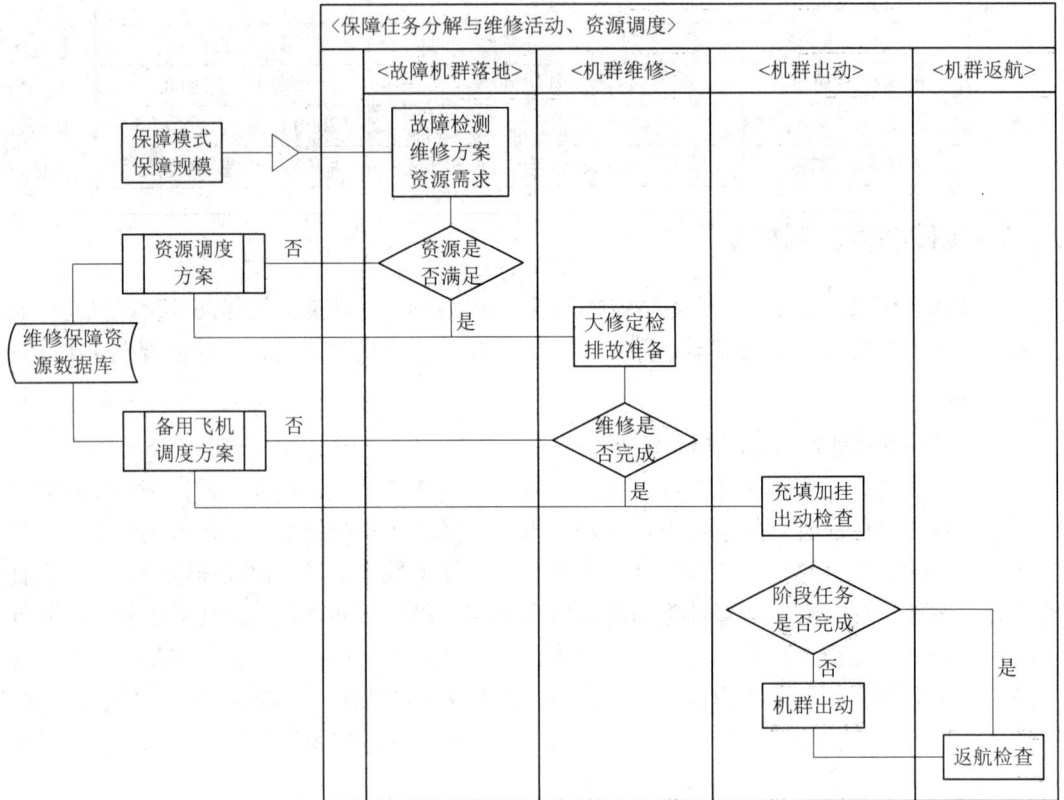

图 2.15　装备体系保障内部功能视图 F-2

2.3.4　保障要素实体模型

装备体系保障要素实体模型对保障系统的组元进行分类和描述，提供了保障能力仿真中对现实世界装备执行任务、开展使用与维修保障过程仿真的必备条件。其中有两类实体起着基础性的作用：一类是从装备、备件、保障人员等具象实体抽象出的资源实体，另一类是从开展使用与维修保障活动的站点和人力人员的组织机构抽象出的站点实体。因此，装备体系保障要素实体模型由装备体系保障要素实体视图 C-1 和装备体系保障实体关系视图 R-1 共同进行刻画。

1. 装备体系保障要素实体视图 C-1

装备体系保障要素实体视图 C-1 包括资源实体视图 C-11、站点实体视图 C-12、保障实体行为视图 C-13 和保障体系实体状态视图 C-14。

1) 资源实体视图 C-11

资源实体视图主要描述与装备配套的保障资源。资源类型包括保障设施、保障装设备与工具、备件、人力人员、技术资料等。在仿真流程中，当装备实体开展使用保障、维修活动时，资源实体将被资源行为模型调用。资源实体视图如表 2.4 所示。

表 2.4　资源实体视图 C-11

序号	属性名称	含　义
1	资源类型	保障设施/保障装设备与工具/备件/人力人员/技术资料
2	型号	资源实体的型号
3	序号	同型号资源序列中的序号
4	可靠性	保障装设备的 MTBF、概率分布等，人力人员每日值班时间
5	维修性	保障装设备的 MTTR、维修工序活动时间，人力人员的可靠性属性为其每天的非值班时间
6	测试性	保障装设备的故障检测率、故障隔离率、虚警率、检测时间
7	保障性	人力人员定期休息的间隔期和休息时长
8	战损	装备发生战损的模式及其概率，人力人员无此属性
9	层级	非人力人员的资源层级主要描述资源的构型层级，人力人员的资源层级描述其技能、职称等
10	对应产品	保障资源所保障的产品
11	调度规则	保障资源的调度规则，包括资源冲突策略、人员轮换机制、资源替换策略等
12	三维属性	实体外形特点，仿真系统内部坐标、地理坐标
13	折旧费用	保障装设备在使用过程中的折旧费用
14	采购费用	保障资源的采购费用及人力人员的工资费用

2) 站点实体视图 C-12

站点实体视图主要描述与装备开展使用与维修保障活动相关的站点和人力人员的组织机构。开展保障活动的地点包括机库、停机坪、修理厂等。人力人员的组织机构包括中队、大队等。在仿真流程中，人力人员将从组织机构中抽调，装备将在保障站点开展一系列保障活动，例如完好飞机停于机库或停机坪中，即对执行任务的飞机在停机坪开展机务活动，故障 LRU 在被拆下后将被送往中继级修理厂进行维修。站点实体视图如表 2.5 所示。

表 2.5　站点实体视图 C-12

序号	属性名称	含　义
1	站点类型	维修车间、基地、仓库、操作现场，机务人员的组织机构等
2	名称	机库、停机坪、修理厂，中队、大队等
3	序号	同类型站点序列中的序号
4	维修层级	外场级、中继级和基地级等修理级别
5	上一级站点	上一级站点的名称
6	下行运输时间	故障产品或系统由上一级保障站点运输到该保障站点的时间

序号	属性名称	含　义
7	上行运输时间	故障产品或系统由该保障站点运输到上一级保障站点的时间
8	资源配置	非人力人员的资源配置描述配置的保障资源类型及数量，人力人员的资源配置描述人员的专业、技能和数量等
9	可修产品清单	在该站点可修理的产品清单
10	三维属性及坐标	实体外形特点，仿真系统内部坐标、地理坐标

3) 保障实体行为视图 C-13

保障实体行为视图是相关实体随时间推移产生的状态变化的抽象，描述实体的行为特征和运行机制，也即对某些具体行为流程的输入、输出和状态变化进行追踪。以区域装备保障群对战损飞机进行抢修的保障资源活动为例，保障实体行为视图 C-13-1 如图 2.16 所示。

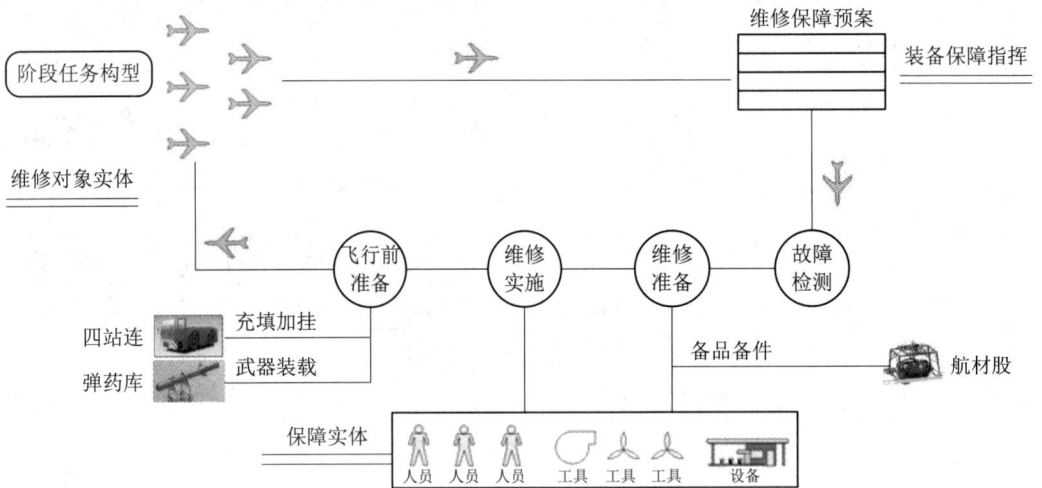

图 2.16　保障实体行为视图 C-13-1

保障实体行为映射视图 C-13-2 描述维修保障活动中实体间的行为交互，视图实体化的过程体现为不同实体视图的实体化与交互，如表 2.6 所示。

表 2.6　保障实体行为映射视图 C-13-2

参数名称	参数说明	参数格式
作战活动	阶段任务的作战活动	字符型
作战节点	组成构型的装备	字符型
任务持续时间	阶段任务持续时间	字符型
故障模式	构型装备的故障模式	字符型
维修方式	原位维修、换件、送修	字符型
维修人员	所需专业维修人员	字符型
备件代码	所需备件代码	字符型

4) 保障体系实体状态视图 C-14

保障体系实体状态是任务实体所有可以被观察和识别出来的内部参数和外部形态的统称，通过建立实体状态视图描述体系在某一时刻的静态特征，明确体系组元属性。通过监测状态变化为体系动态研究提供依据。以 C-11 和 C-12 实体中的备件和机库为例，根据影响保障指挥和保障活动运行的各类指标分别建立备件状态视图 C-14-C-11-S3 和机库状态视图 C-14-C-12-S1。备件状态视图 C-14-C-11-S3 描述 C-11 实体中备件的静态特征，如表 2.7 所示。机库状态视图 C-14-C-12-S1 描述 C-12 实体中机库的静态特征，如表 2.8 所示。

表 2.7 备件状态视图 C-14-C-11-S3

参数名称	参数说明	参数格式
备件 ID	备件识别码	字符型
库存量	野战机动仓库库存数量	数值型
基地货架量	供应基地库存数量	数值型
日均需求量	任务期间每日需求数量	数值型
供应渠道平均量	在修或在补给备件数量	数值型
MTBCF	平均严重故障间隔时间	字符型
MTTR	平均修复时间	字符型
平均满足率	野战机动仓库日均满足率	数值型
可串件性	可否串件拼修	字符型
备件性质	LRU 或 SRU	字符型
使用装备	备件保障的装备单元	字符型
调度规则	备件调度模型	结构性

表 2.8 机库状态视图 C-14-C-12-S1

参数名称	参数说明	参数格式
机库 ID	机库识别码	字符型
机库类型	坑道式或掘开式	字符型
拱顶高度	拱顶高度值	数值型
起拱线高度	起拱线高度值	数值型
使用机种	可供使用的机种类型	字符型
机库状态码	机库当前使用状态标识	字符型

2. 装备体系保障实体关系视图 R-1

实体关系模型是对装备保障力量构成及其运行关系的抽象。装备体系保障实体关系视图 R-1 包括实体关系组织视图 R-11 和实体组织交互视图 R-12 等。

1) 实体关系组织视图 R-11

保障组织以作战行动为牵引，采取区域装备保障群的形式进行抽组，包括区域装备保障中心、装备机动保障部队和后备保障力量三部分。实体关系组织视图如图 2.17 所示。

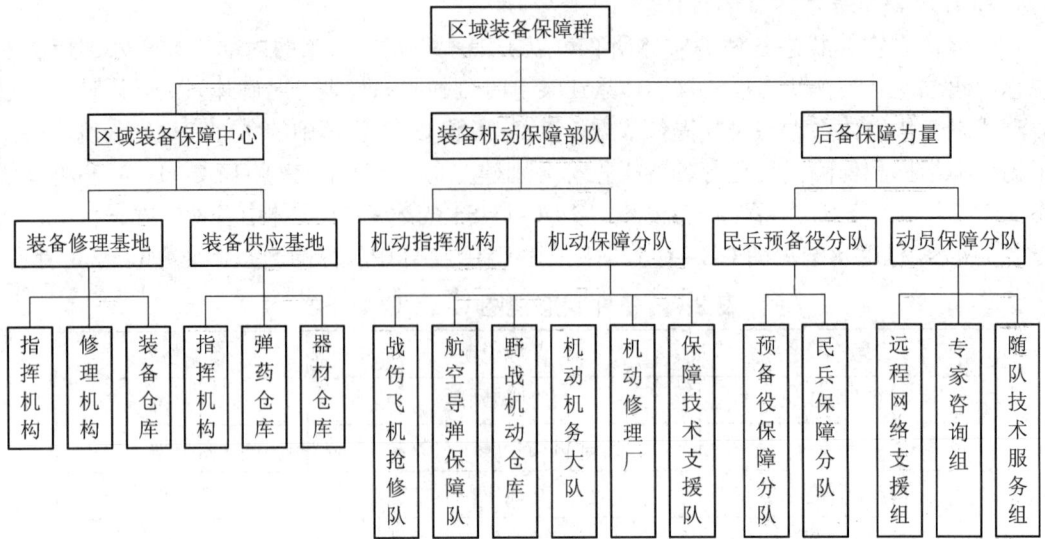

图 2.17 实体关系组织视图 R-11

2) 实体组织交互视图 R-12

实体组织交互关系主要分为指挥关系、协同关系和保障关系。保障群指挥机构对装备机动保障部队、区域装备保障中心及后备保障力量构成指挥关系，装备机动保障部队、区域装备保障中心及后备保障力量与航空装备体系构成保障关系，而装备机动保障部队、区域装备保障中心及后备保障力量之间构成协同关系，三者共同支撑航空装备体系的构型完整和演化需求。实体组织交互视图如图 2.18 所示。

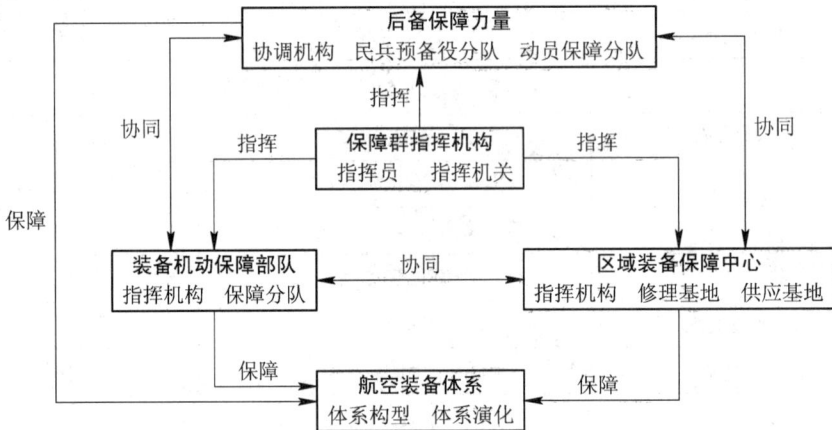

图 2.18 实体组织交互视图 R-12

2.3.5 保障基础数据模型

装备体系保障基础数据模型是对体系保障性涉及的实体和业务流程数据的结构化描述，主要包括装备体系保障基础数据视图 D-1 的设计和装备体系保障数据关系视图 D-2 的设计。

1. 装备体系保障基础数据视图 D-1

以航空装备体系保障实际运行及作战任务、保障任务、保障功能和要素实体模型为基础，装备体系保障基础数据模型分为五大类，包括组织数据模型、任务数据模型、装备数据模型、保障系统模型和保障行为模型，分别用组织数据视图 D-11、任务数据视图 D-12、装备数据视图 D-13、保障系统视图 D-14 和保障行为视图 D-15 进行刻画。

1) 组织数据视图 D-11

组织数据视图描述组织机构、下辖装备、人员和资源等数据，包括组织机构表、组织装备表、组织人员表、组织资源表等。组织数据视图如图 2.19 所示。

编号：01			内容：组织数据模型					
组织机构表								
组织名称	组织编码	机构名称	机构代码	机构层级	配属装备	配属人员	配属资源	备注
组织装备表								
飞机名称	飞机编码	出厂日期	飞机型号	飞机识别码	组织编码	机构名称	机构代码	备注
组织人员表								
人员名称	人员编码	人员专业	人员角色	人员识别码	组织编码	机构名称	机构代码	备注
组织资源表								
设施名称	设施编码	设施识别码	工位名称	工位编码	工位数量	组织编码	机构名称	机构代码	备注

图 2.19 组织数据视图 D-11

2) 任务数据视图 D-12

任务数据视图中，体系作战任务最终映射到不同装备的不同飞行科目，飞行科目分解为若干飞行阶段，任务飞机按照一定的出动策略来选派。因此，任务数据视图描述任务基本信息、组成任务的科目、组成科目的阶段和飞机出动策略等数据，包括任务数据表、科目数据表、阶段数据表和出动策略数据表等。任务数据视图如图 2.20 所示。

编号：02			内容：任务数据模型						
任务数据表									
任务名称	任务编码	任务类型	任务规模	开始日期	结束日期	场次设置	科目类型	组织编码	飞机编码	备注
科目数据表									
科目名称	科目编码	科目类型	开始日期	开始时间	结束时间	结束日期	备注		
阶段数据表									
阶段名称	阶段编码	科目编码	阶段序号	开始时间	结束时间	备注			
出动策略数据表									
出动策略名称	策略编码	飞机编码	飞机识别码	备注					

图 2.20 任务数据视图 D-12

3) 装备数据视图 D-13

装备数据视图中，以任务飞机为建模对象，抽取触发维修保障装备行为的关键属性项，关联与飞机对应的专责制放飞小组和派工制技术保障小组。飞机结构建模粒度随着仿真推演层次的深入与范围的扩大而不断更新。数据模型表存储飞机基本信息、构成飞机的系统、组成系统的构件和系统(构件)的保障性信息等数据。装备数据视图包括飞机数据表和飞机结构数据表等。装备数据视图如图 2.21 所示。

编号：03					内容：装备数据模型					
飞机数据表										
飞机名称	飞机编码	飞机识别码	飞机型号	出厂日期	日历寿命	总寿命	飞行小时	大修次数	阶段寿命	剩余寿命
						放飞组编码	放飞组识别码	技保组编码	技保组识别码	备注
飞机结构数据表										
系统名称	系统编码	系统层次	系统类型	是否关键系统	系统数量	飞机编码	飞机名称	飞机识别码	MTBF	出厂日期
				日历寿命	总寿命	飞行小时	阶段寿命	剩余寿命	保障任务编码	备注

图 2.21　装备数据视图 D-13

4) 保障系统视图 D-14

在保障系统视图中，数据模型存储保障系统的装备车间、车间保障设施、保障设施工位、工位配置人员、工位设备、使用的四站装备、消耗的备品备件、放飞机组信息、技术保障组信息以及保障资料等数据，包括装备车间表、保障设施表、保障工位表、保障人员表、保障设备表、四站装备表、备品备件表、放飞组表、技术保障组表、保障资料表等。保障系统视图如图 2.22 所示。

编号：04			内容：保障系统数据模型							
装备车间表										
车间名称	车间编码	车间识别码	组织编码	机构名称	机构代码	设施编码	设施名称	备注		
保障设施表										
设施名称	设施编码	设施识别码	工位编码	工位名称	工位识别码	备注				
保障工位表										
工位名称	工位编码	工位识别码	能力编码	设施识别码	设施名称	人员编码	人员配置数量	保障设备编码	保障设备配置数量	
				四站装备编码	四站装备配置数量	备品备件编码	备品备件配置数量	备注		
保障人员表										
人员名称	人员编码	人员识别码	人员专业	人员角色	技术等级	人员职务	人员军衔	工位识别码	备注	
保障设备表										
保障设备名称	保障设备编码	保障设备识别码	保障设备类别	保障资料编码	保障资料名称	保障资料识别码	备注			
四站装备表										
四站装备名称	四站装备编码	四站装备识别码	四站装备类别	备注						
备品备件表										
备品备件名称	备品备件编码	备品备件识别码	备品备件类别	出厂日期	日历寿命	总寿命	维修次数	阶段寿命	供应周期	购置周期 · 备注
放飞组表										
放飞组名称	放飞组编码	放飞组识别码	保障模式码	保障模式名称	人员编码	人员名称	人员识别码	飞机编码	飞机名称	飞机识别码 · 备注
技术保障组表										
技术保障组名称	技保组编码	技保组识别码	保障模式码	保障模式名称	人员编码	人员名称	人员专业	人员识别码	备注	
保障资料表										
保障资料名称	保障资料编码	保障资料识别码	保障资料格式	备注						

图 2.22　保障系统视图 D-14

5) 保障行为视图 D-15

在保障行为视图中，数据模型将维修保障分为维修和供应两种行为，包括预防性维修保障、修复性维修保障和战损抢救抢修保障三种工作。航空维修保障工作由多个维修保障任务承载，如直接机务准备、再次出动准备、排故、定检、更换发动机和校罗盘等任务。装备的各类维修任务由维修活动和保障事件组成。活动是对实体执行的某种操作，消耗一定的时间，占用一定的保障资源，如再次出动准备包括 GMP 检查、进气道检查、加油、装伞和消耗品补充等活动；事件是在某个仿真时刻发生的事情，可以改变实体属性、变量或统计累加器的值。维修活动围绕维修事件(Event)进行，如进气道检查由进入进气道、检查、离开进气道等事件组成。

保障行为数据模型包括保障任务表、保障活动表和保障事件表，保障行为视图如图2.23所示。

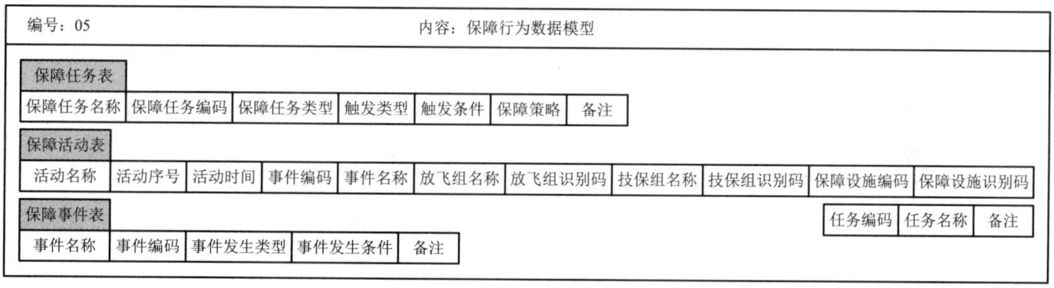

编号：05						内容：保障行为数据模型				
保障任务表										
保障任务名称	保障任务编码	保障任务类型	触发类型	触发条件	保障策略	备注				
保障活动表										
活动名称	活动序号	活动时间	事件编码	事件名称	放飞组名称	放飞组识别码	技保组名称	技保组识别码	保障设施编码	保障设施识别码
保障事件表								任务编码	任务名称	备注
事件名称	事件编码	事件发生类型	事件发生条件	备注						

图 2.23　保障行为视图 D-15

2. 装备体系保障数据关系视图 D-2

数据关系模型是一组关系模式的集合，关系模型将实体、属性和联系转换为关系模式。在转化过程中，要遵循以下原则[84]：一是一个实体转换为一个关系模式，实体的属性转换为关系的属性，实体的键转化为关系的键；二是一个 $m：n$ 联系转换为一个关系模式，与该联系相连的各实体的键以及联系本身的属性转化为关系的属性，各实体的键的组合转化为关系的键；三是一个 $1：n$ 联系可以转化为一个关系模式，与该联系相连的各实体的码以及联系本身的属性转化为关系的属性，n 端实体的键转化为关系的码；四是一个 $1：1$ 联系可以转化为一个独立的关系模式，与该联系相连的各实体的键以及联系本身的属性转化为关系的属性，每个实体的码均是该关系的候选码；五是 3 个或 3 个以上实体间的一个多元联系转化为一个关系模式，与该多元联系相连的各实体的键以及联系本身的属性转化为关系的属性，各实体键的组合转换为关系的码。在数据表模型的基础上，需要建立数据之间的访问关系模型，基于以上原则，建立组织数据、任务数据、装备数据、保障系统数据和保障行为数据之间的交互模型，如图2.24所示。

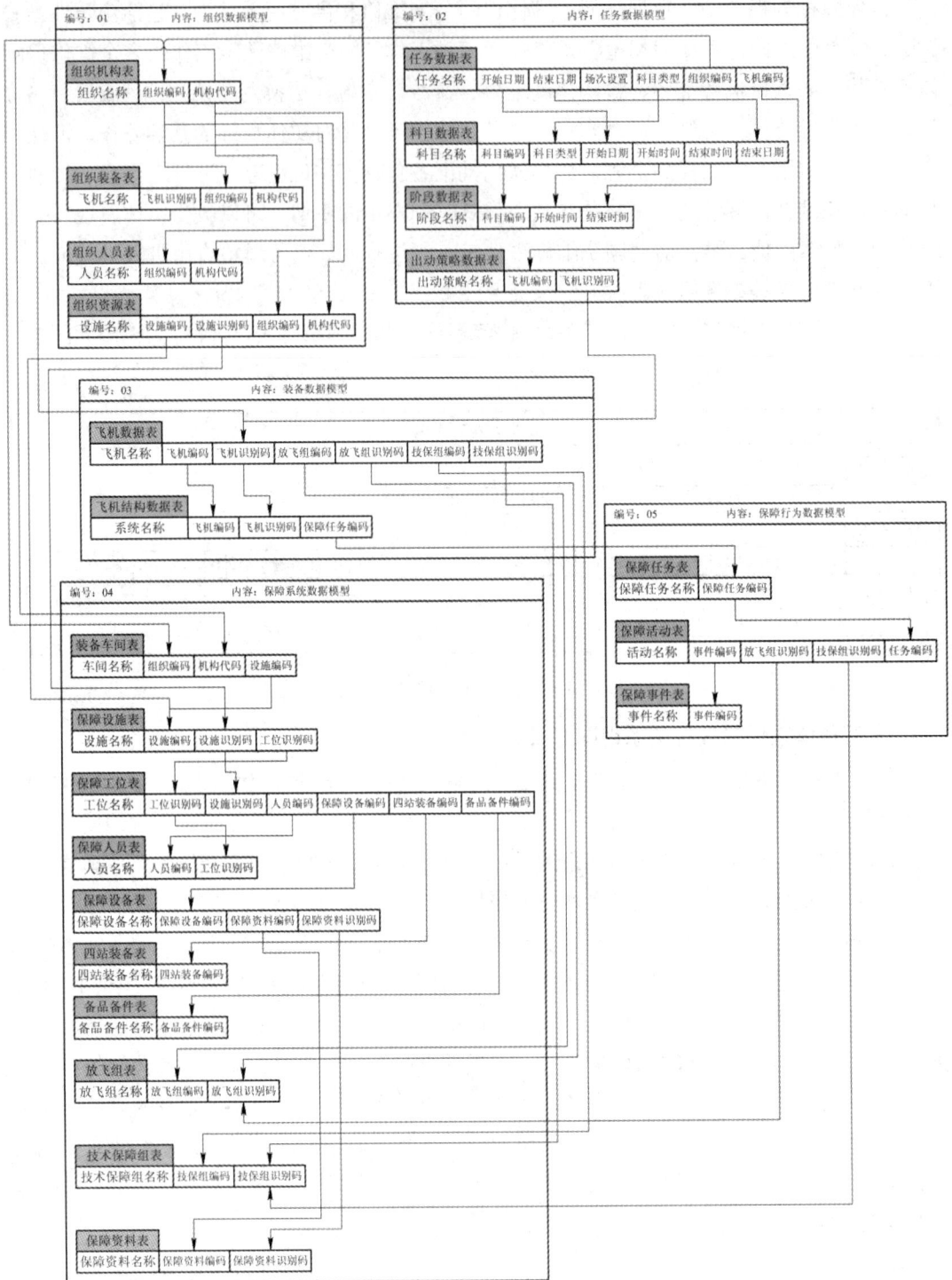

图 2.24　装备体系保障数据关系视图 D-2

本 章 小 结

　　本章研究面向任务的航空装备体系保障性概念建模，提出了基于多视图的体系保障性概念模型构建方法，打通了体系任务到保障要素各个环节的映射机制，将多视图体系结构构建模方法引入概念模型构建。本章首先给出了航空装备体系保障性的定义，选取关键视角设计了航空装备体系保障性多视图概念模型，通过五大类二十八种视图对整体概念模型进行了较为完备和细致的描述。本章的研究工作能够为后续开展体系保障性仿真运行、评价和决策奠定基础，为航空兵作战保障仿真和辅助决策提供帮助。

第三章　航空装备体系保障性指标构建研究

保障性指标体系是高效、准确地实施现代航空装备体系维修保障仿真评估的重要基础，在装备体系级提出和构建科学合理的保障性指标是当前保障性研究的热点和难点。本章将系统控制理论方法引入航空装备体系保障性指标的构建研究中，在归纳基于系统控制的复杂问题分析方法的特点和关键步骤的基础上，重点针对航空装备体系保障问题域，围绕目的识别、状态分析、生成规则、构造模型、构建指标等五个关键环节形成分析流程与方法，进而提出基于 STAMP 的航空装备体系保障性指标构建方法，实现体系保障性指标的构建。最后，给出各体系级指标的计算方法。

3.1　基于 STAMP 的系统分析方法

3.1.1　系统分析方法

传统的还原论观点通过理解组件来理解系统，把系统行为分解为随时间推进的事件，一个事件可能会有若干个 AND/OR 逻辑指定的先前或后续事件，称为事件链。这种系统分析方法的有效性建立在组件相互独立的基础上。如果组件和事件受反馈回路和间接交互的影响，则单独分析组件和事件以及它们的简单组合将无法客观反映系统的特征。这种不足可以从生成函数刻画系统的角度进行分析。生成函数也叫发生函数，是离散数学与连续分析之间的桥梁[85]。构造 Copula 生成函数是一种可行的关键参数离散问题连续化分析方法。Copula 函数是连接联合分布函数与一维边缘分布函数的函数，包含了随机变量的相关信息，从整体上对随机变量之间的相依性进行刻画[86]。然而，随着系统复杂性的进一步增加，生成函数的构造难度将增大，在系统运行之前观察系统的行为就变得非常困难，这种复杂性使得无法通过将系统分解为事件链来预测系统属性。

20 世纪初，科学家们开始注意到还原论方法并非适合处理一切事物。某些事物或系统似乎只能作为整体运行和发挥作用，它们可能确实具有可分解的组成部分(组分)，但这些组分并不能代替整体[87]。系统时代与机器时代的思维方式产生了明显的变化，表 3.1 为机器时代与系统时代的思维范式对比。

表 3.1 机器时代与系统时代的思维范式

机器时代的规程	系统时代的规程
对所需解释的事物进行分解(解析)	确定事物可解释为其组分的上层系统
分别解释内含组分的行为和特性	解释上层系统整体行为和特性
将所有解释汇聚成对整体的解释	按照其所在上层系统中的作用和功能,解释相应事物的行为
机器时代的分析	系统时代的综合
分析聚焦于结构,揭示事物如何工作	综合聚焦于功能,解释系统为何如此运行
分析得到知识	综合得到理解
分析便于描述	综合便于解释
分析观察事物内在	综合观察事物的外在

系统分析是系统工程解决问题过程的一个环节,更是其中的核心内容[88]。系统分析与系统工程、系统管理一起与有关专业知识和技术相结合,综合解决各个专业领域中的规划、设计和管理问题。通过系统分析研究系统结构和状态变化规律,为决策者提供判断和决定最优方案所需的信息和资料。国防科技大学谭跃进教授等给出了系统分析的定义:系统分析指为了发挥系统的整体功能及实现系统的总目标,采用科学合理的分析方法对系统的环境、目的、功能、结构、费用与效益等问题进行深入的调查,细致的分析、设计和试验,经过不断的分析探索,从而制定出一套经济有效的处理步骤或程序,或提出对原有系统进行改进的方案,或提出决策者关系的某项工程的设想和建议等,以此为决策者提供正确决策所需的信息和资料。在长期工程实践的过程中,系统分析形成了 KJ 法、SWOT(Strengths,Weaknesses,Opportunities and Threatens)分析法、聚类分析法等较为成熟有效的分析方法。SWOT 分析的基本过程如图 3.1 所示。

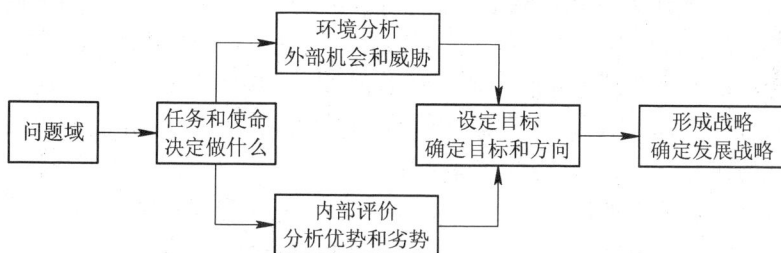

图 3.1 SWOT 分析的基本过程

系统分析的对象往往是一个整体,随着内部系统(子系统、组件)的行为和交互可能出现一些涌现属性(Emergent Properties),研究涌现属性的目的是引导正向(有益)涌现的出现,阻止或减少负向(有害)涌现的出现。这种情况下,可以通过向系统中加入控制器的方式控制这些涌现属性,控制器向系统提供控制行为并获得反馈以确定控制行为的作用。例如可以向某项飞机维修行为中加入资源约束,向资源约束中再加入供应周期约束等,在飞机维修管理中设计资源储量、供应策略来控制资源对维修行为的顺利完成产生的影响,进一步可以通过控制器设定达成一定维修完成度的资源冗余,供决策者参考。系统分析与控制原理如图 3.2 所示。

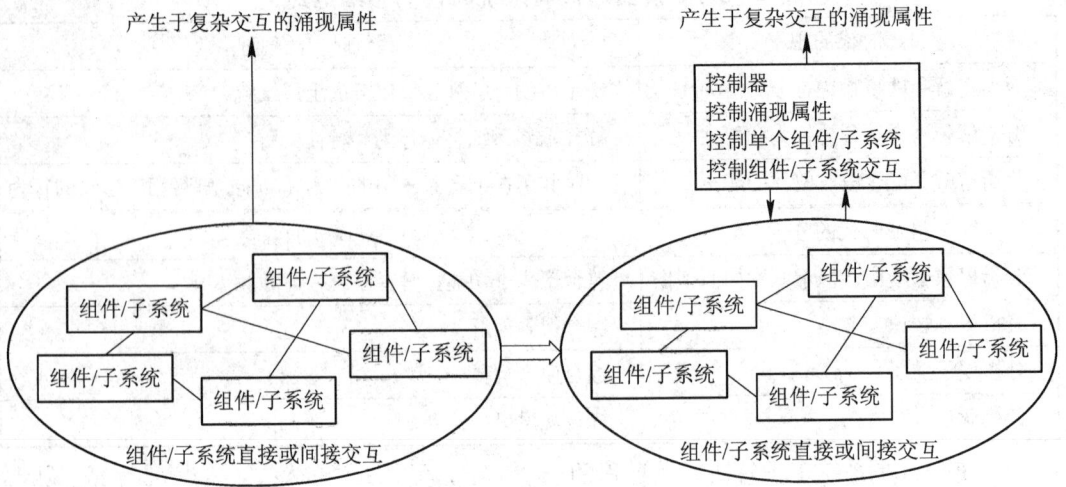

图 3.2　系统分析与控制原理

通过分析体系的构建过程和特征，体系作为一种特殊的系统在集成系统功能时不太关注单个系统而将注意力集中于体系冗余和功能集成，在这种情况下，传统系统分析方法更加不能满足分析体系演化和涌现的需要，难以解决其复杂性和高度非线性。

3.1.2　基于 STAMP 的系统分析方法

Leveson 在系统论、控制论的基础上，于 2004 年提出了一种新的系统安全分析模型，即 STAMP(System Theoretic Accident Model and Processes)[89]。STAMP 译为"基于系统理论的事故建模和过程"，将传统因果关系模型扩展到众多直接相关的故障事件或组件之外，因此可以包括更复杂的流程和系统组件之间的不安全交互。STAMP 将研究对象视为动态控制问题，从防止故障变为对系统行为进行限制，其优点在于适用于非常复杂的系统，自上而下的运行，将软件、人为因素、组织、安全文化等作为综合因素进行分析，且允许以STAMP 为基础扩展分析更复杂的系统。从设计的初衷来看，STAMP 是传统安全分析技术的故障链事件的代替，可用于分析任何涌现属性，并以其为基础构建新的分析方法。STAMP的三个基本概念是安全约束、分层安全控制结构和过程模型[90]。STAMP 认为安全性是系统的涌现性，把复杂系统用层次模型表示，构建分层安全控制结构，高层次对低层次的控制行为施加安全约束，低层次执行完毕后给高层次提供反馈，高层次根据反馈进行调整，循环进行。每个层次都对应着一个或多个过程模型，层次之间约束的有效执行和反馈的及时准确实现了系统安全的动态平衡。

目前使用最为广泛的两种基于 STAMP 的工具是 STPA(System Theoretic Process Analysis)和 CAST(Causal Analysis based on Systems Theory)。STPA[91]通常译为"基于系统理论的过程分析"，是一种基于事故因果扩展模型的危险分析技术，由 Leveson 于 2013 年在 STAMP 模型基础上提出[92]，其基本思想是将事故发生视为一个控制失效问题，识别由组件交互引起的复杂系统的涌现特性。与传统危险分析技术相比，STPA 具有可分析非常复杂的系统，分析过程在早期概念分析中启动，分析中包括软件和人员因素，提供系统功能文档,可以融入系统工程过程和基于模型的系统工程等五大优势。STPA 分析的基本步骤如图 3.3 所示。

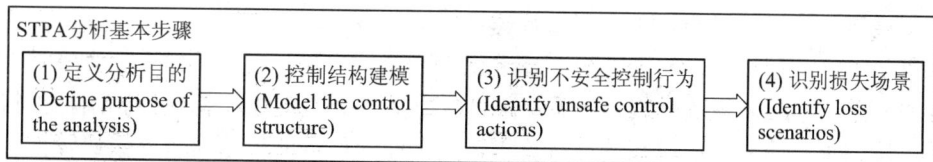

图 3.3 STPA 分析的基本步骤

第一步是定义分析目的,包括系统的目的和边界等,在安全分析中包括了定义损失或事故、识别系统层级的危险、确定系统层级安全约束和提炼危险,明确系统中有什么,系统的边界在哪里,系统关注的目标等。

第二步是控制结构建模,通过反馈控制回路为系统捕获功能性关系及相互作用。控制结构通常起始于较为抽象的层级,并通过迭代调整捕获更多系统细节。STPA 控制结构一般包括控制器、控制行为、输入或输出指令及受控过程,运用这些功能抽象概念以多种方式把握系统的复杂性。控制结构建模一般开始于抽象控制结构,然后不断迭代添加细节。图 3.4 所示为几种不同类型的控制结构:图(a)为两个控制器并行工作,控制并监控一个过程;图(b)为一个线性控制,两个控制器串行工作,通过控制器 B 控制并监控一个过程;图(c)为包含了越级控制的线性控制,两个控制器串行工作,都可以控制并监控一个过程;图(d)中控制器与控制过程不是一一对应的控制,一个控制器可以控制多个过程,一个过程也可以被多个控制器控制,一个控制器也可以通过其他控制器控制的控制器控制的过程控制其他过程。

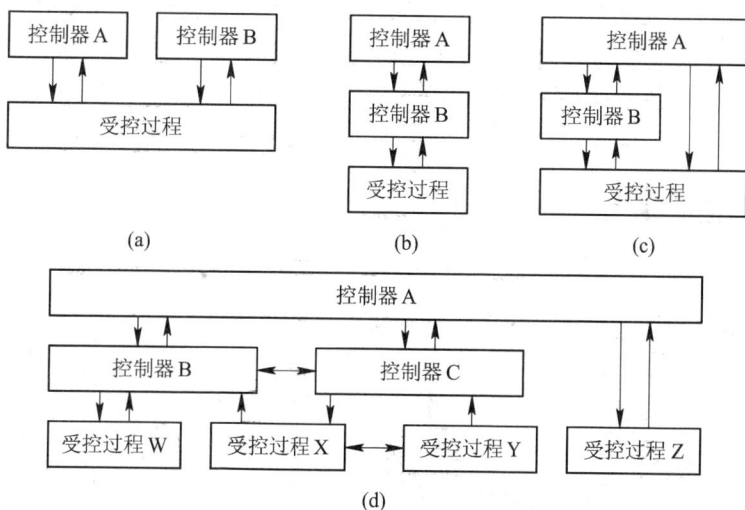

图 3.4 控制结构类型

第三步是识别不安全控制行为,以验证第一步中所界定的损失,此类不安全控制行为用于生成系统的功能性要求和约束。

第四步是识别损失场景,找出系统中可能出现不安全控制的原因。

在以上基本分析步骤的基础上,结合具体应用领域可以进行某一实际工程或作业过程的系统分析,如用于跑道入侵影响因素之间的交互影响分析[93],战斗机飞行安全性分析和评价[94]、对作战飞机综合火/飞/推控制(IFFPC)系统进行分析[95]，战斗机飞行员训练计划评估[96]，复杂大系统要素识别与控制[97]，港口安全分析[98]，船舶安全管理系统设计[99]，虚拟导弹拦截系统的分析以及自主空间飞行器运行分析等。

本章基于系统论思想，将航空装备体系保障系统视作典型复杂系统，引入 STAMP 理论和 STPA 分析方法，将航空装备体系保障性作为系统控制对象，构建控制结构；将影响任务完成作为顶层约束，形成系统分析流程，提出面向任务的航空装备体系保障性评估指标体系构建方法。

3.2　体系保障性指标构建方法

航空装备体系保障性指标构建的基本原则是依据装备预期的作战使用要求、战场环境，结合现有维修保障技术水平以及经济性分析，利用科学的原理和方法，论证确定航空装备的保障性要求。依据的主要原则有以下几个方面：一是系统性，应当与其他特性要求之间进行综合权衡并与装备的效能、寿命周期费用等要素进行综合分析和权衡；二是先进性，应立足于未来作战需求，着眼未来发展，充分利用成熟技术并采用先进技术成果；三是可行性，保障性参数指标的确定，应充分考虑装备技术水平、维修保障实际能力和后期仿真计算的实现等；四是经济性，从当前和未来作战需求出发提出的指标应充分考虑经济承受能力，力求获得良好的费效比。体系保障性指标构建的本质是通过对体系运行过程的抽象描述，通过控制结构的构建，流程化地识别约束规则，约束规则要能够准确反映体系构建者关注的核心目标能力，进一步将之转化为准确反映体系能力的保障性指标，这一过程与 STAMP 理论基于系统控制的分析方法的关键步骤完全一致。此处研究的基于 STAMP 的体系保障性指标构建方法包括体系保障运行目的识别、体系保障条件状态分析、体系保障约束规则生成、体系保障控制结构建模、体系保障指标构建五个基本步骤。

3.2.1　运行目的识别

1. 运行场景分析

从现行外场保障性运行场景出发，要素包括了作战训练部门、机务指挥部门、外场维修保障实施部门、飞机机队和质量监控部门，其基本过程是作战训练部门根据使命任务要求将装备体系维修保障任务下发给机务指挥部门，机务指挥部门依据飞机使用、大修、人员约束，以指令工卡的形式下达命令给外场维修保障实施部门；外场维修保障实施部门组织维修保障活动，在此过程中产生备件和设备的使用需求，驱动相应部门的工作推进；维修保障活动作用的对象是飞机机队，随着任务推进，飞机状态不断更新，产生故障、定检、大修和到寿等装备状态；质量监控部门主要通过对飞机状态信息、人员状态信息和部件故障数据的采集、处理和判断，评估预测装备使用和维修保障运行情况，将之提供给机务指挥部门，供保障指挥决策使用；机务指挥部门最终将保障任务完成情况反馈给作战训练部门。外场保障性运行控制逻辑如图 3.5 所示。

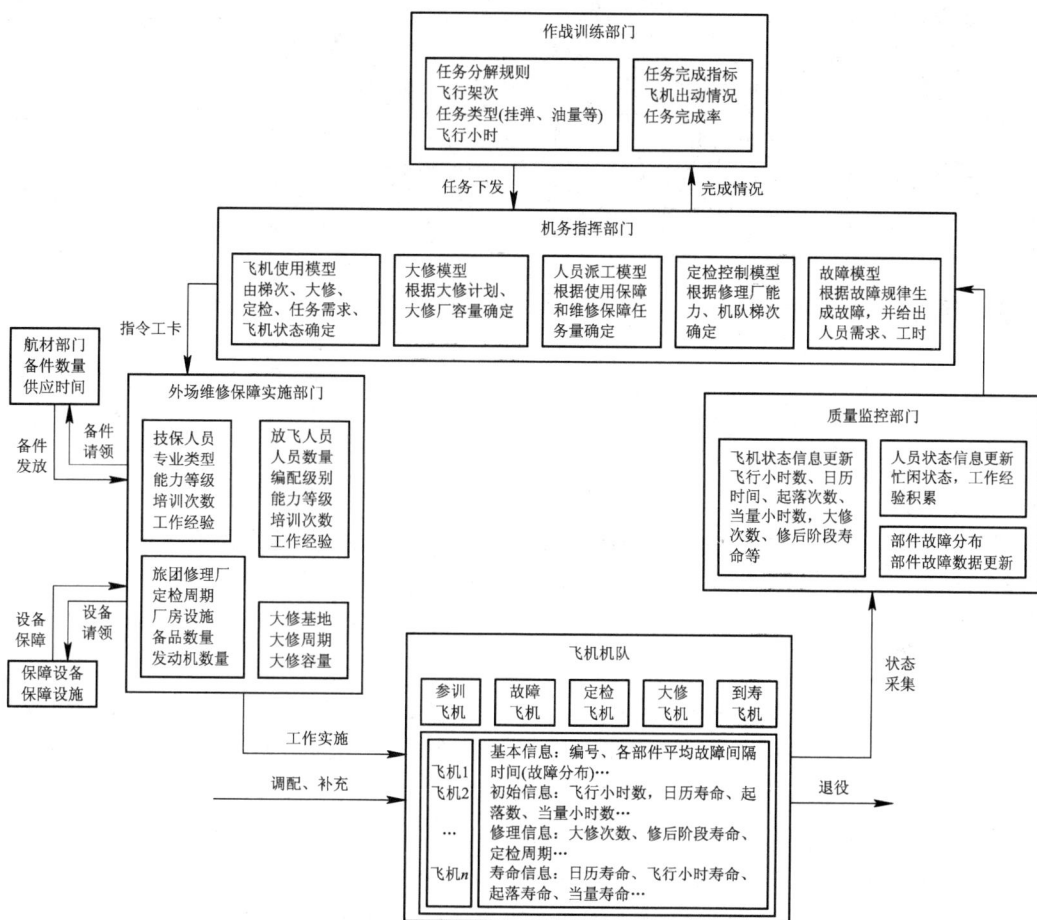

图 3.5 外场保障性运行控制逻辑

2. 运行目的识别

体系保障性分析的目的是确定航空装备体系保障运行的性能状况，这些性能状况需要通过相对完整的指标体系来反映不同的能力需求。体系保障性运行目的是体系不同层级相关机构关注的主要能力目标。体系设计者对组成体系的系统只有有限的控制权或者完全没有控制权(例如作战指挥员对备件供应可能只有有限的控制权)，识别体系保障运行目的的核心工作是生成保障运行场景中涉及的主要责任相关机构、责任相关机构关注的主要问题及这些问题影响目的达成的要素和事件。从外场保障运行场景的工作实际出发，作战训练部门关注的主要是使命任务是否能够很好地完成，即任务的完成性；机务指挥部门关注的主要是如何通过维修保障支持体系目标的完成，即体系装备完好性、可用性和任务持续性等；外场维修保障机构关注的主要是对外场维修和资源的有效管理，即外场综合保障效率和效益；质量监控部门关注的主要是装备本身的任务状态的保持和恢复状况，即飞机本身的可靠性、维修性、测试性和保障性等。表 3.2 为主要责任相关机构在体系保障性分析中的运行目的。

表 3.2　体系保障运行的目的

编号	责任相关机构	目　的
L-1	作战训练部门	体系任务成功性
L-2	机务指挥部门	体系装备完好性、可用性、任务持续性
L-3	外场维修保障机构	外场综合保障效率和效益
L-4	质量监控部门	飞机可靠性、维修性、测试性、保障性

3.2.2　条件状态分析

　　体系保障性条件状态是体系各种状态和一系列事件，这些条件状态是体系保障运行目的实现的基本条件，对这些条件状态的控制是调整体系保障运行的关键。一种条件状态可能引起一种体系保障目的的实现或无法达成，对于每个条件状态确定描述其可能的目的结果，将这种条件状态与目的结果的关联进行记录以形成体系控制的依据。

　　识别体系保障性条件状态有三个基本原则，一是条件状态是体系级或系统级的，而不是部件或环境状态。因为部件本身的出厂属性在体系中大多无法改变或不需要考虑，比如座舱工作梯的功能失效，其本身资源限制的过多考虑会使得后期指标计算量大大增加。体系设计者往往无法控制环境状态，比如外部作战使命任务的变化。二是条件状态会在最小冗余无法满足的情况下导致目的无法达成，例如某型歼击机的某一作战任务阶段最小构型要求无法满足，则体系目的无法达成。三是条件状态必须描述出需要预防的状态或事件，这些状态或事件在任务推进的过程中需要及时地预防。假设某多阶段任务装备体系中，任务驱动与装备体系保障任务驱动如 2.3.1 节和 2.3.2 节所述，则在体系任务的第 X 阶段，条件状态及与条件状态相关的目的的对应关系如表 3.3 所示。

表 3.3　条件状态及与条件状态相关的目的的对应关系

编号	条件状态	与条件状态相关的目的
H-1	Ⅰ型飞机第 X 阶段构型无法满足	L-3、L-4
H-2	Ⅱ型飞机第 X 阶段构型无法满足	L-1、L-2
H-3	Ⅲ型飞机第 X 阶段构型无法满足	L-1、L-2
H-4	Ⅻ型飞机第 X 阶段构型无法满足	L-1、L-2
H-5	Ⅱ型飞机第 X 阶段第 1 架发生故障	L-3、L-4
H-6	Ⅱ型飞机第 X 阶段第 $(b-w)$ 架发生故障	L-3、L-4
H-7	Ⅱ型飞机第 X 阶段第 $(b-w+1)$ 架发生故障	L-1、L-2、L-3、L-4
H-8	Ⅲ型飞机第 X 阶段第 1 架发生故障	L-3、L-4
H-9	Ⅲ型飞机第 X 阶段第 $(c-q)$ 架发生故障	L-3、L-4
H-10	Ⅲ型飞机第 X 阶段第 $(c-q+1)$ 架发生故障	L-1、L-2、L-3、L-4
H-11	Ⅻ型飞机第 X 阶段第 1 架发生故障	L-3、L-4
H-12	Ⅻ型飞机第 X 阶段第 $(m-p)$ 架发生故障	L-3、L-4
H-13	Ⅻ型飞机第 X 阶段第 $(m-p+1)$ 架发生故障	L-1、L-2、L-3、L-4

续表

编号	条件状态	与条件状态相关的目的
H-14	II型飞机第 X 阶段第1架发生故障且发动机数量无法满足	L-3、L-4
H-15	III型飞机第 X 阶段第 $(c-q)$ 架发生故障且机电员数量无法满足	L-3、L-4
H-16	XII型飞机第 X 阶段第 $(m-p+1)$ 架飞机再次出动准备无法完成	L-1、L-2、L-3、L-4
......	......	......

在体系任务的第 X 阶段 $[T_0, T_n]$ 时间段内，由于以I型、XI型、VIII型飞机离开任务空域，II型、III型进入任务空域，此时，体系中执行任务飞机共 n 型 $(b+c+m+\cdots)$ 架在指定空域。因此，I型飞机构型无法满足对作战训练部门和机务指挥部门关注目的不产生影响，但是仍然会影响外场维修保障机构和质量监控部门关注的目的；II型飞机构型无法满足会对作战训练部门和机务指挥部门关注目的产生影响，当II型飞机少于 $(b-w)$ 架发生故障时，依然影响的只是外场维修保障机构和质量监控部门关注的目的，当II型飞机多于或等于 $(b-w+1)$ 架发生故障时，对作战训练部门、机务指挥部门、外场维修保障机构和质量监控部门关注的目的都会产生影响，且此时阶段任务和体系任务都无法达成；当XII型飞机第 $(m-p+1)$ 架飞机再次出动准备无法完成，同样对作战训练部门、机务指挥部门、外场维修保障机构和质量监控部门关注的目的会产生影响，此时阶段任务和体系任务也都无法达成。

3.2.3 约束规则生成

表 3.3 的条件状态生成之后，即从条件状态出发建立与之相关的目的，如果能建立条件状态与某种约束的关系，则可以导出约束与目的的联系，这些约束可进一步生成能够反映体系保障运行能力的各种可控指标。体系保障约束规则规定了需要满足或控制的影响体系运行的要素，在不同层次可以是体系的输入或输出指标。识别了体系的条件状态，要识别体系保障约束规则，需进行反向转换。条件状态及与条件状态相关的目的的对应关系如表 3.4 所示。

表 3.4 条件状态及与条件状态相关的目的的对应关系

<条件状态>=<体系>&<条件状态值>&<产生的目的>
<保障约束>=<体系>&<控制执行状态>&<与条件状态的关系>
H-1：I型飞机第 X 阶段构型无法满足[L-3、L-4]
SC-1：I型飞机基本装备单元完好性必须满足任务要求[H-1]
H-2：II型飞机第 X 阶段构型无法满足[L-1、L-2]
SC-2：体系任务成功性必须满足任务要求[H-2]
H-3：III型飞机第 X 阶段构型无法满足[L-1、L-2]
SC-3：体系装备可用性必须满足任务要求[H-3]
H-4：XII型飞机第 X 阶段构型无法满足[L-1、L-2]
SC-4：体系任务持续性必须满足任务要求[H-4]

H-5：Ⅱ型飞机第 X 阶段第 1 架发生故障[L-3、L-4]
SC-5：Ⅱ型飞机装备单元完好性必须满足任务要求[H-5]
H-6：Ⅱ型飞机第 X 阶段第 $(b-w)$ 架发生故障[L-3、L-4]
SC-6：Ⅱ型飞机装备单元完好性必须满足任务要求[H-6]
H-7：Ⅱ型飞机第 X 阶段第 $(b-w+1)$ 架发生故障[L-1、L-2、L-3、L-4]
SC-7：体系装备可用性必须满足任务要求[H-7]
H-8：Ⅲ型飞机第 X 阶段第 1 架发生故障[L-3、L-4]
SC-8：Ⅲ型飞机装备单元第 X 阶段完好性必须满足任务要求[H-8]
H-9：Ⅲ型飞机第 X 阶段第 $(c-q)$ 架发生故障[L-3、L-4]
SC-9：Ⅲ型飞机装备单元第 X 阶段完好性必须满足任务要求[H-9]
H-10：Ⅲ型飞机第 X 阶段第 $(c-q+1)$ 架发生故障[L-1、L-2、L-3、L-4]
SC-10：体系装备可用性必须满足任务要求[H-10]
H-11：ⅩⅡ型飞机第 X 阶段第 1 架发生故障[L-3、L-4]
SC-11：ⅩⅡ型飞机装备单元第 X 阶段完好性必须满足任务要求[H-11]
H-12：ⅩⅡ型飞机第 X 阶段第 $(m-p)$ 架发生故障[L-3、L-4]
SC-12：ⅩⅡ型飞机装备单元第 X 阶段完好性必须满足任务要求[H-12]
H-13：ⅩⅡ型飞机第 X 阶段第 $(m-p+1)$ 架发生故障[L-1、L-2、L-3、L-4]
SC-13：体系装备可用性必须满足任务要求[H-13]
H-14：Ⅱ型飞机第 X 阶段第 1 架发生故障且发动机数量无法满足[L-3、L-4]
SC-14：Ⅱ型飞机装备单元完好性必须满足任务要求[H-14]
H-15：Ⅲ型飞机第 X 阶段第 $(c-q)$ 架发生故障且机电员数量无法满足[L-3、L-4]
SC-15：Ⅲ型飞机装备单元完好性必须满足任务要求[H-15]
H-16：ⅩⅡ型飞机第 X 阶段第 $(m-p+1)$ 架飞机再次出动准备无法完成[L-1、L-2、L-3、L-4]
SC-16：ⅩⅡ型飞机第 X 阶段再次出动准备必须满足任务要求[H-16]

从以上约束规则的导出过程可以看出，这些约束规则可以追溯到一项或者多项条件状态，每项条件状态又可追溯到一项或者多项体系目的，映射过程无需一一对应。单一约束规则也可与多项条件状态对应，多项约束规则也可只与一项条件状态对应，每项条件状态可与多个体系目的相关。约束规则可在需要控制条件状态时进行调控，以使得各层级目的较好达成，例如 SC-16：ⅩⅡ型飞机第 X 阶段再次出动准备必须满足任务要求，再次出动准备时间缩短至 70 min，以使得飞机能够及时回到任务区域。通过上述分析也可以看出，保障约束规则没有对特定解决方案和调整策略进行规定，例如 SC-16 仅提出ⅩⅡ型飞机第 X 阶段再次出动准备必须满足任务要求，再次出动准备时间缩短至 70 min，以使得飞机能够及时回到任务区域，没有规定具体解决方案是增加哪些专业人员或增加哪些保障装设备。一方面 STAMP 分析是一个不断迭代更新的过程，另一方面，通常不推荐在体系运行早期规定解决方案，以免后期更加有效的解决方案被遗漏。

3.2.4 控制结构建模

体系保障性控制结构建模是在约束规则生成之后，根据约束规则在体系保障运行不同环节的作用时机建立有效控制结构的过程，有效的控制结构是将约束施加到体系保障过程的关键。由于航空装备体系保障运行的复杂性、涉及要素的多样性和随任务时间推进的演化性，线性或传统分层控制无法满足体系控制的要求，为了满足体系保障责任相关机构目的、运行条件状态与约束规则的转化需要，此处探索建立分层结构控制与环形结构控制相结合的体系保障控制结构模型：由两个反馈控制回路组成，控制人员或机构可以通过约束规则控制回路中的各种行为运行，控制算法代表了控制人员或机构的决策过程。控制人员或机构有其过程模型，包含了经验的决策模型，例如指挥机关在接到上级任务命令之后会以一定的任务分解原则进行任务的分解下达，从而控制任务的基本推进过程。

航空装备体系保障控制结构的起点是作战任务。因此，所构建的体系保障控制结构模型以任务过程为输入来源，然后，将指挥机关、作战部门、装备体系、任务机组、装备单元、保障指挥等任务相关要素置于控制结构模型中。从体系保障运行场景出发进一步抽象，所构建的控制结构模型如图 3.6 所示，模型可抽象为两个体系控制环。一是作战环(图 3.6上半部分)。当上级下达任务后，指挥员基于一定的过程模型和决策算法实施任务分解，向作战部门下达分解后的作战任务，作战部门接收分任务后，指派不同数量的航空装备、飞行人员构建相应的航空装备体系。在任务的执行过程中，指挥机关会根据体系的动态变化，特别是体系的作战保障情况对体系进行调整控制。二是保障环(图 3.6 下半部分)。在任务执行过程中，由装备保障部门指派维护机组对体系中的具体装备实施维修保障，并提供航材备件、油料补充、环境条件等装备保障，同样地，保障指挥部门也会在任务执行过程中，根据每一型装备的自身保障特性和整个保障的态势变化情况实施保障决策和调整。

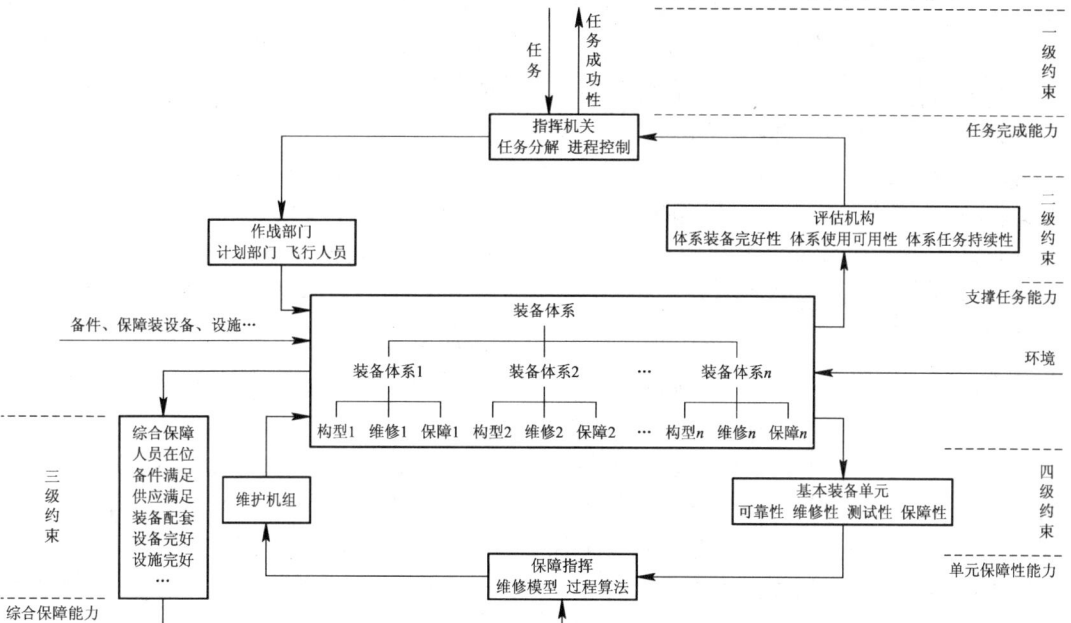

图 3.6 体系保障性控制结构模型

任务达成依赖于体系任务需求的满足,任务需求满足以体系能力需求满足为基础,体系能力需求最终映射到构成体系的装备系统功能上,而保障能力是体系能力实现的支撑。因此,体系保障能力分析的目的是从体系保障控制结构模型中的"作战环"和"保障环"中导出作战指挥员、保障评价机构、外场维修机构和装备单元(基本装备单元)不同保障能力需求。

对于控制结构模型中的不同层次,航空装备体系有着不同的能力需求。指挥机关关注整体保障活动有效组织对任务成功的影响,如决策机构需要向上级汇报保障性约束下的任务完成情况;在任务实施过程中,保障评估机构需要时刻关注整体装备体系保障动态变化,即评估保障系统对整个任务的支撑能力;在体系的保障环中,保障指挥决策机关既要关注整体体系的外场综合保障能力,也要关注不同装备系统自身的可靠性、维修性、测试性和保障性数据,及时评估各类装备在保障方面的动态变化。整个航空装备体系在保障性方面,需要重点关注四种能力:一是体系任务完成能力;二是体系的任务支撑能力;三是保障系统的综合保障能力;四是具体装备单元的自身保障特性。

构建的体系保障控制结构模型,在四个层级上抽象出保障约束规则对体系保障运行目标的基本控制关系,这些约束规则需要进一步地映射为指标计算过程中的参数输入和公式模型。

3.2.5　保障指标构建

1. 控制约束规则与指标转换

体系级的保障性指标表征整体保障运行支撑任务完成的能力,依时间序列覆盖体系任务推进的所有阶段。以体系任务持续性保障运行目的为例,假设在体系任务的第 X 阶段$[T_0, T_n]$时间段内,Ⅱ型、Ⅲ型、Ⅻ型飞机共 3 型$(b+c+m)$架在指定任务空域执行作战任务。对条件状态做体系级的层次过滤,即控制目的为[L-2]中的体系任务持续性,选用体系任务持续概率来度量体系任务持续性,表征体系任务随时间推进的过程中能够持续完成任务的能力,其对应的约束规则为(SC-7、SC-10、SC-13)。这里生成体系任务持续概率的核心在于描述任务要求的基本装备单元的冗余区间,如图 3.7 所示,Ⅱ型飞机构成的装备单元中飞机自第$(b-w+1)$开始发生故障至第 b 架飞机发生故障的区间$[(b-w+1),b]$为阶段任务不能满足的区间,任务可以持续的基本装备单元故障冗余区间为$[1,(b-w)]$,在这个区间段内即是保障指挥员在监控体系状态的基础上发挥维修保障管理职能的调控区间。冗余区间反映了体系在集成装备单元功能时并不一定非常关注某一基本装备单元的状态,除非基本装备单元的状态影响到装备单元构型的完好,随之影响到体系任务是否能够持续推进。控制约束规则与指标转换如图 3.7 所示。

在具体仿真计算时可以进一步详细分析,将影响飞机回到体系继续执行任务的制约因素进行模型构建,以得到需要统计的信息,比如在进行再次出动准备时是由于保障人员、保障资源还是保障装设备的不足或是其他原因导致的使用保障流程无法完成,根据建模粒度要求的不同,还可以将这些因素的具体时间区间进行刻画,以得到满足指挥员要求的事件、流程、资源、时间粒度下的约束规则。

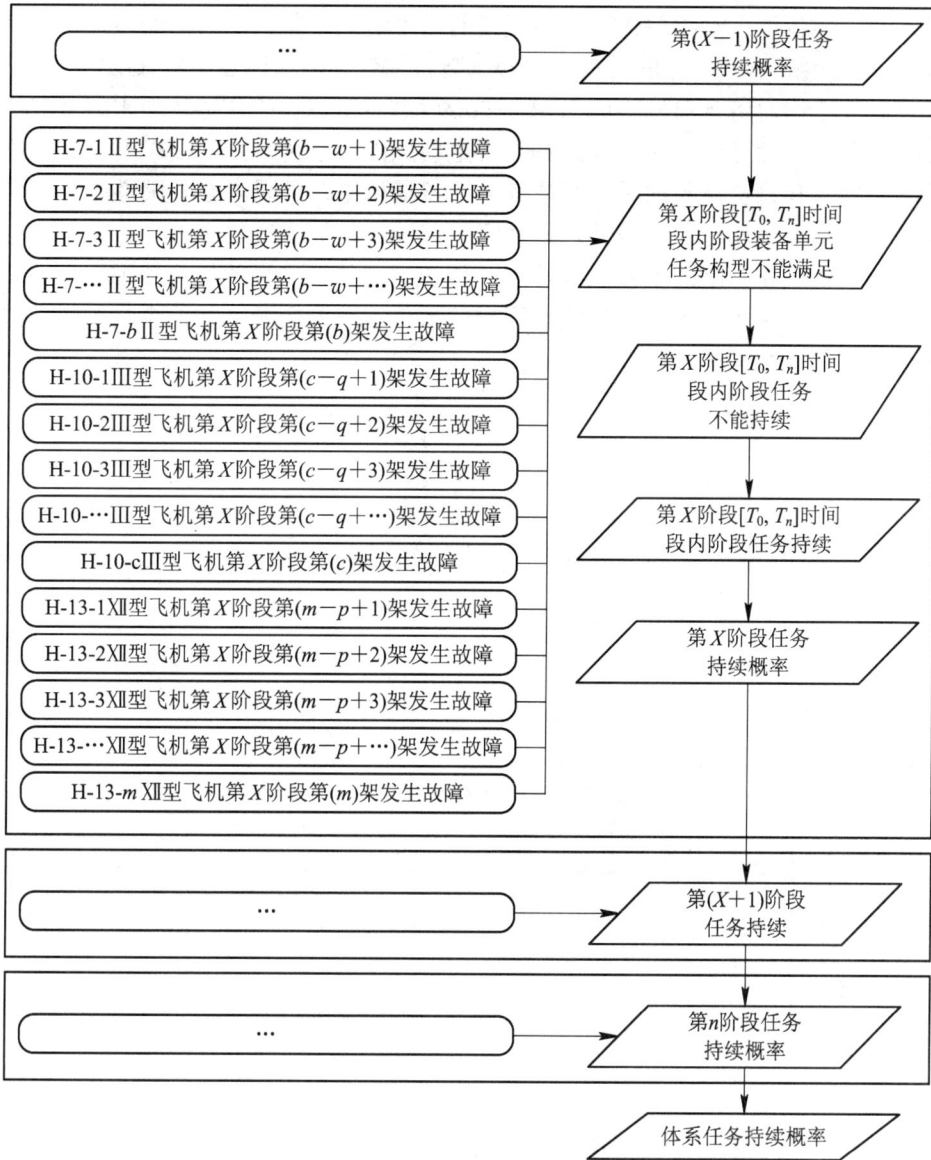

图 3.7 控制约束规则与指标转换

2. 体系保障性指标构建

体系保障性指标构建包括体系级指标(使命任务级和保障任务级)、装备单元级指标(外场综合保障级)和基本装备单元级(飞机装备级)指标,采用控制约束规则与指标转换的方法将体系保障性控制结构模型的各个层级的约束条件转化构建体系保障性指标,转化过程必须兼顾后期仿真计算,即此处产生的指标的参数及具体参数值必须是后期仿真过程中可以准确统计的,以达到对定性要求的量化支撑。涉及后勤管理方面的约束转化不是此处关注的问题,如对装备体系机动部署能力的度量,通常认为机动部署能力是一定任务约束条件下，航空装备体系在规定的时间按照所需规模到达规定的部署位置的能力，主要反映航空装备体系对相关保障资源规模的需求情况。另一方面，必须与现行装备保障相关要求配套统一，如 GJB 3872—1999《装备综合保障通用要求》、GJB 450A—2004《装备可靠性工作通用要求》、GJB 368B—2009《装备维修性工作通用要求》、GJB 2547A—2012《装备测试性工作通用要求》等，其主要原因在于传统六性要求是体系级保障性指标的基础输入和调控对象的重要组成部分。长期以来，外场综合保障性指标和装备单元的保障性指标研究相对比较成熟，体系级的保障性指标研究较少，从部队战训任务的角度看，随着实战化训练的不断深入推进，传统面向单架飞机的使用和维修保障将逐渐转变为面向任务的多机种保障，以便在同样的条件下统筹资源，从而提高维修保障的效益。体系保障性指标构建如图 3.8 所示。

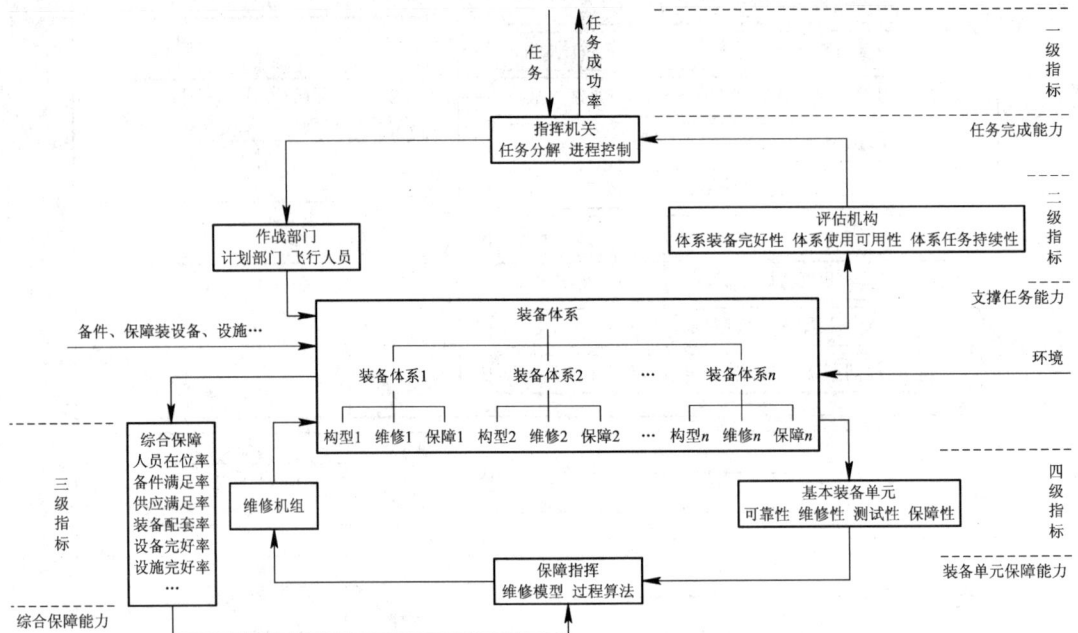

图 3.8　体系保障性指标构建

可以看出，体系保障性指标构建的基本出发点是在装备体系持续执行上级下达任务的过程中，指标要能反映保障活动的完备的能力需求。对应于不同的保障性能力需求，指挥与评估机构通过保障活动的科学有效组织使诸多指标维持在一个可接受的范围。根据上述能力要求，不同层级的能力需求可按照基于系统控制的约束规则转化为具体保障性控制指标。任务成功与否涉及包括保障性在内的诸多因素，而保障性是支撑任务成功的关键要素之一，因此，从体系保障性的角度将"任务成功率"作为任务完成能力指标的一级指标；体系装备完好率、体系使用可用度、体系任务持续概率分别从数量、可用程度、最低构型要求的角度表征支撑任务完成能力的二级指标；三级和四级指标则是外场综合保障能力和装备单元保障能力的经典表征。航空装备体系保障性指标体系如图 3.9所示。

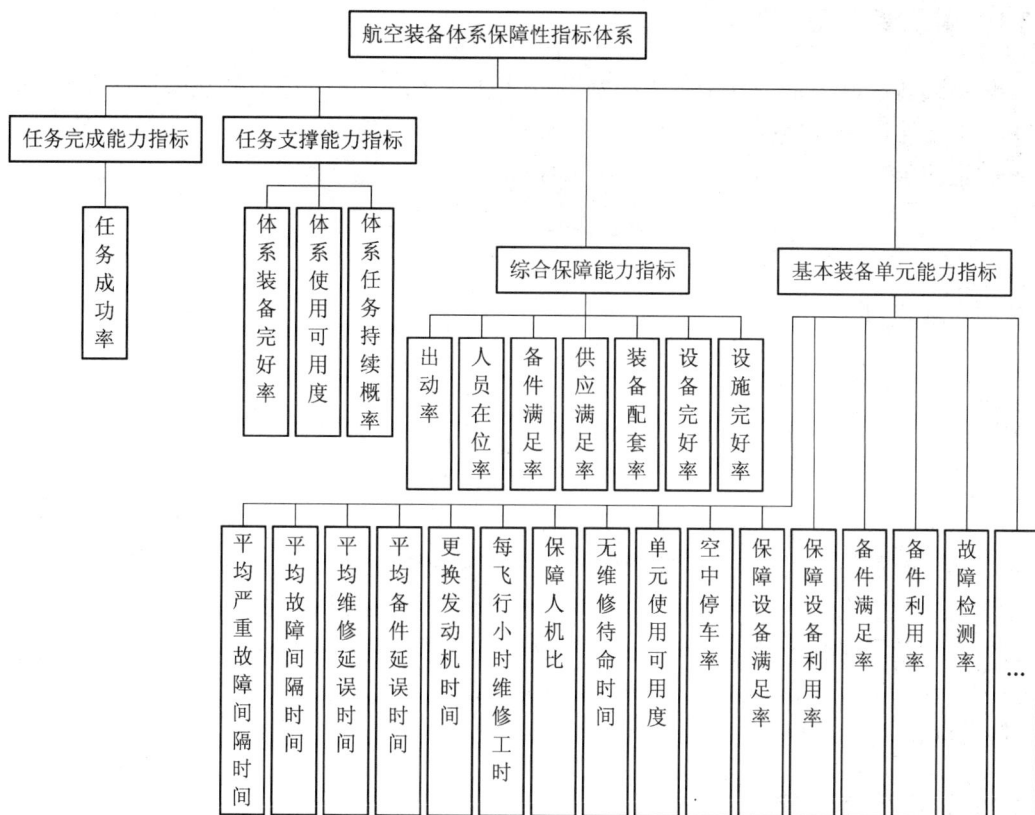

图 3.9　航空装备体系保障性指标

目前，对于任务完成能力指标、综合保障能力指标和具体的装备单元能力指标，其研究相对成熟，具体可见文献[100]～[105]。而对于任务支撑能力指标还缺少相关研究。体系级的保障性指标在现代作战条件下的作用尤为重要，这里提炼了四个体系级保障性指标，即任务成功率、体系装备完好率、体系使用可用度和体系任务持续概率。其中，任务成功率用来总体度量体系任务完成情况，体系装备完好率用来度量构成体系的装备处于完好状态的比例，体系使用可用度用来度量装备体系在任意时刻是否达到了完成阶段任务的构型要求，体系任务持续概率用来度量装备体系在规定的条件下和规定的时间段内是否达到了持续完成规定的任务的能力要求。这四个指标能够较为完整地反映出装备体系的设计特性和保障机构及资源运行完成体系任务使用要求的能力，也是对装备单元维修保障指挥控制的依据。

3.3　体系保障性指标计算方法

为了更好地分析、评估航空装备体系保障性，结合当前国内外学者对装备 RMS 评估的研究，接下来对所构建的三个体系级二级指标的计算方法进行研究。

3.3.1　体系装备完好率

体系装备完好率是指一个军事建制单位某种装备系统的完好数量与同类武器装备的在编总数之比,用百分数表示[106]。为基于任务条件下考虑构成体系的装备完好情况,从完好数量的角度提出航空装备体系完好率的概念,考虑完好数量及其占比,其定义为

$$体系装备完好率 = \frac{\sum 基本装备单元完好数量 \times 基本装备单元体系占比}{体系基本装备单元数量}$$

其数学表达式为

$$R_{\text{rrsos}} = \frac{\sum\limits_{i=1}^{n} N_i \lambda_i}{N_{\text{sos}}} \tag{3.1}$$

其中,N_i 为各装备单元中基本装备单元完好数,λ_i 为各装备单元中基本装备单元占体系基本装备单元数量的比例,N_{sos} 为构成体系的基本装备单元数。这里完好指在任务期间未发生由于送修、定检、故障、到寿、备件延误或其他影响任务实施的情况。其中,不超出给定维修时间范围的机务准备工作不计入不完好范围。体系装备完好率从总体上反映了构成体系的装备单元自身的可靠性、维修性和保障性水平,也从数量关系的角度反映了装备体系的综合保障能力。

3.3.2　体系使用可用度

体系使用可用度是装备保障综合性要求的重要指标,通常用来度量战备完好性,是与能工作时间和不能工作时间有关的一种可用性参数[107-109]。从装备体系完成任务的角度看,任务目标的达成取决于装备体系在规定的条件下和规定的时间里是否准备好完成任务部门下达的任务计划,从体系可用时间的出发,考虑时间比率,这里定义:航空装备体系使用可用度是装备体系状态的度量,指装备体系在执行任务过程中,处于能执行相应任务状态的能力。其具体表达式由体系能执行任务时间与不能执行任务时间决定。装备体系使用可用度是对体系保障性的一个完整度量指标,衡量装备体系当需要时能正常工作的程度。如任务要求 k 架飞机执行作战任务,计划制定部门为确保任务成功,要求出动 $n(n>k)$ 架飞机执行,此时,当体系满足任务过程中始终有 k 架以上飞机可用时,为体系可用状态,一旦发生可用飞机小于 k 架的情况,即认为体系为不可用。体系使用可用度可以表示为

$$体系使用可用度 = \frac{体系可用工作时间}{任务执行时间}$$

其数学表达式为

$$A_{\text{osos}} = \frac{\sum\limits_{i=1}^{m}\sum\limits_{j=1}^{n} \text{Tava}_{ij}}{\sum\limits_{i=1}^{m}\sum\limits_{j=1}^{n} \left(\text{Tava}_{ij} + \text{MT} - \text{unava}_{ij} + \text{LDT} - \text{unava}_{ij} \right)} \tag{3.2}$$

其中，航空装备体系使用可用度记为 A_{osos}，Tava_{ij} 代表第 i 个任务阶段第 j 个装备体系的可用时间，MT_unava_{ij} 为由于维修原因导致第 i 个任务阶段第 j 个装备体系不可用的时间，LDT_unava_{ij} 为由于保障延误原因导致第 i 个任务阶段第 j 个装备体系不可用的时间(如备件延误时间等)。为确保对任务的连续分析，暂不考虑装备由于故障原因而产生的不工作时间和待命时间，即假定体系具有充分的修理能力，一旦发生故障即可进行修理。

基于作战任务的使用可用度，假定装备体系在任务开始时都处于可工作状态，即装备体系使用准备工作总能在从接到任务命令到任务开始前完成。当体系发生严重故障时，装备无法完成指定任务或任务超出体系性能范围。体系严重故障指在规定的条件(任务剖面)和规定的时间(寿命剖面)下，体系无法继续执行任务。A_{osos} 从时间维度全面反映了基于任务的一定构型的航空装备体系能完成任务的时间比例，即构型不同的装备体系在时间线上的状态度量。

3.3.3　体系任务持续概率

体系任务持续概率是指装备任务中断前的时间不小于规定的装备任务持续时间的概率[153]，通常用来度量装备完成任务的持续性能力。航空装备体系保障性指标主要衡量装备体系的战备完好与任务持续完成能力，因此，定义了体系使用可用度之后，需要考虑的第三个重要指标就是装备体系在规定的条件下和规定的时间段内是否能持续完成规定的任务的能力。任务能否持续取决于任务强度是否达到，即任务执行过程中要求的最小体系构型是否满足。体系任务持续概率是对体系持续执行任务能力的度量，分为能持续执行全部任务(Fully Mission Capable，FMC)的概率和能执行部分任务(Partially Mission Capable，PMC)的概率。此处基于体系目标达成主要考虑能持续执行全部任务(FMC)的体系任务持续概率，从保证任务成功与否的角度，考虑事件发生概率。这里定义：航空装备体系任务持续概率是装备体系持续完成任务能力的度量，指在一定任务强度下，装备体系持续完成规定任务的概率。可以表示为

体系任务持续概率 = P(各阶段装备构型任务强度≥各阶段要求的装备构型任务强度)

任务下达之后，装备体系的最小构型确定，为了确保任务持续完成，体系构型应该优于任务要求的门限值，即任务强度不小于要求的强度，阶段任务强度可以用要求的一定构型的装备工作时间来表征。当构成体系的装备陆续发生严重故障，维修系统和保障系统以及相应的维修管理活动不能维持体系构型的门限值时，表示体系无法持续执行任务。

记航空装备体系任务持续概率为 R_{mcsos}，则有

$$
\begin{aligned}
R_{mcsos} &= P(t \geqslant T) \\
&= P\big((t_1 \geqslant T_1)(t_2 \geqslant T_2)\cdots(t_i \geqslant T_i)\cdots(t_n \geqslant T_n)\big) \\
&= P\big((t_n \geqslant T_n)\big|(t_{n-1} \geqslant T_{n-1})\cdots(t_2 \geqslant T_2)(t_1 \geqslant T_1)\big)\cdots \\
&\quad P\big((t_{n-i} \geqslant T_{n-i})\big|(t_{n-i-1} \geqslant T_{n-i-1})\cdots(t_2 \geqslant T_2)(t_1 \geqslant T_1)\big)\cdots \\
&\quad P\big((t_2 \geqslant T_2)\big|(t_1 \geqslant T_1)\,P(t_1 \geqslant T_1)\big)
\end{aligned}
\tag{3.3}
$$

其中，t 为装备体系任务中断前的时间，T 为规定的装备体系任务持续时间，$t_i \geqslant T_i$ 表征构

成装备体系的第 i 阶段构型装备的任务强度。在给定任务下，持续任务要求的第 i 阶段构型装备的任务强度由阶段任务要求确定，任务阶段中，任务要求确定，则执行任务的装备种类、数量以及持续时间确定。同样地，上述任务持续概率指标也可以推广到能执行部分任务状态。

<h1 style="text-align:center">本 章 小 结</h1>

构建航空装备体系保障性指标是体系化作战、体系化保障、体系化评估的关键技术之一。本章重点研究了基于 STAMP 的航空装备体系保障性指标的构建方法，提出了一种基于系统控制的航空装备体系保障性指标构建方法。首先，在分析梳理传统复杂问题分析方法和系统分析方法的基础上，归纳提炼出基于系统控制的复杂问题分析方法的特点和关键步骤。接着，针对体系保障问题域提出了基于 STAMP 的航空装备体系保障性指标的构建方法。最后，结合仿真计算实现，研究了体系保障性指标的计算方法，给出了面向任务的体系保障性研究最为关注且最为迫切需要实现的三个体系级指标的计算。本章的研究能够为深入推进航空装备体系保障性建模与分析奠定基础。

第四章 基于多 Agent 的航空装备体系保障性建模研究

针对航空装备体系维修保障决策控制问题，支撑面向任务的决策应用，本章将多 Agent 思想方法引入航空维修保障智能决策。首先，基于多 Agent 的主流架构，提出航空装备体系保障性仿真中的多 Agent 模型构建思路；其次，围绕体系保障性多 Agent 的"物理系统—概念模型—多 Agent 模型—智能策略"开发过程，提出面向装备保障运行体制的实体模型逻辑框架；再次，针对体系保障性 Agent、保障要素 Agent、保障行为 Agent 等模型，开展基于功能类型与交互关系的建模，提出以智能决策控制为目标的 Agent 结构定义与关键算法设计；最后，以典型航空装备体系为例，设计各 Agent 功能与交互方法，进行仿真计算、分析验证。

4.1 多 Agent 与装备保障建模

4.1.1 Agent 定义

Agent 概念产生于 20 世纪 70 年代麻省理工学院(Massachusetts Institute of Technology，MIT)研究人员开展的分布式人工智能(Distributed Artificial Intelligent，DAI)研究。一般来说，Agent 是一种拟人化的实体，无论是机器人还是软件实体，研究的目的都是为了更好地模拟真实世界中人类所具有的行为和智能特征，从而更好地与人类进行交互并在某些特殊环境下代替人类进行行为决策[110]。在分布式计算领域，通常把在分布式系统中持续自主发挥作用的，具有自主性、交互性、反应性、主动性等特征的计算实体称为 Agent[111]。Agent 可以表示为三元组：

$$Agent=< Attributes，Actions，Interface >$$

其中，Attributes 是 Agent 的属性集合，阐述 Agent 的本质属性；Actions 表示 Agent 的交互行为集合，规定 Agent 的行为活动；Interface 表示 Agent 与环境或其他 Agent 之间的通信接口。不同 Agent 在功能上有所不同，但在结构上类似，一般由通信器、执行器、数据库、知识库、交互接口五部分组成，其内部工作原理如图 4.1 所示[112]。因此，对于每类 Agent 的定义应包含仿真时钟、输入消息、输出消息、状态集合、控制规则、控制器算法、交互 Agent 集合等基本要素。构建 Agent 的目的是在特定环境下模拟某一活动(如大规模作战指挥)的感知序列到实体动作的映射，通过研究 Agent 并结合自身所拥有的知识来求解问题以改进活动的运行过程。

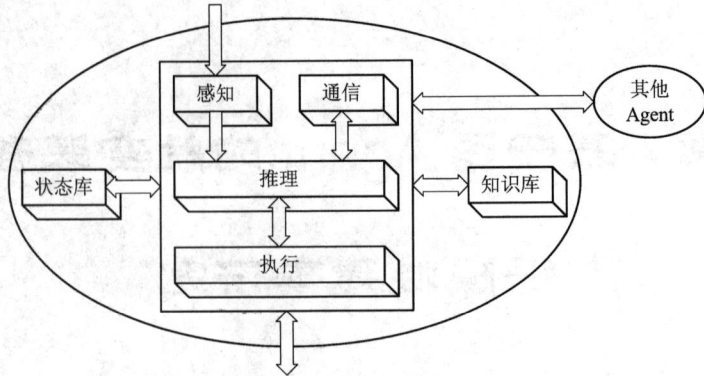

图 4.1　典型 Agent 内部工作原理

4.1.2　Agent 架构

Agent 架构是定义 Agent 功能的组件,表示一系列预定义的设计,这些设计以实现 Agent 功能为目的,提供构建 Agent 的方案或蓝图模型。Agent 使用传感器(Perception)获取输入,通过行为(Behavior)模块执行动作(Action)。Agent 函数的一般形式是:$F{:}P^{*}{\to}A$。其中,P 顶部的星号表示一种对应零个或多个感知的关系[113],即一组长度为 n 的元组($n{\geqslant}0$),数字 n 在函数关系确定后将替换星号。

1. 反应式 Agent 架构

对于纯反应式 Agent 而言,$n{=}1$,$F{:}P{\to}A$,此时 Agent 决定其行动时仅考虑当前的感知而不考虑过去的感知,也就是说,纯反应式 Agent 没有记忆或规划过程,其决策过程通过从状态到动作的直接映射过程达成,不具备任何启发或目标导向分析的行为。反应式 Agent 架构如图 4.2 所示。

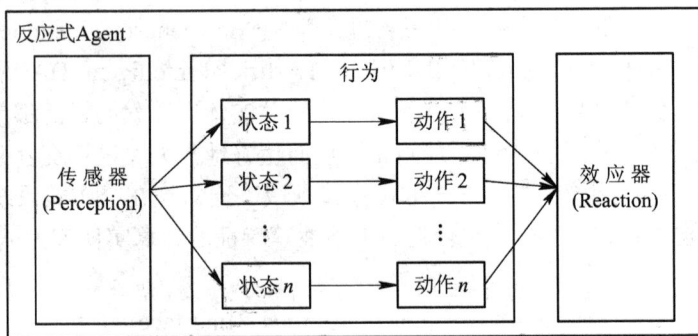

图 4.2　反应式 Agent 架构

反应式架构中应用最为广泛的是基于行为的包容架构(Subsumption Architecture),包容架构通过一系列完成任务的行为(Behaviors)来执行 Agent 决策,每个行为模块(Behavior Module)可以看作一个独立的 Agent 功能并完成特定的任务。多个行为可以同时触发,这些行为根据包容层次体系执行,层次体系中行为将根据某种优先级顺序分配到各动作层中。图 4.3 为 Cleaning Agent 的包容层次体系,其行为优先级顺序为 1、2、3、4、5、6、7,其中 7 为具有最高优先级的行为。

	Cleaning Agent Subsumption Architecture(清扫智能体包容架构)	
动作层：脏→清扫	Dirty->Clean	1
动作层：完成→停止	Finish-> Stop	2
动作层：可上移→上移	MoveUp Available^NoVisited(Up)-> MoveUp	3
动作层：可下移→下移	MoveDown Available^NoVisited(Down)-> MoveDown	4
动作层：可左移→左移	MoveLeft Available^NoVisited(Left)-> MoveLeft	5
动作层：可右移→右移	MoveRight Available^NoVisited(Right)-> MoveRight	6
动作层：其他→随机移动	Anything Else ->Move Randomly	7

图 4.3　Cleaning Agent 的包容层次体系

反应式 Agent 根据一套规则库响应环境并控制 Agent 行为[114]，其优势在于代码实现简洁、易于理解、反应迅速、鲁棒性好，劣势在于学习能力弱、智力低、没有主动逻辑推理能力、解决复杂问题能力弱，当需要对大量情景做出反应时编码实现困难。一些场景中，需要 Agent 对变化的环境做出响应，也就是具备反应性；在另一些场景中，需要 Agent 积极识别并预测需求，即具备主动性。

2. 思考式 Agent 架构

具备主动推理和规划能力的 Agent 通常称为思考式 Agent。思考式 Agent 架构以符号化的逻辑、图形、规则等方法来表示，决策通过模式匹配和符号运算的逻辑推理实现。思考式 Agent 需要解决的核心问题是研究对象的适当的形式化描述和形式化描述后的自动推理、自动规划和自动决策。对于复杂研究对象来讲，需要在很小的时间粒度下判断状态、生成目标、决策方法、触发行动。BDI(Believe Desire Intention)架构包含对 Agent 信念、愿望和意图的明确显示表示，Believe 指 Agent 拥有的关于外界环境的知识，Desire 指 Agent 的目标，而 Intention 则是指 Agent 最终采取动作实现的事情，是筛选愿望的结果。BDI Agent 架构及主要内部函数功能如图 4.4 所示。

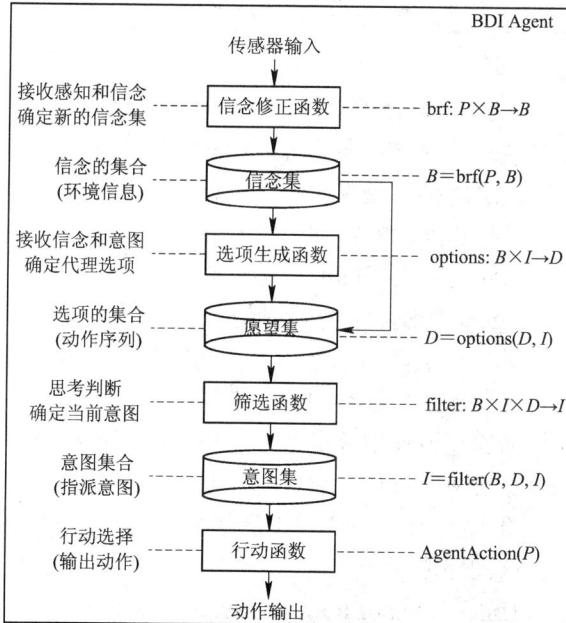

图 4.4　BDI Agent 架构及主要内部函数功能

BDI 架构中，Believe 通常输出布尔值，与动作脚本语句中通过比较控制脚本流的逻辑运算符一起使用，如判断装备是否故障后输出 True 或 False。当 Desire 出现在信念集中时，代表愿望被满足，如装备故障后，可以有两个子愿望，即定位故障和排除故障。Desire 具有优先级且动态变化，必要时在愿望集中选取新的意图。Agent 筛选完所有选项后，选择其中一个或若干个完成，这个选项就成为 Intention，意图则触发最终的行动。Intention 被 Agent 选中后在一段时期内应当投入资源来实现，如果没有实现则必须有合乎逻辑的放弃理由，如装备任务被其他 Agent 实现或已经无法实现。可以看出，BDI 架构是指向信念的逻辑推理和指向行动的实践推理的结合。

3. 混合式 Agent 架构

在很多情况下，为了应对复杂情况，设计的 Agent 既需要能够对环境变化做出反应，又要求能预先推理和规划，因而产生了混合式 Agent 架构。混合式架构包括了现实符号化表述后建立的推理决策组件和不需要复杂推理的情景结果组件，即混合 Agent 兼具主动性和反应性，该结构中包括了感知、反应、行动的反应式架构形态和感知、规划、决策生成的思考型架构形态。图 4.5 为一个基本的混合式水平分层 Agent 架构。

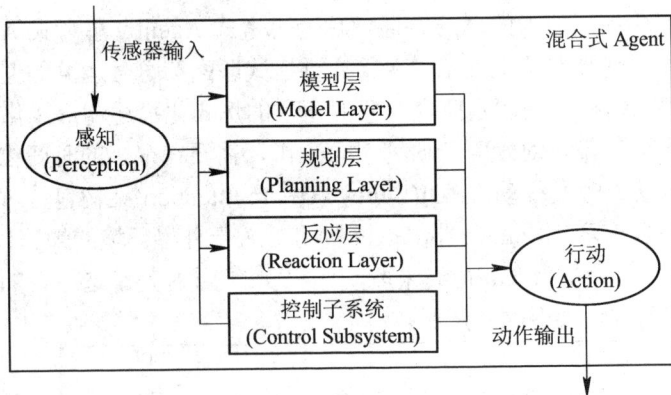

图 4.5　混合式水平分层 Agent 架构

混合式架构中需要解决的一个核心问题是 Agent 感知输入到行为响应的控制模式设计，一种解决方式是采用分层结构。反应层提供对感知环境的即时响应，规划层负责从规划库中找到一个与 Agent 目标相匹配的规划，模型层表示产生需求的抽象出的研究对象的实体模型，最终由控制子系统约束层级间的信息来确定对 Agent 有控制权的层级并影响层级的输出。这种情况下，Agent 控制组件被分配到层次体系中，高层级负责处理较高抽象程度的频繁变化的信息，具有自主性和学习能力，低层级负责处理简明的重复性的信息，响应快速且效率高。通常情况下，分层结构分为水平分层和垂直分层，水平分层中 n 种行为的 Agent 对应 n 个层级，通过设计中介函数确定任一时刻控制 Agent 的层次，从而输出动作；垂直分层中，Agent 决策过程依次通过每一层，直到最后一层产生动作。n 个层级之间的边界为 $(n-1)$ 个，若每层有 m 个动作，则层级之间的交互最多为 $m^2(n-1)$，相对于水平分层更简洁。如果各层试图完成同一个目标，则可以采取一种层级之间的互相交互来代替控制子系统的 InteRRaP(Integration of Rational Reactive behavior and Planning)架构[115]，此架构为"自底向上激活"和"自顶向下执行"垂直分层双行程架构，控制权从最底层传递至最高层再向下返回。

4.1.3　多 Agent 与装备保障建模

多 Agent 系统是一组自主的、相互作用的实体，这些实体共享一个环境，利用传感器感知，利用执行器行动。这个系统提供了一种分析问题的分布式视角，将控制权限分布在各个 Agent 上。多 Agent 系统可以被赋予预先设计的行为，但是通常需要不断学习，以使得性能逐步提高。在增强学习(Reinforcement Learning)中，智能体通过与环境进行交互来学习。在每个时间步长中，Agent 感知环境的状态，并采取行动，使得自身状态更新为新的状态。多 Agent 解决方案被广泛应用于生产车间调度[116]、海工装备建造物资追溯管理[117]、机器人人机交互[118]、大型分布式系统智能监控[119]等领域。现实场景中，多个 Agent 协作实现一个共同目标时，问题的解决往往效率更高，表 4.1 为飞行大队战斗机群出动场景中的多 Agent 示例，大队长 BC 通过与梯次控制 Agent EC、任务分解 Agent MD 和机务中队 Agent MS 的通信交互选出组成战斗机群的 3 架 J-31 出动执行任务。

表 4.1　飞行大队战斗机群出动场景中的多 Agent 示例

大队长 BC	梯次控制 Agent EC	任务分解 Agent MD	机务中队 Agent MS
对 Agent EC：派出 3 架 J-31			
	对 Agent MD：请告知任务代码		
		对 Agent EC:M-J-31-486	
	对 BC:4861、4862、4863 就位		
对 Agent EC：收到			
	对 Agent MS：请更新飞机状态		
			对 Agent EC:收到

多 Agent 系统理论研究的核心课题之一是多 Agent 之间的协调合作。多 Agent 协作就是如何使多个自主独立的 Agent 通过一定的机制组织成一个群体，既保证自身的自主性，又能使整个系统相互协调，产生共同适应行为，实现从总体上解决问题的能力[120]。多 Agent 研究以个体 Agent 为基础，属于微观层次，Agent 之间协同研究属于宏观层次，包括 Agent 之间的协作结构和算法、Agent 之间的通信以及 Agent 之间的冲突消除等。图 4.6 为一个多 Agent 系统的规范视图。

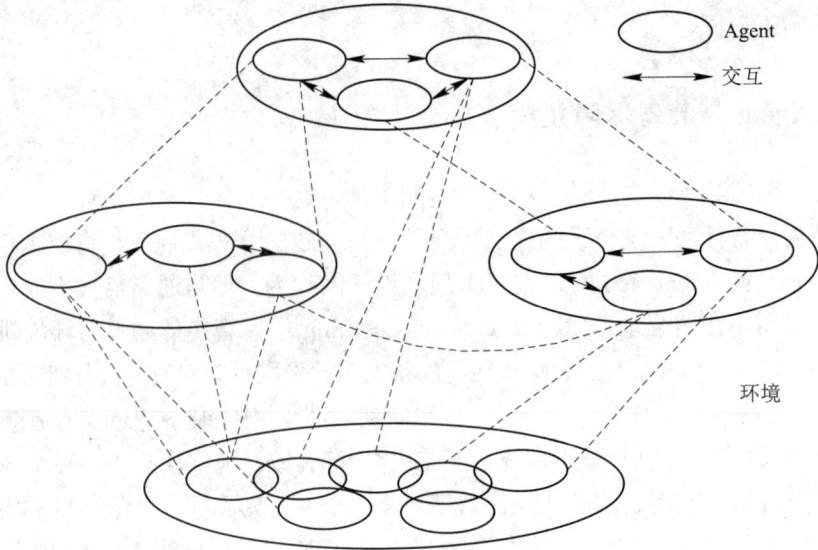

图 4.6　多 Agent 系统的规范视图

　　军事仿真主要分为武器装备仿真和作战仿真两部分。武器装备仿真是武器装备研制阶段必不可少的实验和验证手段，在武器装备研制的全寿命阶段都离不开武器装备仿真。武器装备作战仿真站在武器装备技术层面讨论装备参与作战的模拟与仿真问题，对武器装备建模的粒度要求更细，同时对武器装备作战过程的模拟也要求更详细、更精确[121]。

　　装备保障可以看作是各类实体在外界因素的影响下，通过相互之间的交流与合作，来共同实现各种保障任务，包括装备保养、装备维修等[60]，因此，装备保障建模与仿真的核心在于对体系当中纷繁复杂的实体进行抽象、模拟和表示。2001 年，Mark、Inverno 和 Michael Luck 基于 Z 语言规范建立了 Agent 定义和开发的形式化框架 SMART(Structured and Modular Agent and Relationship Types)[122]，SMART 中采用由 Entities、Objects、Agents、Autonomous Agents 组成的四个层次定义 Agent 的概念框架。一个复杂的系统环境由 Entities 集合组成，其中一些 Entities 为 Objects，一些 Objects 为 Agents，一些 Agents 为 Autonomous Agents。Objects 封装的是对象的属性和方法，而 Agents 封装的是对象的信念(Belief)和计划(Plan)。

　　一般情况下，Agent 建模从基本的实体描述出发，通过持续地细化和精炼形成最终的 Agent 定义。基于多 Agent 建模的主要优势包括 Agent 自主感知与协作能力、自主求解与决策能力、与用户交互能力和灵活的组织框架与演化机制。

4.2　体系保障性多 Agent 建模方法

4.2.1　多 Agent 开发过程设计

　　航空装备体系保障性建模与仿真研究的对象是完成一定作战任务的航空装备体系的

使用与维修保障，主要是通过对模型的构建和研究实现保障资源高效调配使用和保障方案的评价优化。因此，多 Agent 模型开发的第一步是对航空装备及其保障体系物理系统进行抽象，形成保障体系的概念模型。概念模型描述的是航空装备保障体系总体概述信息，目的在于确定体系的研究范围和总体情况，明确体系研究对象和运行的范围，主要包括任务的来源、时间、边界、对象、资源和流程等。面向基于任务的航空装备保障，体系保障性概念模型主要分为任务来源、保障任务实施和动态保障信息输入三部分。建立概念模型是对现实物理系统的第一次抽象，形成体系涉及的实体、关系、行为和环境等基本要素。为了实现在计算机系统中对维修保障过程的评估优化，需要从概念模型描述的保障系统各组成要素中进一步抽象出仿真系统能够交互访问的各类功能模型。通过第二次抽象和细化，形成保障体系的实体模型，主要包括装备系统模型、保障系统模型、基础模型、场景实例模型和 Agent 模型。保障系统模型是对保障要素需求遵循的原则和程序的描述，例如维修等级、维修机构等；基础模型用来描述武器装备、维修机构、保障资源等；场景实例模型用来表示保障对象的三维实体；Agent 模型主要表示能持续、自主发挥作用，具备主动性、反应性、自治性等特征的计算实体。航空装备体系保障性多 Agent 基本开发过程如图 4.7 所示。

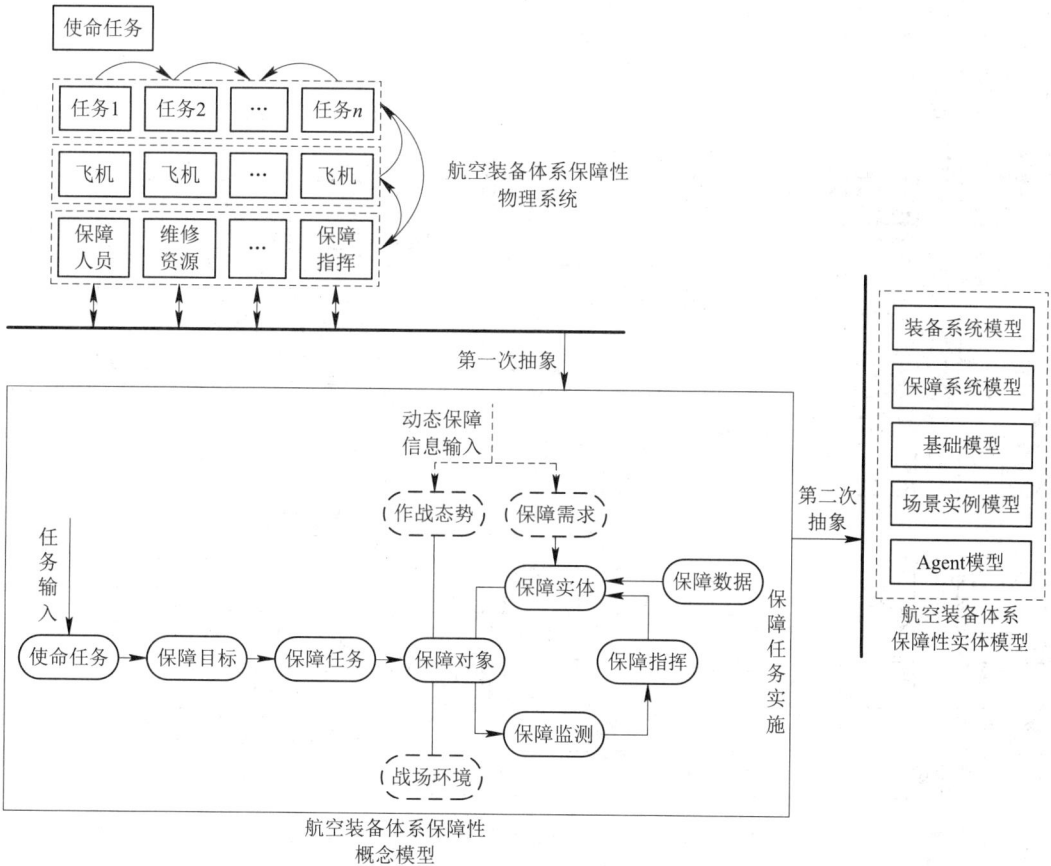

图 4.7　航空装备体系保障性多 Agent 开发过程

　　模型是系统各实体交互关系的简化表示，这些关系包括因果关系、流程关系和空间关系等，建立基本的实体模型是模拟有限的资源、有限的资源供给和需求时机之间匹配关系的前提和基础。针对仿真推演的目标与内容，从航空维修保障涉及的"人、机、料、法、环"全流程的实体与业务抽象提炼的五大类实体模型共同定义保障对象和保障主体的要素、结构、关系和行为。组织是维修保障的实施起点，组织模型描述各级建制单位、维修组织和仓储组织等实体及其能力，如所配属设施类型和数量、使用人员类型和数量、任务科目能力、配属装备类型和数量等；任务是维修保障的效能指向，任务模型描述飞行训练任务、任务科目以及任务阶段，用来驱动装备的动用；装备是维修保障的作用对象，装备系统模型描述装备硬件组成、结构关系及不同粒度的硬件可靠性模型；保障系统模型描述维修保障仿真所需要资源及资源之间的关系，是组织的静态能力体现；保障行为模型描述实施维修保障的典型维修和供应活动。航空装备体系保障性实体模型逻辑框架如图 4.8 所示，实体模型及描述内容如表 4.2 所示。

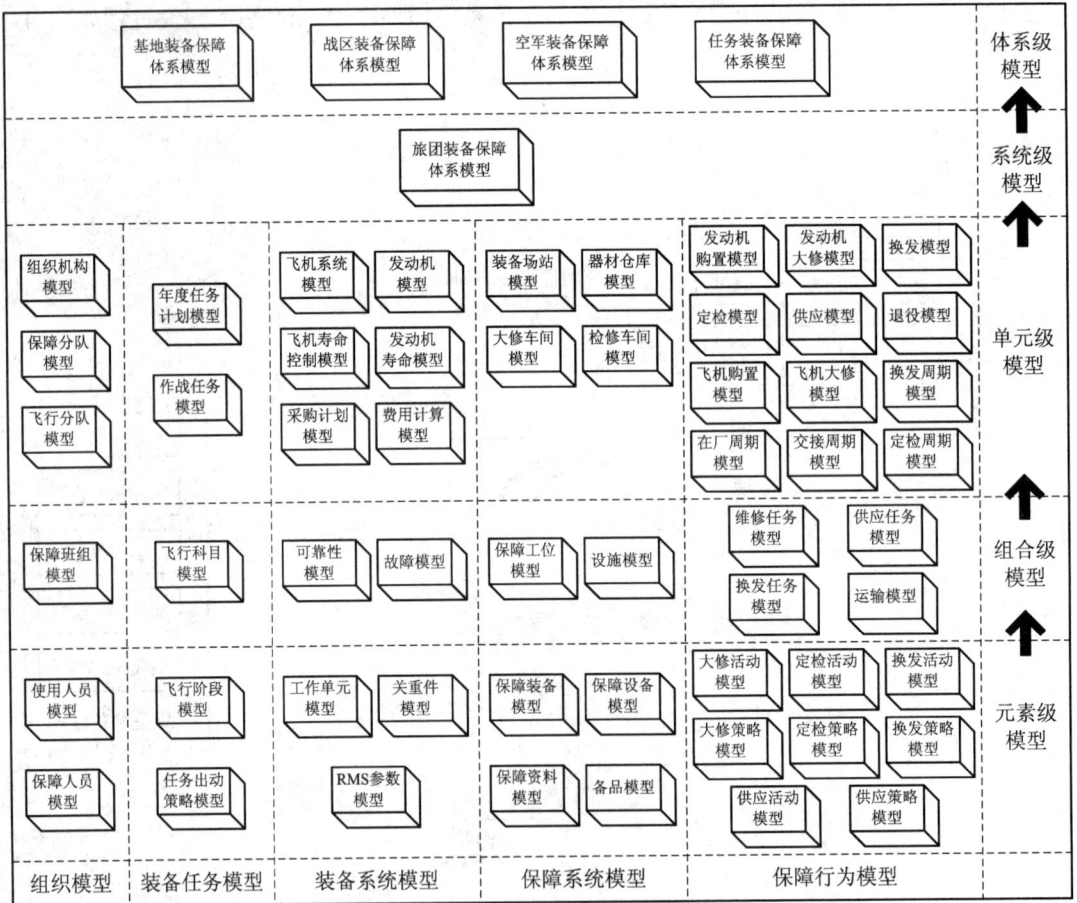

图 4.8　航空装备体系保障性实体模型逻辑框架

表 4.2　实体模型及描述内容

实体模型		描　述　内　容
组织模型	组织层次	旅级以上建制单位(机构层级、配属信息)
	使用分队	旅级以下建制单位(机务大队、机务中队及配属信息)
	保障分队	旅级以下维修保障单位(维修工厂、航材库及配属信息)
	保障班组	外场放飞组和技术保障组(人员构成、专业属性)
任务模型	任务想定	飞行训练顶层任务规划(任务场次、科目设置)
	任务科目	飞行训练科目定义(科目时间、周期、业务阶段)
	任务阶段	飞行训练阶段定义(阶段执行的行为、逻辑顺序)
装备系统模型	装备属性	任务装备描述(类型、属性)
	装备结构	任务装备硬件组成(系统/分系统/组件部件/LRU/SRU/DU/DP)
	可靠性模型	装备硬件可靠性描述(MTBF、MTBCF、级联失效故障模型)
保障系统模型	维修车间	维修场所描述(装备使用、维修、保障的物理空间)
	维修设施	维修设施描述(装备使用、维修、保障的场所设施)
	保障设备	保障设备描述(测试设备、维修设备、实验设备、维修工具等)
	保障工位	保障工位描述(装备使用、维修、保障的占用工位)
	备品备件	飞机系统备品备件(备件、消耗品、发动机等关重件)
	保障资料	保障资料描述(类型、格式、配置数量)
	场站装备	四站装备描述(制氧制氮、充氧充氮、制冷送冷、电源车等)
	保障人员	保障人员描述(类型、专业、角色、技术等级)
保障行为模型	保障工作	保障工作描述(直接机务准备、再次出动机务准备、定检等；触发机制)
	保障活动	活动描述(活动名称、活动顺序、动用保障班组、动用保障资源)
		活动派发描述(活动属性、维修组织、装备系统、维修方式、维修时间)
		活动人员描述(人员属性、人员活动、活动时间)
		活动动用四站装备描述(装备属性、装备活动、活动时间)
	保障事件	维修/供应事件的启动条件(发生类型、发生条件、时间条件、保障策略)

Agent 模型开发的核心工作是如何合理地抽象体系概念模型中的实体、对象、环境和交互关系，包括哪些实体可以作为 Agent 模型，哪些对象作为 Agent 模型可以包含组件，Agent 模型的类型和组成如何，Agent 之间是否有组合关系以及 Agent 之间的交互关系如何定义等[121]。

4.2.2　多 Agent 模型构建

1. Agent 功能类型与交互关系建模

Agent 模型主要用来表示两类实体，一类是保障系统中具有心智概念和理性特征的实体，通过规划、推理和决策实现 Agent 功能，表达指挥人员、装备管理人员、装备乘员、保障人员和维修保障管理人员的智能行为，学习优化任务下达、保障指挥、保障监控、维修实施、器材供应等过程，需要综合各种约束进行资源的调度和分配，其协作关系也非常复杂；另一类是保障系统中通过相对简单的 Agent 之间的交互实现体系的智能行为，内部不需要复杂的推理模型，如保障装备、备品备件、保障设施等。体系保障性研究的目的是解决构成装备体系的系统及其要素相互作用、相互影响产生的随时间推移而涌现出的体系属性、状态及行为变化，通过对这些属性、状态和行为的分析预测，采取一定的控制方法，引导体系产生出有益的或者期望的涌现。进行保障性多 Agent 建模的起点是体系任务，主线是随时间线推进不断发生的各种事件，基础是体系运行涉及的众多实体及其行为，重点是形式化地准确描述各种场景下的实体约束，通过对这些约束的调整来控制引导体系涌现。保障性多 Agent 建模的难点在于面向研究目标刻画各个 Agent 之间的交互关系，设计 Agent 内部的规则、推理和决策模型。

从概念模型出发，结合体系保障性研究目标，本书构建的多 Agent 模型包括体系保障性层级、保障要素层级和保障行为层级三大类，其中体系保障性层级以 BDI Agent 为主，保障要素层级以混合式 Agent 为主，保障行为层级以反应式 Agent 为主。体系保障性层级包括保障任务 Agent、保障监控 Agent、保障指挥 Agent 和飞机选取 Agent；保障要素层级包括组织机构 Agent、装备体系 Agent、维修机构 Agent、仓库 Agent、保障资源 Agent、保障装备 Agent 和保障人员 Agent；保障行为层级包括预防性维修 Agent、修复性维修 Agent、器材供应 Agent 和弹药供应 Agent 等。各 Agent 的功能描述如下：

保障任务 Agent：完成保障任务生成。功能包括从作战指挥机关接收任务想定，解析作战任务，分解任务阶段，产生保障任务，生成保障装备体系对象。交互包括向指挥机关反馈任务完成情况，向保障监控 Agent 传输任务数据，向保障指挥 Agent 发送任务状态消息、接收决策消息。

保障监控 Agent：完成体系保障性指标计算。功能包括从保障任务 Agent、组织机构 Agent、装备体系 Agent、使用人员 Agent、维修机构 Agent、仓库 Agent、保障资源 Agent、保障装备 Agent、保障人员 Agent、预防性维修 Agent、修复性维修 Agent、器材供应 Agent 和弹药供应 Agent 提取过程数据，计算保障性指标，并提供给保障指挥 Agent。

保障指挥 Agent：获取装备体系状态，调控保障系统运行，接收保障监控指标，生成保障组织方案。功能包括获取保障任务 Agent、保障监控 Agent、组织机构 Agent、装备体系 Agent、使用人员 Agent、维修机构 Agent、仓库 Agent、保障资源 Agent、保障装备 Agent、保障人员 Agent、预防性维修 Agent、修复性维修 Agent、器材供应 Agent 和弹药供应 Agent 状态，并向其发送调控指令。

飞机选取 Agent：选取执行体系任务的各型飞机装备，功能包括获取保障指挥 Agent 决策指令，并向其发送状态消息；向装备体系 Agent 发送状态消息并接收更新消息。

组织机构 Agent：建立组织机构层次关系，在战训任务中刻画从战区级到保障班组级别的各级组织。功能包括接收保障指挥 Agent 动作指令，调动使用人员 Agent、装备体系 Agent 完成相应指令，向保障监控 Agent 提供保障数据。

装备体系 Agent：构建完成体系任务的合乎各任务阶段要求的装备体系构型。功能包括向保障指挥 Agent 提供构型状态，根据动作指令向组织机构 Agent 发出维修申请，向维修机构 Agent 发出维修消息，向保障监控 Agent 提供保障数据。

维修机构 Agent：建立各种维修机构的 Agent 模型。功能包括刻画维修机构(修理厂、区域修理中心、一线修理站等)业务流程、供修关系和结构功能，向保障人员 Agent、预防性维修 Agent、修复性维修 Agent 发出调用消息，向保障监控 Agent 提供保障数据。

仓库 Agent：建立各种保障仓库 Agent 模型。功能包括刻画仓储机构(器材中心、弹药仓库、保障装设备管理中心、保障资源仓库)业务流程、储供关系和结构功能，向保障资源 Agent、保障装备 Agent 发出调用消息，触发器材供应 Agent 和弹药供应 Agent 行为，向保障监控 Agent 提供保障数据。

保障资源 Agent：建立各种机务保障资源模型，如航空发动机、备品备件、油料物资等。与保障指挥 Agent、仓库 Agent 和保障监控 Agent 交互消息和指令。

保障装备 Agent：建立各种内外场保障装备模型，如四站车辆、检测设备、维修车辆等。与保障指挥 Agent、仓库 Agent 和保障监控 Agent 交互消息和指令。

保障人员 Agent：建立各种保障人员模型，如机电员、军械员、特设师等专业人员。与保障指挥 Agent、维修机构 Agent 和保障监控 Agent 交互消息和指令。

预防性维修 Agent：建立各种预防性维修模型，如定检、周期性检查、使用保障流程等。与保障指挥 Agent、维修机构 Agent 和保障监控 Agent 交互消息和指令。

修复性维修 Agent：建立各种修复性维修模型，如故障定位、更换发动机、部件抢修等。与保障指挥 Agent、维修机构 Agent 和保障监控 Agent 交互消息和指令。

器材供应 Agent：建立器材调配与供应模型，实施器材筹供，与仓库 Agent 和保障监控 Agent 交互消息和指令。

弹药供应 Agent：建立弹药供应与调配模型，实施弹药筹供，与仓库 Agent 和保障监控 Agent 交互消息和指令。

图 4.9 为体系保障性 Agent 基本功能类型和交互关系。

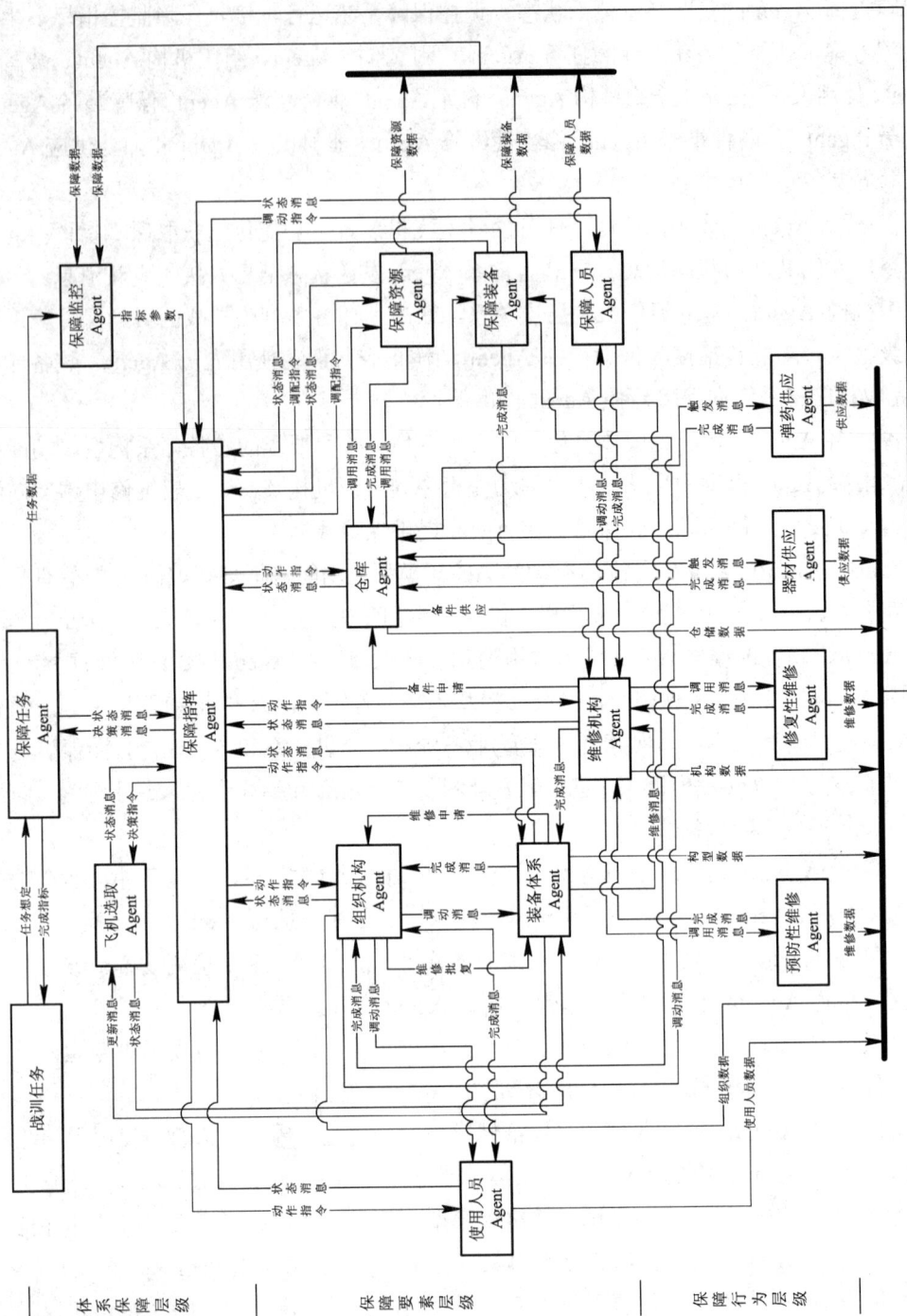

图 4.9　体系保障性 Agent 基本功能类型和交互关系

2. Agent 结构定义与关键算法设计

体系保障性建模涉及众多 Agent 内部结构、交互属性与学习算法的设计，为了实现传统的由保障指挥人员和保障人员人工控制和决策的功能，将复杂的要素控制、流程模拟和逻辑决策固化到可以在 Agent 内部实现的算法模块中。此处以保障指挥 Agent 为主线设计各 Agent 内部结构和核心算法。保障指挥 Agent 能够根据体系保障性指标适时调配各类保障实体和资源，使得保障性指标维持在指挥员能够接受的范围之内。以 Agent 基本结构框架为基础，从易于构造和实现的角度出发，这里采取一种基于目标驱动、具有内部状态的 Agent 结构[123]，内部状态作为历史信息与当前感知共同决定下一步动作，使 Agent 反应更具理性；同时通过目标完成度的评价，实现 Agent 的自适应。

1) 结构定义

保障指挥 Agent 记为 AgentBZZH，其内外部功能通过其结构类实现，主要包括 See、Action、Learn、Comm、State、Goal 六个大类，其结构定义如下：

AgentBZZH∷=<See,Action,Learn,Comm;State,Goal>；

See：Agent 感知环境的能力，把环境状态 Env 映射到感知信息 Per，即

See:Env→Per；

AgentBZZH 感知的 Per 主要包括任务状态、装备体系在任一时刻的状态、保障资源状态、保障人员状态、保障行为状态、维修状态等，其中装备体系在任一时刻的状态感知是 AgentBZZH 设计的关键，准确的状态感知是后续控制行动的基础。

Action：Agent 行动选择的能力，基于当前感知 Per、内部状态 State 和行为规则 Rule 形成可以实施的行动集合 AC，即

Action:Per&State&Rule→AC；

Action 通过不同的 Per 区间（如装备体系崩溃点）结合保障监控 Agent 计算传输的控制指标值，在 AC 中选择预设的调控行为。这些调控行为根据 Env 的变化或任务要求不断更新，将选取规则形式化地存储于 Rule 中。

Learn：Agent 学习的能力，通过规则 Rule 的进化找到环境状态 Env 与行动 AC 交替达成的效用最优的 AgentBZZH*过程，即

Learn:AgentBZZH→AgentBZZH*；

AgentBZZH 不断学习的目的在于搜索体系保障性指标的最大值，可以视为一个马尔科夫奖励过程（Markov Reward Process，MRP），在感知的 Per 随时间线不断推进的过程中奖励那些对体系保障性指标值正向最为敏感的行为，如某型飞机再次出动准备时间的缩短。

Comm：Agent 通信的能力，实现与其他智能体 Ag 的动态交互，即

Comm:Ag→Per；

Comm 是整个仿真推演动态推进和提取存储过程数据的关键，设计 AgentBZZH 时需要考虑在某一时刻以什么数据格式传递什么消息给哪个 Agent，以一定的算法来设计通信模型。在基于 HLA（High Level Architecture）仿真计算中，通过 FOM（Federated Object Model）提供仿真联邦服务以实现 SOM（Simulation Object Model）间的 RTI（Run Time Infrastructure）数据发布，在 Redis 高速数据缓存中处理计算过程数据。

State：Agent 内部状态，表征 AgentBZZH 内部应激状态及状态转移，主要与 See 感知的环境状态 Per 相匹配，不断调整更新内部状态参数值。

Goal：表征 AgentBZZH 需要完成的任务或达成的目标，如通过对体系保障性要素和保障行为的整体调控达成要求的任务成功率。

保障指挥 Agent 内部结构及主要交互关系如图 4.10 所示。

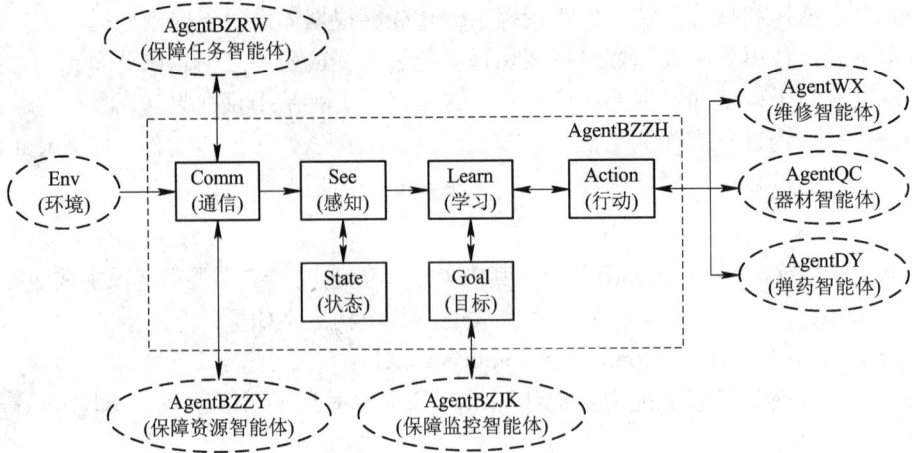

图 4.10　保障指挥 Agent 内部结构及主要交互关系

2) 功能定义

AgentBZZH 的功能通过内部若干类、函数和属性的作用和交互来实现，定义主要包括各类的功能、输入、输出及交互 Agent 的描述，如表 4.3 所示。

表 4.3　AgentBZZH 功能定义

类/属性	功能	输入/值	输出/值	交互 Agent
See	感知环境	飞机战损、故障信息、调配方案、保障资源	感知信息集合 Per	通信 Agent、环境 Agent
Learn	保障决策推理学习	Goal、行为规则(维修模型、过程算法)	装设备调配计划、维修保障计划、弹药调配计划	
Action	保障指挥行动决策	命令指示、维修规则、过程算法、内部状态、Per	装备维修、器材供应、弹药供应行为集合	装备维修 Agent、器材供应 Agent、弹药供应 Agent
Comm	Agent 通信	资源管理 Agent、任务 Agent、保障监控 Agent	感知信息集合 Per	通信 Agent、器材供应 Agent、装备维修 Agent、弹药供应 Agent
GoalMon	目标监控	指标生成函数	保障性指标	
State	内部状态	初始状态、更新参数	物理状态、心智状态	

3) 算法设计

AgentBZZH 的输入任务接口从 2.3.2 节装备体系保障任务驱动模型中的装备保障体系任务驱动视图 T-11 导出，其完整任务映射为多阶段任务系统(phased mission system，PMS)的任务阶段转化点状态。首先对装备体系的任务想定，建立由多个阶段任务及其之间逻辑转换关系的任务阶段序列；其次针对各阶段任务，建立各个阶段的时序逻辑；再次针对每一任务阶段，定义其所需要的装备、装备之间的连接关系以及转换逻辑；最后针对每一型装备，对其任务剖面进行建模描述。AgentBZZH 功能的实现需要与其他多个 Agent 进行交互：

(1) 任务提取。AgentBZZH 首先需要提取保障任务 Agent 生成的任务输入，保障任务 Agent 工作流程包括解析任务、从规则库提取机型约束、推理生成飞机出动方案。飞机规则库中主要限定机型滞空时间、任务转换时间、机型科目等约束条件。保障任务 Agent 算法如图 4.11 所示。

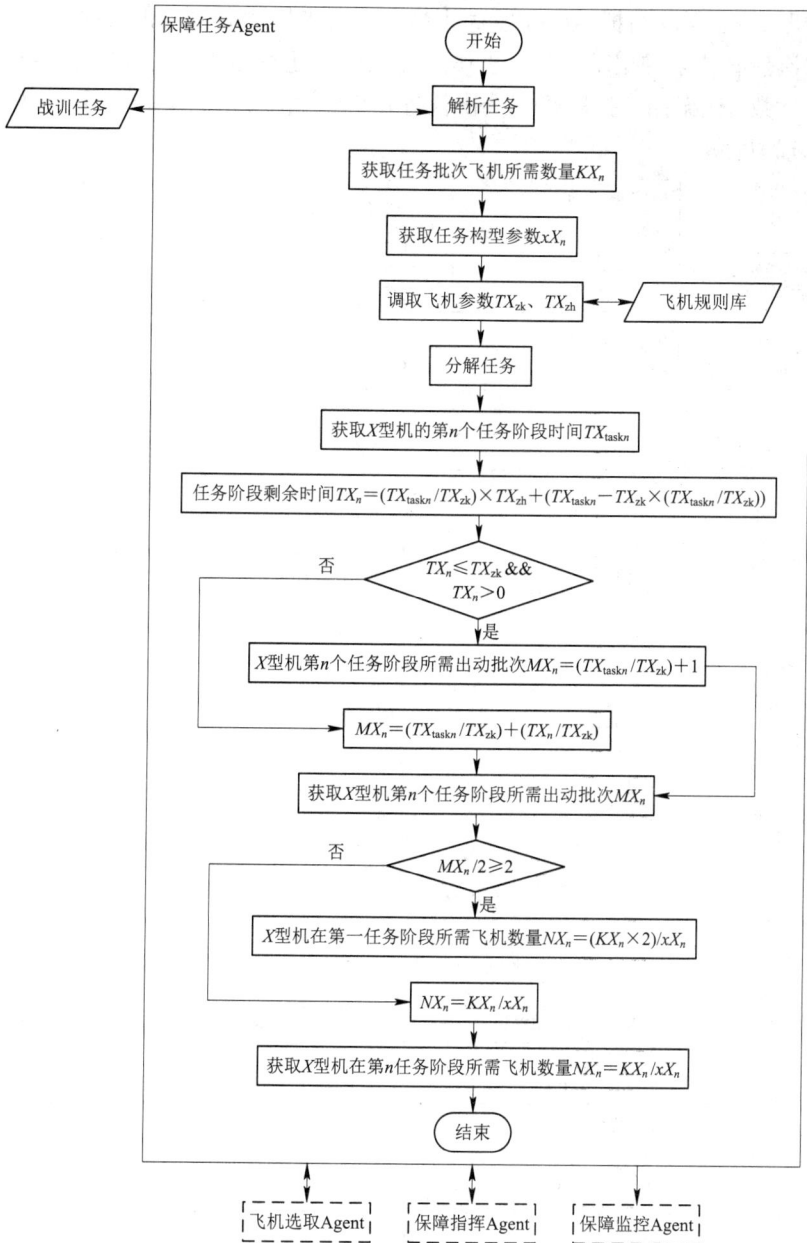

图 4.11　保障任务 Agent 算法

保障任务 Agent 从作战指挥机关接收任务想定，解析作战任务，从中获取任务批次飞机所需数量 KX_n 和任务构型参数 xX_n，并从飞机规则库中调取飞机参数(飞机滞空时间 TX_{zk} 和飞机任务转换时间 TX_{zh} 等)，接着对作战任务进行分解，获取 X 型机的第 n 个任务阶段时间 TX_{taskn}，并计算出任务阶段剩余时间 TX_n。通过保障任务 Agent 内部推理，计算出 X 型机在第 n 任务阶段所需飞机数量 NX_n，并将该数据记录下来，用于与其他 Agent 交互。

该 Agent 输入为 X 型机滞空时间 TX_{zk}、X 型机任务转换时间 TX_{zh}、X 型机第 n 个任务阶段时间 TX_{taskn}、X 型机第 n 个任务阶段批次所需飞机数量 KX_n、X 型机在第 n 任务构型 xX_n，输出主要为 X 型机在第 n 任务阶段所需飞机数量 NX_n。其中，X 代表 A、B、C、D、E 机型。

(2) 飞机选取。保障指挥 Agent 发送决策指令给飞机选取 Agent，飞机选取 Agent 负责选取符合梯次控制要求的出动飞机，工作流程包括从任务部队飞机数据库中导入参与梯次控制的飞机参数、根据梯次控制模型选出任务飞机、输出飞机类型和编号。飞机选取 Agent 算法如图 4.12 所示。

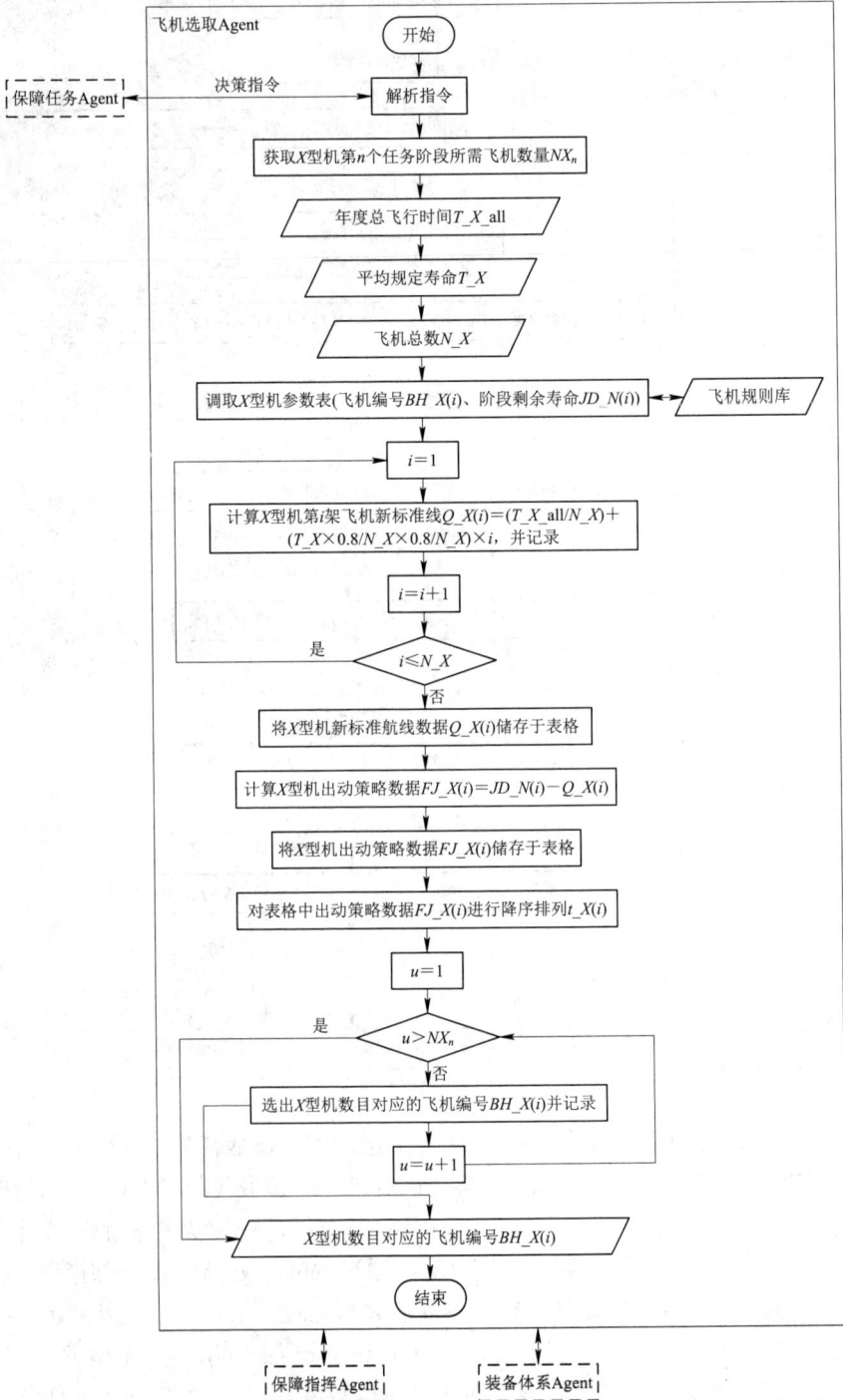

图 4.12 飞机选取 Agent 算法

飞机选取 Agent 从保障任务 Agent 获取决策指令，解析指令获取 X 型机第 n 个任务阶段所需飞机数量 NX_n，分别输入年度总飞行时间 T_X_all、平均规定寿命 T_X 和飞机总数 N_X，并从飞机规则库中调取 X 型机参数表(飞机编号 $BH\_X(i)$、阶段剩余寿命 $JD\_N(i)$ 等)；该 Agent 推理计算出 X 型机新标准线数据 $Q\_X(i)$ 和出动策略数据 $FJ\_X(i)$，并储存于表格。通过飞机选取 Agent 内部推理挑选出 X 型机对应的飞机编号 $BH\_X(i)$，并将该数据记录下来，用于与其他 Agent 交互。

该 Agent 输入为 X 型机第 n 个任务阶段所需飞机数量 NX_n、年度总飞行时间 T_X_all、平均规定寿命 T_X 和飞机总数 N_X，需预先设置 X 型飞机飞行参数表储存于飞机规则库中，表中包括飞机编号 $BH\_X(i)$、阶段剩余寿命 $JD\_N(i)$，输入数据的同时，调用参数表进行分析计算，输出主要为满足条件的 X 型机对应的飞机编号。

(3) 出动计划。AgentBZZH 根据任务阶段时间要求、任务阶段强度要求、机型滞空时间、飞机状态和飞机科目属性等规则约束自动生成装备体系每架次的出动计划。AgentBZZH 出动计划生成的工作流程包括任务约束判断、获取飞机状态、加载约束条件、生成出动计划表等。保障指挥 Agent 算法如图 4.13 所示。

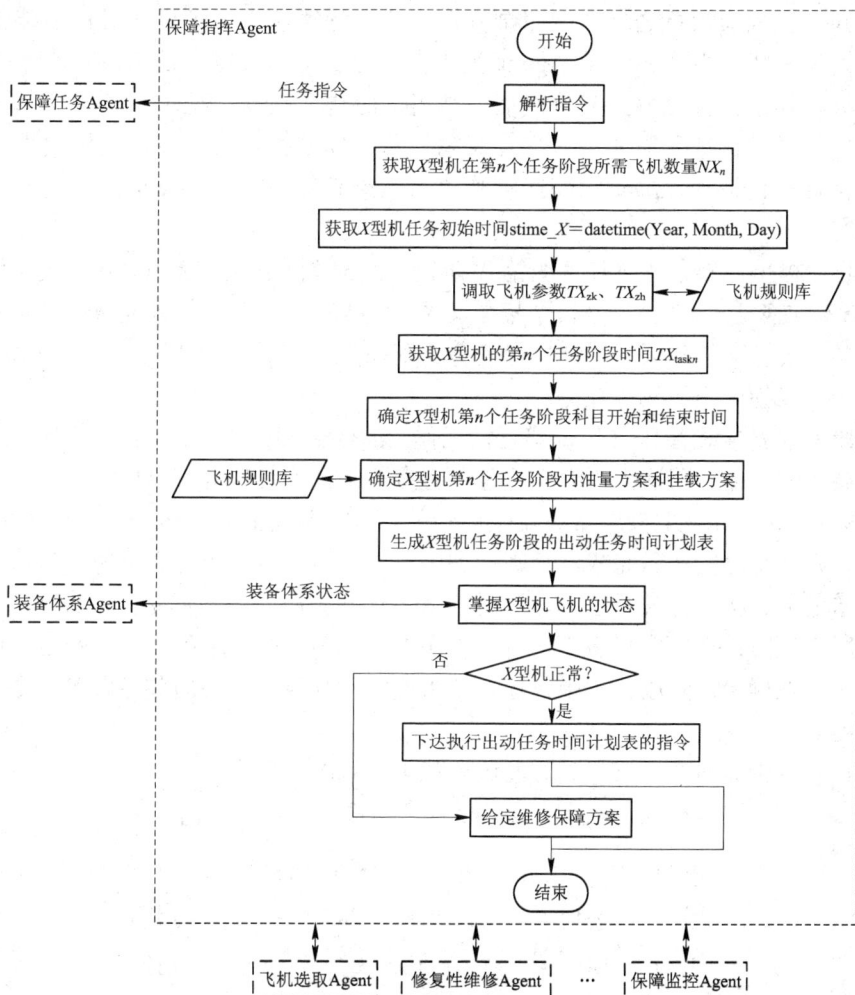

图 4.13　保障指挥 Agent 算法

保障指挥 Agent 从保障任务 Agent 获取决策指令，解析指令获取 X 型机的第 n 个任务阶段所需飞机数量 NX_n、任务初始时间 stime_X 和第 n 个任务阶段时间 $TX_{task}n$，确定 X 型机第 n 个任务阶段科目开始和结束时间。从飞机规则库中调取飞机参数，确定 X 型机第 n 个任务阶段内的油量方案和挂载方案，生成 X 型机任务阶段的出动任务时间计划表。该 Agent 从装备体系 Agent 调取装备体系状态信息，从而掌握 X 型机的状态，通过内部推理判断，下达执行出动任务时间计划表的指令。该 Agent 输入为 X 型机第 n 个任务阶段所需飞机数量 NX_n、任务初始时间 stime_X，默认时刻为 0:00、第 n 个任务阶段时间 $TX_{task}n$、X 型机滞空时间 TX_{zk} 和 X 型机任务转换时间 TX_{zh}，输出主要为各任务阶段 X 型机出动计划表和维修保障指令。

确定任务飞机后，下一步需要记录并更新任务期间每一架飞机的工作状态。状态的生成是一个以时间线推进为驱动的离散事件记录。阶段任务过程中飞机会以一定的概率出现故障或战损，导致飞机工作状态发生变化，保障指挥 Agent 需要根据飞机状态调动保障系统，以满足飞机状态的恢复，从而达成任务要求。

(4) 状态生成。AgentBZZH 的核心功能是从保障任务 Agent、Env 和装备体系感知到维修任务和飞机战损信息之后，按照维修模型和过程算法生成满足作战任务装备要求的维修方案。体系状态由装备体系 Agent 生成，过程状态生成算法是 Learn 判断飞机构型状态的依据。体系任务分解到某阶段后，战机同时进入战斗，处于热备份状态，即装备单元发生故障时备份单元立即进入战斗状态。装备体系执行任务中，飞机发生故障或战损，保障指挥机构调动保障资源和库存物流组织维修保障活动，飞机修复完毕后立即返航到指定空域。

维修场景模型：装备体系任务的第 X 阶段，T_0 时刻，b 架装备Ⅱ、c 架装备Ⅲ进入任务区域，a 架装备Ⅰ、k 架装备Ⅺ、j 架装备Ⅹ、h 架装备Ⅷ退出任务区域；m 架装备Ⅻ及若干其他类型装备在任务区域持续执行任务。则在[T_0，T_n]任务时间段内任务飞机共 n 型 ($b+c+m+\cdots$)架在指定空域执行任务。

此阶段保证 b 架装备Ⅱ中有 w 架正常工作，c 架装备Ⅲ中有 q 架正常工作，m 架装备Ⅻ中有 p 架正常工作，即认为构型满足任务强度要求，阶段任务可以持续进行。以装备Ⅱ为例，如果在第($b-w+1$)架装备Ⅱ发生故障前，故障装备Ⅱ中有至少 1 架返回任务区域执行任务，则认为阶段任务完成，否则任务失败。其他装备分析情况类似。当体系任务所有阶段要求的装备构型任务强度都达到时，体系任务完成，否则体系任务失败。

飞机状态矩阵：在给定任务下，持续任务要求的第 i 构型装备的任务强度或能执行任务率由任务方案确定，阶段任务中，任务要求确定，则执行任务的装备种类、数量以及持续时间确定。

例如，有 4 架 A 飞机，[0, T]时间段内状态序列时序分别为

$$[0\cdots t_{a1}\cdots t_{ab1}\cdots t_{a1}^1 \cdots t_{ab1}^1 \cdots t_{a1}^2 \cdots t_{ab1}^2 \cdots t_{a1}^n \cdots t_{ab1}^n \cdots T]$$

$$[0\cdots t_{a2}\cdots t_{ab2}\cdots t_{a2}^1 \cdots t_{ab2}^1 \cdots t_{a2}^2 \cdots t_{ab2}^2 \cdots t_{a2}^n \cdots t_{ab2}^n \cdots T]$$

$$[0\cdots t_{a3}\cdots t_{ab3}\cdots t_{a3}^1 \cdots t_{ab3}^1 \cdots t_{a3}^2 \cdots t_{ab3}^2 \cdots t_{a3}^n \cdots t_{ab3}^n \cdots T]$$

$$[0\cdots t_{a4}\cdots t_{ab4}\cdots t_{a4}^1 \cdots t_{ab4}^1 \cdots t_{a4}^2 \cdots t_{ab4}^2 \cdots t_{a4}^n \cdots t_{ab4}^n \cdots T]$$

t_a^n、t_{ab}^n 分别为 A 飞机第 n 次故障时间和维修后返回的时间，$t_{ab}^n = t_a^n + t_{ammt}^n + t_{amldt}^n$；

t_{ammt}^{n}、t_{amldt}^{n} 分别为 A 飞机第 n 次故障的修复时间和后勤延误时间。

生成 4 架 A 飞机状态矩阵，矩阵的行表示 4 架飞机；列表示飞机任务状态，状态时间间隔为 1 min，如果时刻 t 在无故障区间，状态标记为 1，非无故障状态标记为 0，即：

若 $t \in [t_{a1}, t_{ab1}] \cup [t_{a1}^{1}, t_{ab1}^{1}] \cup \cdots [t_{a1}^{n}, t_{ab1}^{n}]$，则 $a_{ij} = 0$；

若 $t \in [t_{a1}, t_{ab1}] \cup [t_{a1}^{1}, t_{ab1}^{1}] \cup \cdots [t_{a1}^{n}, t_{ab1}^{n}]$，则 $a_{ij} = 1$

则可以得到时间粒度为 1 min 的飞机状态矩阵：

$$A = \begin{bmatrix} a_{11} & a_{12} & \cdots & a_{1n} & \cdots & a_{1T} \\ a_{21} & a_{22} & \cdots & a_{2n} & \cdots & a_{2T} \\ a_{31} & a_{32} & \cdots & a_{3n} & \cdots & a_{3T} \\ a_{41} & a_{42} & \cdots & a_{4n} & \cdots & a_{4T} \end{bmatrix}$$

假设某任务阶段时间为 $[0, t]$，对应装备体系构型为这 4 架飞机，此阶段任务需要 4 架飞机中至少 3 架无故障工作，则遍历 4 架飞机状态矩阵，t 时刻对应矩阵的第 j 列，判断状态 $State_a$ 的值：

如果 $State_a = a_{1j} + a_{2j} + a_{3j} + a_{4j} \geqslant 3$，则阶段任务可以完成；

如果 $State_a = a_{1j} + a_{2j} + a_{3j} + a_{4j} < 3$，则阶段任务失败。

对于不同任务阶段构型的飞机，计算步骤相同。如增加 S 型飞机 6 架，要求至少 5 架无故障工作，则同样构建 6 架 S 型飞机状态矩阵，遍历状态矩阵 **A**、状态矩阵 **S**，判断状态 $State_a$、$State_s$ 的值，如果 $State_a = a_{1j} + a_{2j} + a_{3j} + a_{4j} \geqslant 3$ 和 $State_s = s_{1j} + s_{2j} + s_{3j} + s_{4j} + s_{5j} + s_{6j} \geqslant 5$ 同时满足，则阶段任务可以完成，否则阶段任务失败。装备体系 Agent 算法如图 4.14 所示。

装备体系 Agent 从保障任务 Agent 获取任务数据，通过分析数据，调取 X 型机的 n 个任务阶段时间 TX_{taskn} 和第 n 任务阶段所需飞机数量 NX_n，从飞机规则库统计数据中调取 X 机型故障、维修所服从的正态分布参数 $\{\mu_{x1} \sigma_{x1}\}$、$\{\mu_{x2} \sigma_{x2}\}$，计算出 X 型机总任务时间 TX_{task}，调用 normrnd 函数，按 $\{\mu_{x1} \sigma_{x1}\}$、$\{\mu_{x2} \sigma_{x2}\}$ 模拟随机生成各型机故障状态时间序列和修复状态时间序列，通过 Agent 内部推理判断将故障状态时间序列 t_{x1} 和修复状态时间序列 t_{x2} 抛撒在 X 型机总任务时间 TX_{task}，故障状态为 0，修复状态为 1。绘制出 X 型机装备体系状态阶梯图，用于表征装备的实时状态。

该 Agent 输入为 X 型机的 n 个任务阶段时间 TX_{taskn}、第 n 任务阶段所需飞机数量 NX_n、X 型机服从的故障正态分布 $\{\mu_{x1} \sigma_{x1}\}$、修复正态分布 $\{\mu_{x2} \sigma_{x2}\}$，输出主要为 X 型机装备状态时间序列 t_{x1} 和 t_{x2}、X 型机装备体系状态图。

(5) 监控指标。监控指标的计算由保障监控 Agent 完成，反馈给 AgentBZZH，作为调整维修保障方案的控制输入。以体系任务成功率计算为例，通过读取装备体系状态时间序列，以各型机任务阶段强度为约束，判断在仿真过程中各型机状态是否满足构型要求，判断任务成功或失败。保障监控 Agent 算法如图 4.15 所示。

保障监控 Agent 从装备体系 Agent 获取装备体系状态信息，通过解析状态信息获取 X 型机体系状态时间序列和任务构型参数 xX_n，输入仿真次数 N；通过该 Agent 内部推理判断，记录任务成功次数 n，最终计算出任务成功率 $R=n/N$ 并记录，用于与其他 Agent 交互。

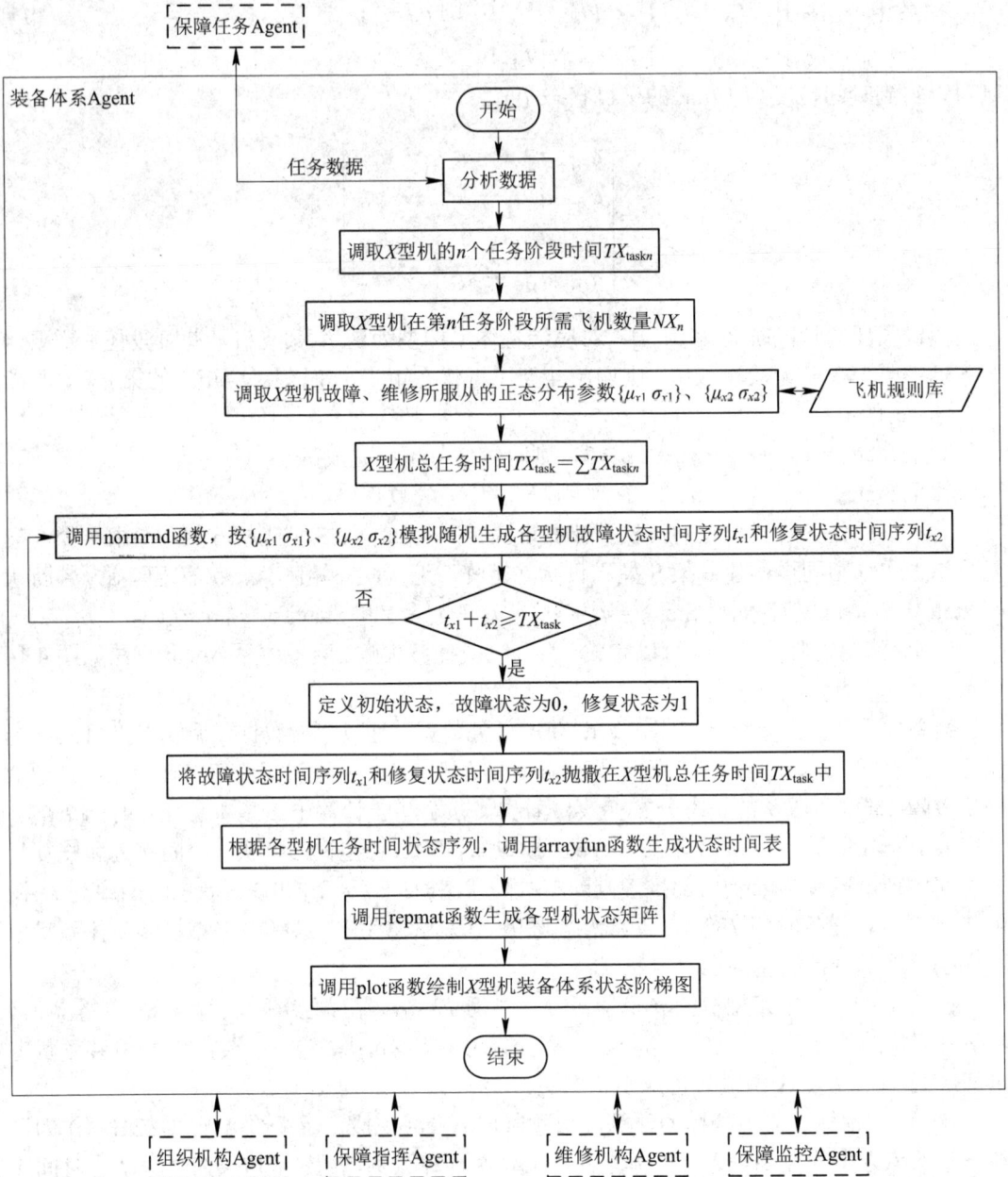

图 4.14　装备体系 Agent 算法

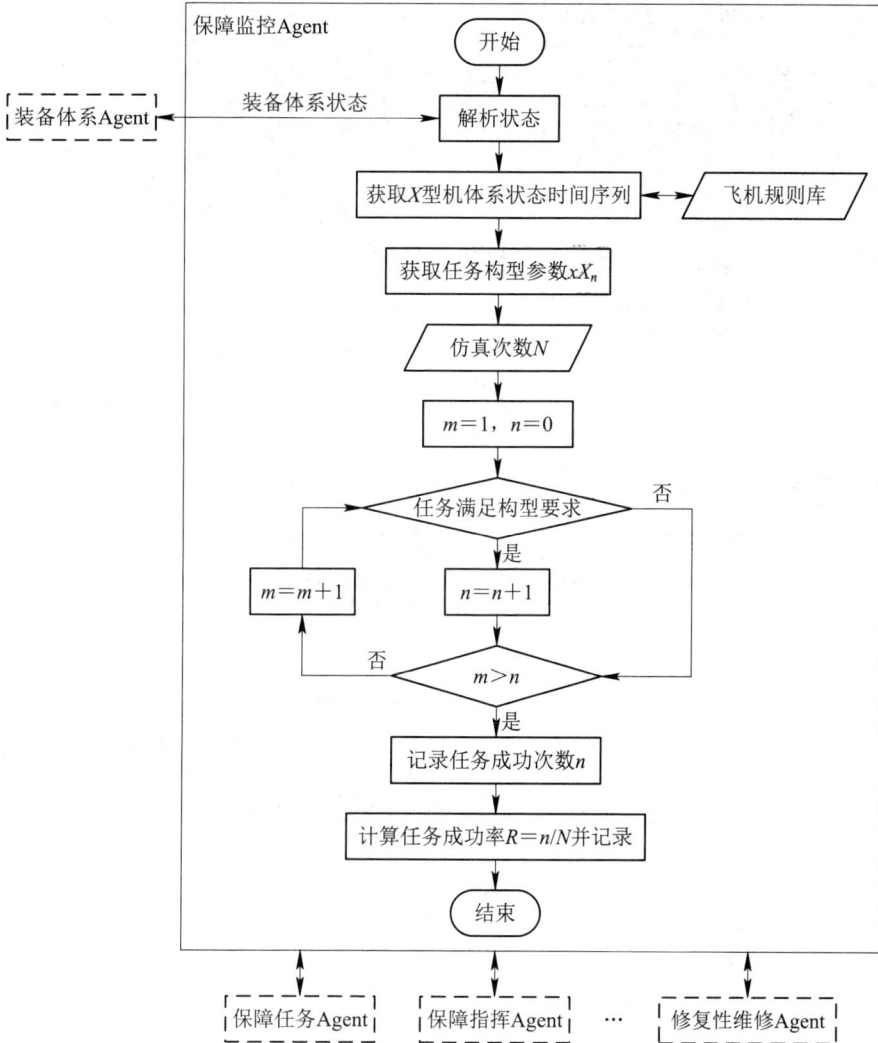

图 4.15　保障监控 Agent 算法

(6) 维修模型。针对不同装备体系状态和监控指标设计维修模型，维修模型设计是 Action 组织维修活动与调配保障资源的载体。Action 维修模型如图 4.16 所示。多阶段任务系统(Phased Mission System，PMS)的 State$_i$ 阶段要求的装备构型为 k/n，即要求某型飞机 n 架中至少 k 架正常工作，则当第($n-k-1$)架不能正常执行任务之前，采用行为选择函数 Action()生成的第一种维修保障方案；当第($n-k$)架不能正常执行任务时，采用行为选择函数 Action()生成的第二种维修保障方案；当第($n-k+1$)架不能正常执行任务时，保障任务失败，启动应急预案。

以修复性维修 Agent 为例，其功能是实施各种修复性维修，接收 AgentBZZH 指令后，实施修复性维修活动，修复性维修 Agent 算法如图 4.17 所示。

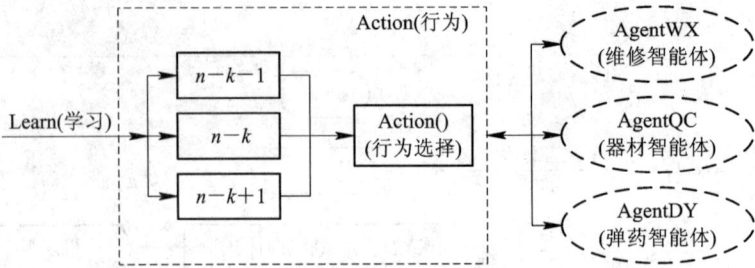

图 4.16　维修模型

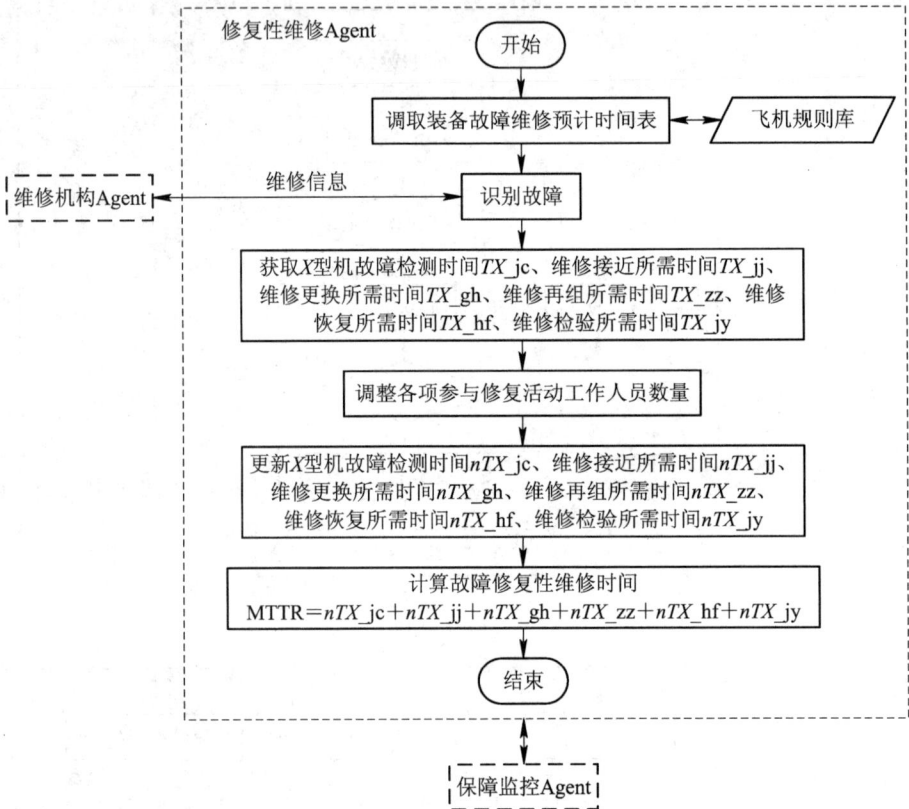

图 4.17　修复性维修 Agent 算法

　　智能体的设计在流程和方法上类似，区别在于功能与智能化要求，输入与输出、交互 Agent 设计，内部实现则主要体现在学习算法和行为模型的不同。

4.3　体系保障性多 Agent 仿真实现

4.3.1　仿真交互设计

　　ABMS(Agent-Based Modeling and Simulation)是基于个体、自底向上、从个别到整体地研究复杂系统涌现行为的建模与仿真，本节在设计各 Agent 功能与交互的基础上探索基于多阶段任务的航空装备体系保障性涉及的多要素监控、调配与优化。作战任务下达后，AgentBZRW 解析任务阶段矩阵、阶段转换时序和保障要求构型；AgentBZJK 计算航空装备体系保障性指标 R_{rrsos}、A_{osos} 和 R_{mcsos}；AgentBZZH 判断当前任务阶段飞机强度是否满足，组织维修保障，根据保障性指标值调整维修保障方案；最后，判断任务是否完成，完成则维修保障结束，计算体系任务成功率。仿真实验 Agent 交互框架如图 4.18 所示。

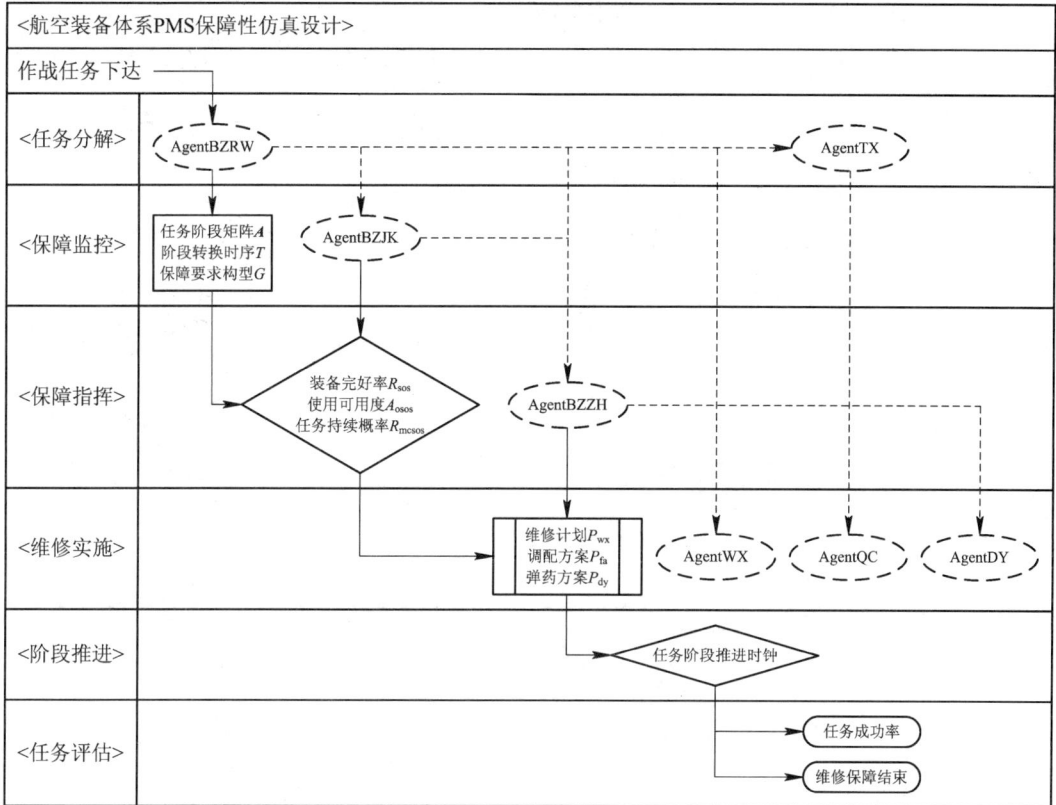

图 4.18 仿真实验 Agent 交互框架

首先对仿真流程作如下假定：

(1) 考虑装备单元自身原因导致的故障，不考虑受到攻击产生的损伤；

(2) 维修场景只考虑连续保障，不考虑保障过程中断等待任务转进情况；

(3) 在维修过程中只考虑修复性维修，不考虑预防性维修，且修旧如新；

(4) 不考虑装备单元进入和离开作战区域的时间，装备单元同时进入战斗，故障装备单元经维修立即返回备份状态；

(5) 同机型之间无差别，即不考虑同机型故障产生顺序；

(6) 各装备单元处于热备份状态，即装备单元发生故障时备份单元立即接替进入战斗状态。

具体仿真步骤如图 4.19 所示。

步骤 1：任务阶段划分，确定任务阶段 Stage$_i$ 及其对应的时间节点；

步骤 2：Stage$_i$ 内，确定飞机任务强度和飞机工作时间；

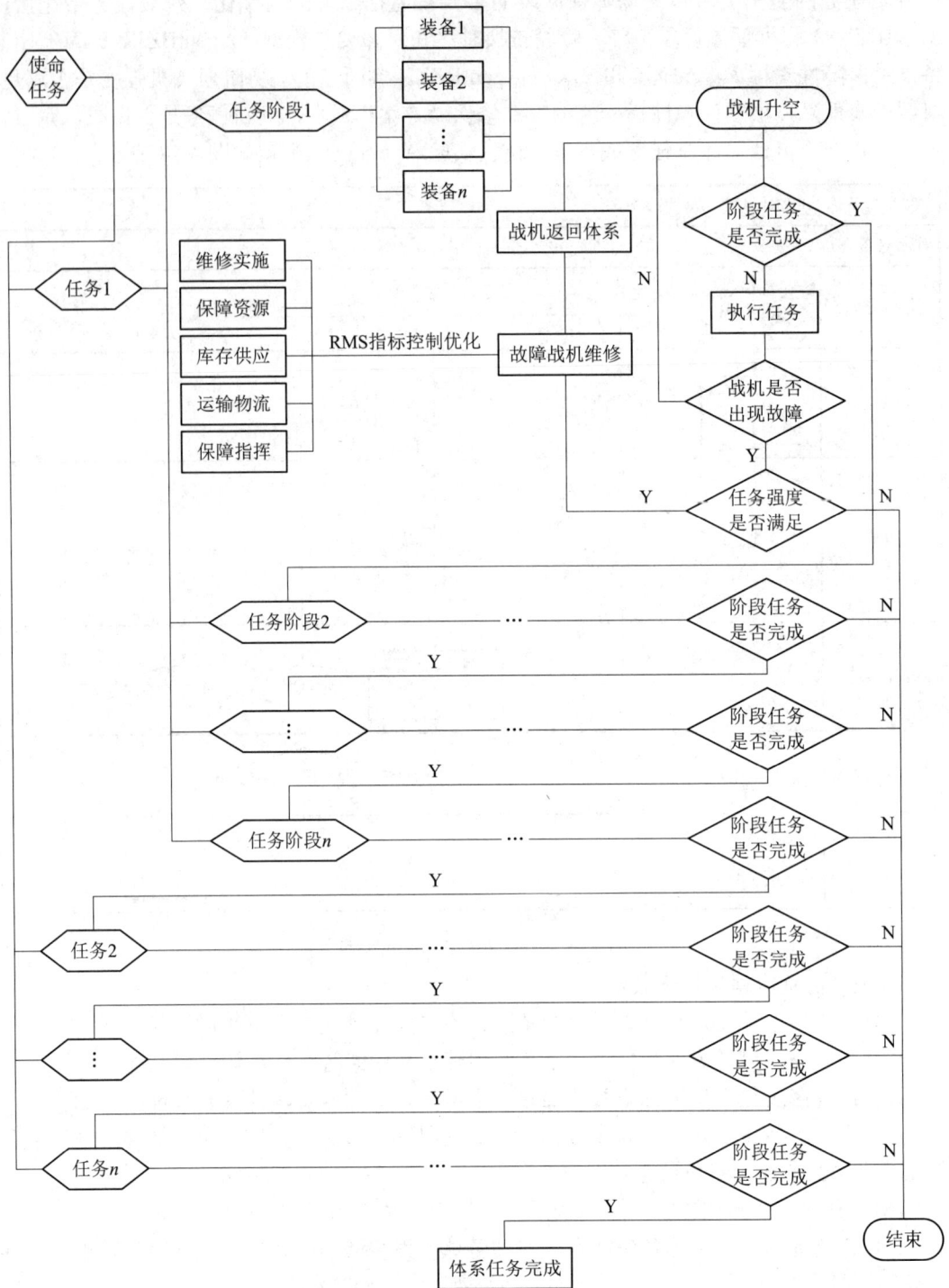

图 4.19　仿真实施步骤

步骤 3：Stage$_i$ 内，针对每架飞机分别产生一组服从正态分布的故障数据、维修时间数据和备件延误时间数据；

步骤 4：对每架飞机，计算任务阶段时间及其可以正常工作的时间及故障时间；

步骤 5：Stage$_i$ 内，判断维修保障活动能否满足任务强度的要求，如果可以满足，则阶段任务完成，否则阶段任务失败；

步骤 6：判断阶段任务是否完成，如果任务完成，转入下一阶段任务；

步骤 7：重复步骤 1～步骤 6，直至所有阶段任务完成；

步骤 8：重复步骤 1～步骤 7，直至所有子任务完成；

步骤 9：重复步骤 1～步骤 8，作 N 次独立重复抽样，得到 N 组仿真数据，计算整个任务过程的 R_{rrsos}、A_{osos} 和 R_{mcsos}。

4.3.2　仿真计算分析

以体系任务成功率计算为例，对各主要 Agent 模型进行实例化，进行仿真计算。初始输入数据如表 4.4 所示。

表 4.4　仿真计算初始输入

机型	A	B	C	D	E
数量/架	3	10	16	8	6
滞空时间/min	210	210	90	180	210
第一阶段任务时间/min	12	—	12	—	—
第一阶段构型要求(k/n)	1/2	—	5/8	—	—
第二阶段任务时间/min	8	—	8	8	—
第二阶段构型要求(k/n)	1/2	—	7/10	4/6	—
第三阶段任务时间/min	6	6	6	6	6
第三阶段构型要求(k/n)	2/3	7/10	10/16	6/8	2/3
MTBF 正态分布参数	[300 20]	[330 25]	[200 30]	[300 50]	[350 30]
MTTR 正态分布参数	[10 2]	[6 2]	[5 1]	[7 2]	[8 2]

1. Agent 功能界面

Agent 功能界面在 MATLAB 2019b 上实现，使用 MATLAB 可视化界面设计(GUI)，由已知数据输入、运行处理数据和运行结果展示三个模块组成，主要包括保障任务 Agent、飞机选取 Agent、保障指挥 Agent、装备体系 Agent、保障监控 Agent、修复性维修 Agent，如图 4.20～图 4.25 所示。

保障任务**Agent**

下一步

机型参数设置

○A型机参数

○B型机参数

○C型机参数

○D型机参数

＊E型机参数

上一步　　　　　　　下一步

A型机参数设置

任务阶段时间分配

第一阶段任务时间：　第二阶段任务时间：　第三阶段任务时间：

12　　　　　8　　　　　6

飞机参数设置

飞机滞空时间：　　飞机任务转换时间：

3.5　　　　　0.5

各任务阶段批次所需飞机数量：

第一阶段：　　第二阶段：　　第三阶段：

1　　　　1　　　　2

各任务阶段指标：

第一阶段：　　第二阶段：　　第三阶段：

1/2　　　　1/2　　　　2/3

上一步　　　　　　　下一步

B型机参数设置

任务阶段时间分配

第一阶段任务时间：　第二阶段任务时间：　第三阶段任务时间：

0　　　　　0　　　　　6

飞机参数设置

飞机滞空时间：　　飞机任务转换时间：

3　　　　　0.5

各任务阶段批次所需飞机数量：

第一阶段：　　第二阶段：　　第三阶段：

0　　　　0　　　　7

各任务阶段指标：

第一阶段：　　第二阶段：　　第三阶段：

7/10　　　　7/10　　　　7/10

上一步　　　　　　　下一步

C型机参数设置

任务阶段时间分配

第一阶段任务时间：　第二阶段任务时间：　第三阶段任务时间：

12　　　　　8　　　　　6

飞机参数设置

飞机滞空时间：　　飞机任务转换时间：

1.5　　　　　1/3

各任务阶段批次所需飞机数量：

第一阶段：　　第二阶段：　　第三阶段：

5　　　　7　　　　10

各任务阶段指标：

第一阶段：　　第二阶段：　　第三阶段：

5/8　　　　7/10　　　　10/16

上一步　　　　　　　下一步

D型机参数设置

任务阶段时间分配

第一阶段任务时间：　第二阶段任务时间：　第三阶段任务时间：

0　　　　　8　　　　　6

飞机参数设置

飞机滞空时间：　　飞机任务转换时间：

3　　　　　0.5

各任务阶段批次所需飞机数量：

第一阶段：　　第二阶段：　　第三阶段：

0　　　　4　　　　6

各任务阶段指标：

第一阶段：　　第二阶段：　　第三阶段：

5/8　　　　4/6　　　　6/8

上一步　　　　　　　下一步

E型机参数设置

任务阶段时间分配

第一阶段任务时间：　第二阶段任务时间：　第三阶段任务时间：

0　　　　　0　　　　　6

飞机参数设置

飞机滞空时间：　　飞机任务转换时间：　　机载油量：

3.5　　　　　　　　　　　34

油耗/h：　　　降落余油/吨：

4　　　　　7.5

各任务阶段指标：

第一阶段：　　第二阶段：　　第三阶段：

0　　　　0　　　　2/3

数据存储　　　　关闭界面　　　上一步　　　　　　　下一步

准备出动机型数量参数

	1	2	3	4	5
	机型	第一阶段	第二阶段	第三阶段	出动数量
2	A	4	4	6	6
3	B	0	0	20	20
4	C	16	20	32	32
5	D	0	12	16	16
6	E	0	0	6	6
7	总数	20	36	36	80

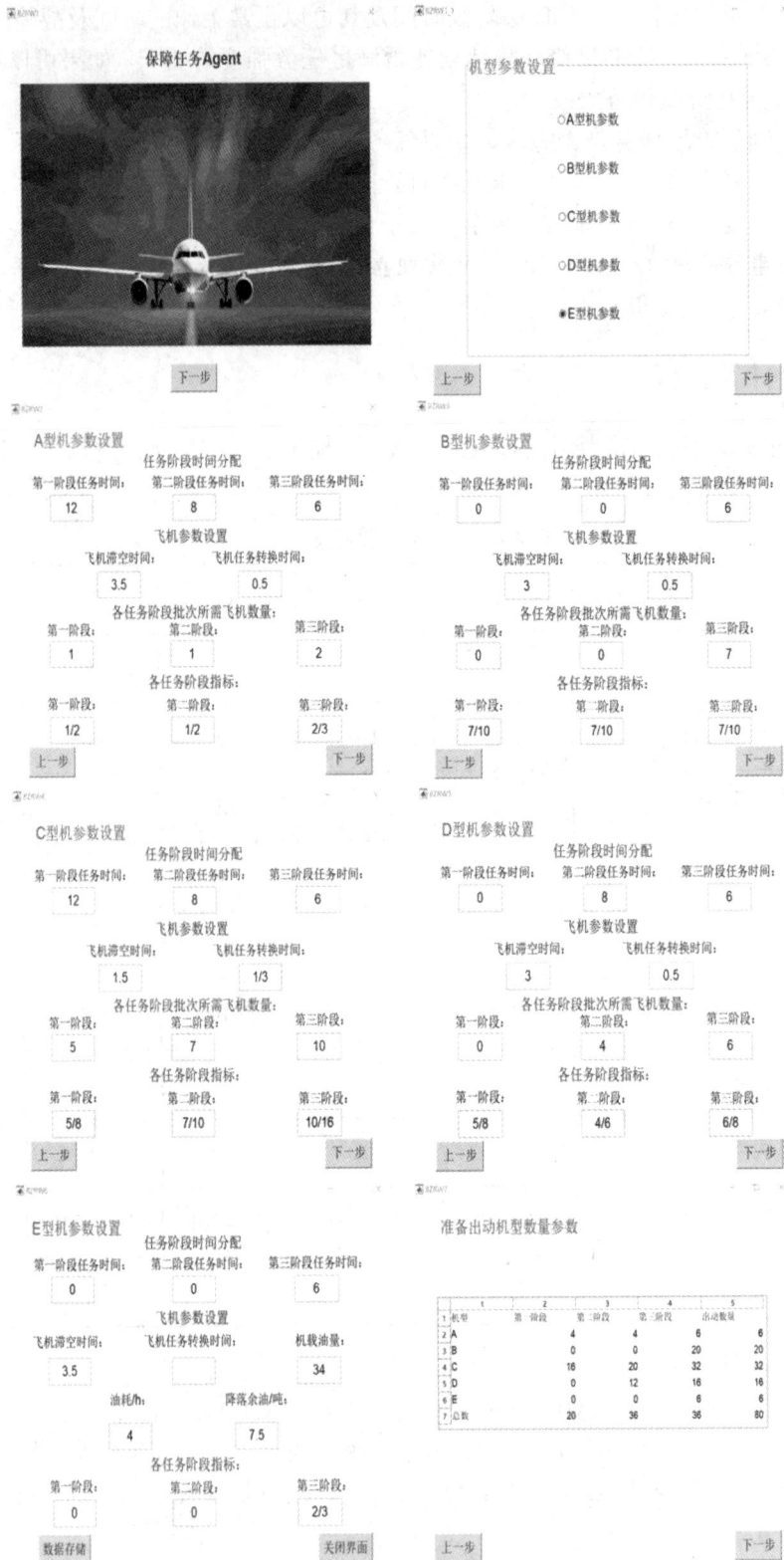

图 4.20　保障任务 Agent

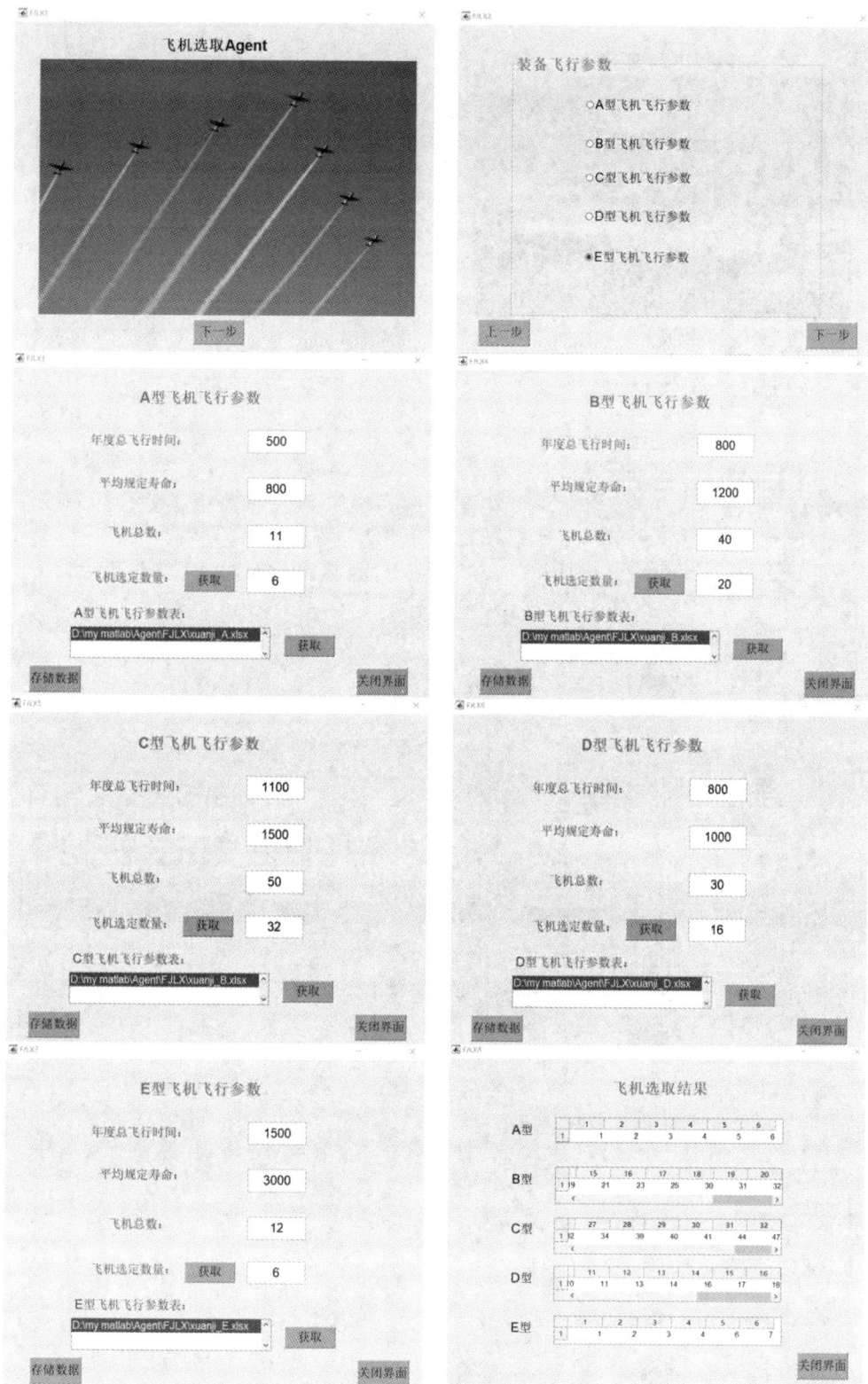

图 4.21　飞机选取 Agent

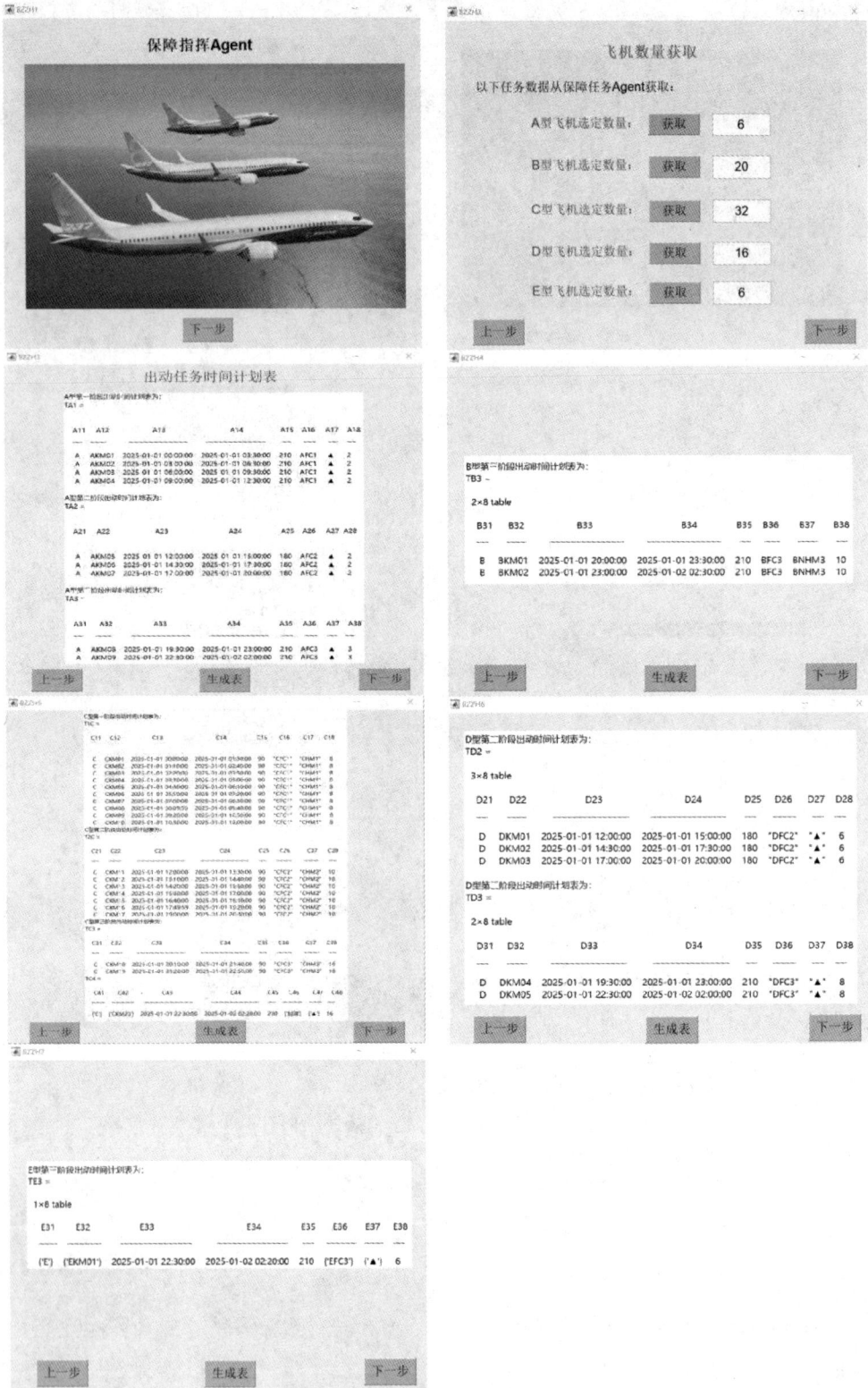

图 4.22　保障指挥 Agent—出动计划

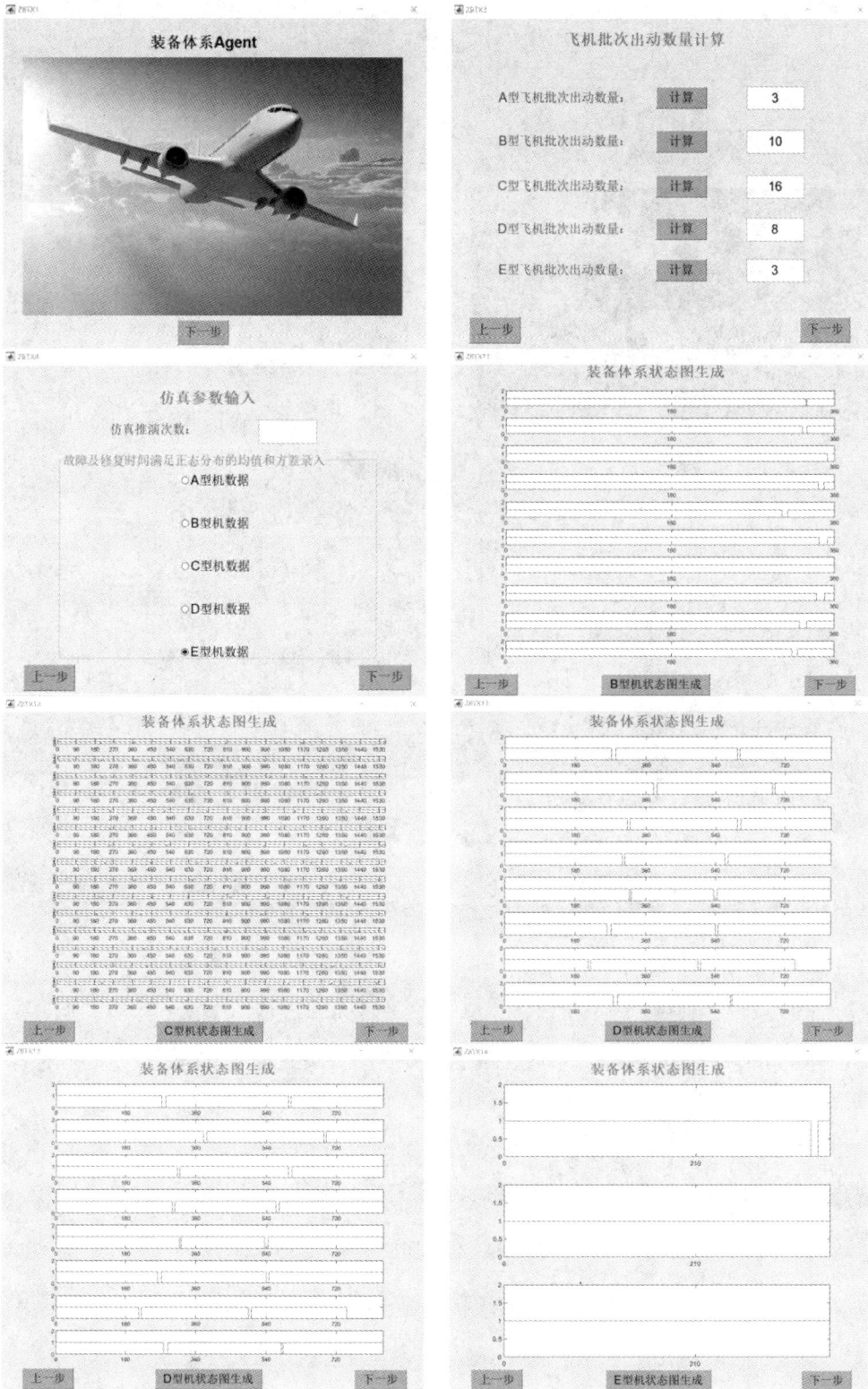

图 4.23　装备体系 Agent

图 4.24　保障监控 Agent

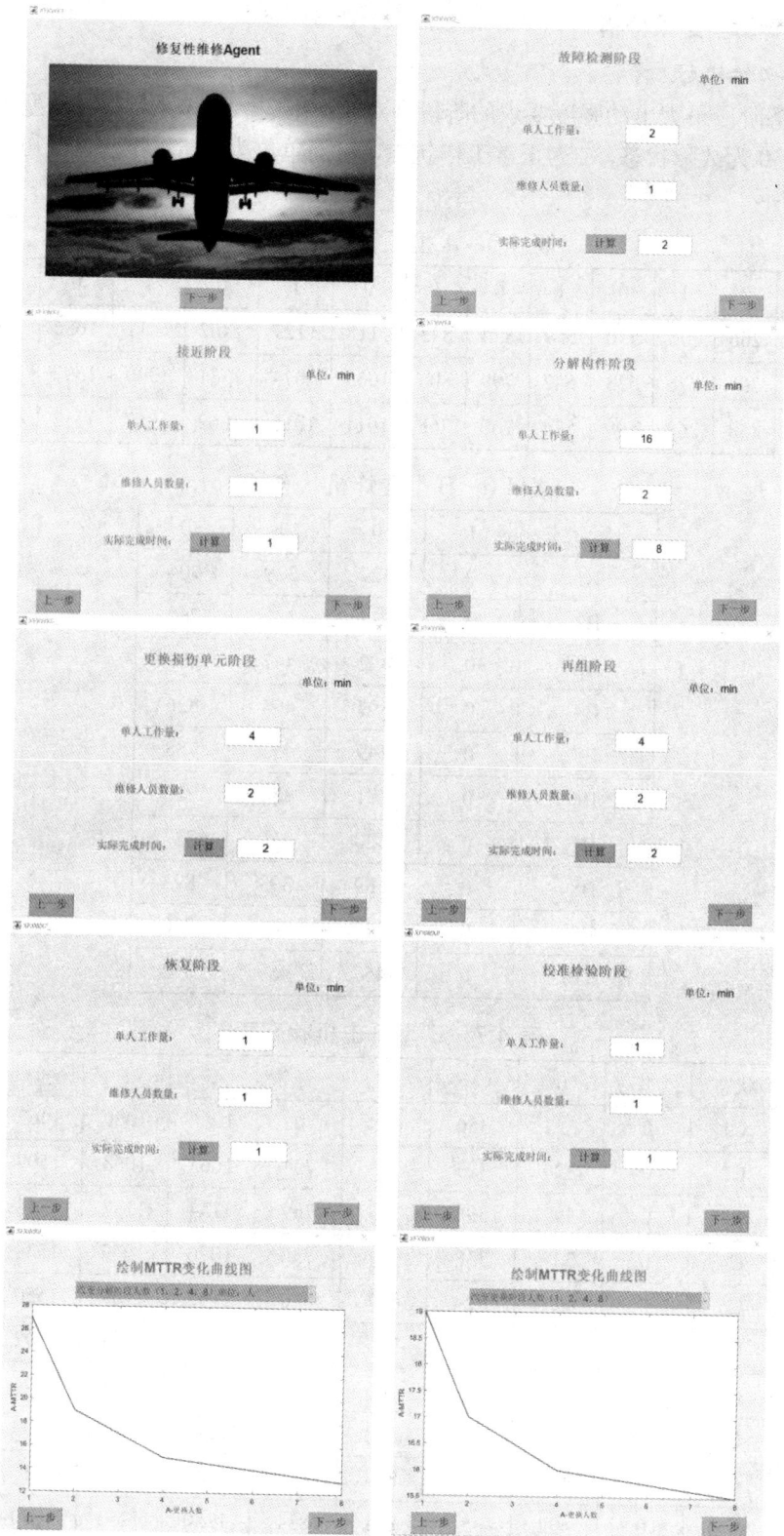

图 4.25 修复性维修 Agent

2. 仿真计算与结果分析

1) 飞机初始状态

以各任务阶段最大出动强度要求的阶段为对象，生成装备体系状态。各型飞机状态取值为 0 或 1，0 为故障状态，1 为正常工作状态，时间单位为 min。各型飞机初始状态如表 4.5～表 4.9 所示。

表 4.5　A 型预警机状态表

状态	1	0	1	0	1	0	1	0	1	0	1	0	1	0
A1	0	266	275	550	559	834	843	1118	1127	1402	1411	1686	1695	1970
A2	0	267	276	533	542	799	808	1065	1074	1331	1340	1597	1606	1863
A3	0	258	263	509	514	760	765	1011	1016	1262	1267	1513	1518	1764

表 4.6　B 型轰炸机状态表

飞机状态	1	0	1	0
B1	0	327	329	704
B2	0	317	322	760
B3	0	442	447	837
B4	0	397	404	826
B5	0	449	453	788
B6	0	381	384	726
B7	0	320	325	727
B8	0	389	393	892
B9	0	359	364	730
B10	0	457	459	862

表 4.7　C 型歼击机状态表

状态	1	0	1	0	1	0	1	0
C1	0	353	356	698	702	1056	1060	1462
C2	0	320	323	700	704	1065	1068	1509
C3	0	392	396	766	769	1134	1137	1518
C4	0	337	338	734	738	1076	1079	1534
C5	0	421	424	817	820	1167	1169	1550
C6	0	389	392	751	755	1216	1221	1592
C7	0	453	457	760	763	1143	1145	1594
C8	0	404	407	812	816	1177	1181	1603
C9	0	447	451	823	827	1240	1243	1611
C10	0	452	454	831	834	1250	1252	1650
C11	0	427	429	861	864	1291	1294	1661

续表

状态	1	0	1	0	1	0	1	0
C12	0	392	394	768	772	1227	1230	1724
C13	0	487	491	949	951	1350	1353	1731
C14	0	524	527	919	922	1300	1302	1732
C15	0	390	394	868	871	1317	1319	1751
C16	0	447	450	881	887	1309	1313	1760

表 4.8　D 型电子战飞机状态表

状态	1	0	1	0	1	0
D1	0	310	316	622	628	857
D2	0	271	279	531	535	859
D3	0	303	310	599	607	891
D4	0	270	277	596	600	918
D5	0	280	291	639	647	947
D6	0	340	348	638	646	982
D7	0	340	350	651	658	1011
D8	0	360	364	809	816	1187

表 4.9　E 型加油机状态表

飞机状态	1	0	1	0
E1	0	396	404	722
E2	0	357	364	688
E3	0	456	462	805

2) 机型敏感性分析

(1) A 型预警机。

对 A 型预警机基本作战单元任务场景进行仿真数据敏感性分析，将 A 型预警机平均故障间隔时间(MTBF)、平均修复时间(MTTR)服从的正态分布均值进行调整，以任务成功率为输出指标，分别进行仿真 30 次，调整步长及计算结果如表 4.10～表 4.12 所示。

表 4.10　A-MTBF 敏感性分析(5%步长调整)

MTBF	300	330	345	360	375	390	405	420	435
任务成功率	48%	52.6%	50.6%	52.6%	51.2%	53%	54%	55%	53%
变化幅度	—	8.7%	-3.8%	3.9%	-2.7%	3.5%	1.9%	1.9%	-3.6%
MTBF	450	480	495	510	525	540	555	570	585
任务成功率	55%	54%	59%	57%	61%	60%	67%	65%	69%
变化幅度	3.8%	-3.6%	9.2%	-3.4%	7.0%	-1.6%	11.7%	-3.0%	6.2%

表 4.11　A-MTTR 敏感性分析(5%步长调整)

MTTR	10	10.5	11	11.5	12	12.5	13	13.5	14	14.5
任务成功率	48%	51%	46%	46%	48%	43%	41%	42%	41%	42%
变化幅度	—	6.3%	−9.8%	0%	4.3%	−10.4%	−4.7%	2.4%	−2.4%	2.4%
MTTR	15	15.5	16	16.5	17	17.5	18	18.5	19	19.5
任务成功率	42%	41%	41%	37%	33%	33%	34%	31%	29%	27%
变化幅度	0%	−2.4%	0%	−9.8%	−10.8%	0%	3.0%	−8.8%	−6.4%	−6.9%

表 4.12　A-MTBF(5%步长调整)、A-MTTR(20%步长调整)综合敏感性分析

A-MTTR=10	MTBF	300	315	330	345	360	375	390	405	420	435
	任务成功率	48%	48.4%	52.6%	50.6%	52.6%	51.2%	53%	54%	55%	53%
	MTBF	450	465	480	495	510	525	540	555	570	585
	任务成功率	55%	56%	54%	59%	57%	61%	60%	67%	65%	69%
A-MTTR=12	MTBF	300	315	330	345	360	375	390	405	420	435
	任务成功率	44%	47%	49%	48%	50%	52%	50%	53%	53%	51%
	MTBF	450	465	480	495	510	525	540	555	570	585
	任务成功率	50%	53%	55%	57%	55%	54%	57%	62%	67%	66%
A-MTTR=14	MTBF	300	315	330	345	360	375	390	405	420	435
	任务成功率	42%	43%	45%	44%	50%	49%	50%	51%	52%	51%
	MTBF	450	465	480	495	510	525	540	555	570	585
	任务成功率	50%	52%	54%	55%	55%	52%	58%	58%	65%	63%
A-MTTR=16	MTBF	300	315	330	345	360	375	390	405	420	435
	任务成功率	39%	41%	41%	43%	45%	47%	47%	50%	49%	51%
	MTBF	450	465	480	495	510	525	540	555	570	585
	任务成功率	52%	53%	50%	52%	54%	52%	59%	58%	61%	61%
A-MTTR=18	MTBF	300	315	330	345	360	375	390	405	420	435
	任务成功率	37%	38%	37%	43%	44%	45%	44%	44%	46%	49%
	MTBF	450	465	480	495	510	525	540	555	570	585
	任务成功率	50%	52%	53%	53%	55%	57%	58%	58%	59%	63%

　　通过对数据进行拟合,得到 A 型预警机装备体系任务成功率敏感性分析图,如图 4.26 所示。

　　结果表明:当 MTBF 服从的均值增加时,故障发生时间增加,体系任务成功率呈现上升趋势,从初始的 48%上升至 69%,当 MTBF = 585 时,任务成功率最高,达到 69%;当 MTTR 服从的均值增加时,维修时间逐步增加,体系任务成功率呈现下降趋势,从初

始的 48%下降至 27%，当 MTTR = 19.5 时，任务成功率最低，为 27%；对 MTBF、MTTR
服从的均值同时进行调整，当[MTBF，MTTR]取值[300，18]时，任务成功率取最小值 37%，
当[MTBF，MTTR]取值[585，10]时，任务成功率取最大值 69%。

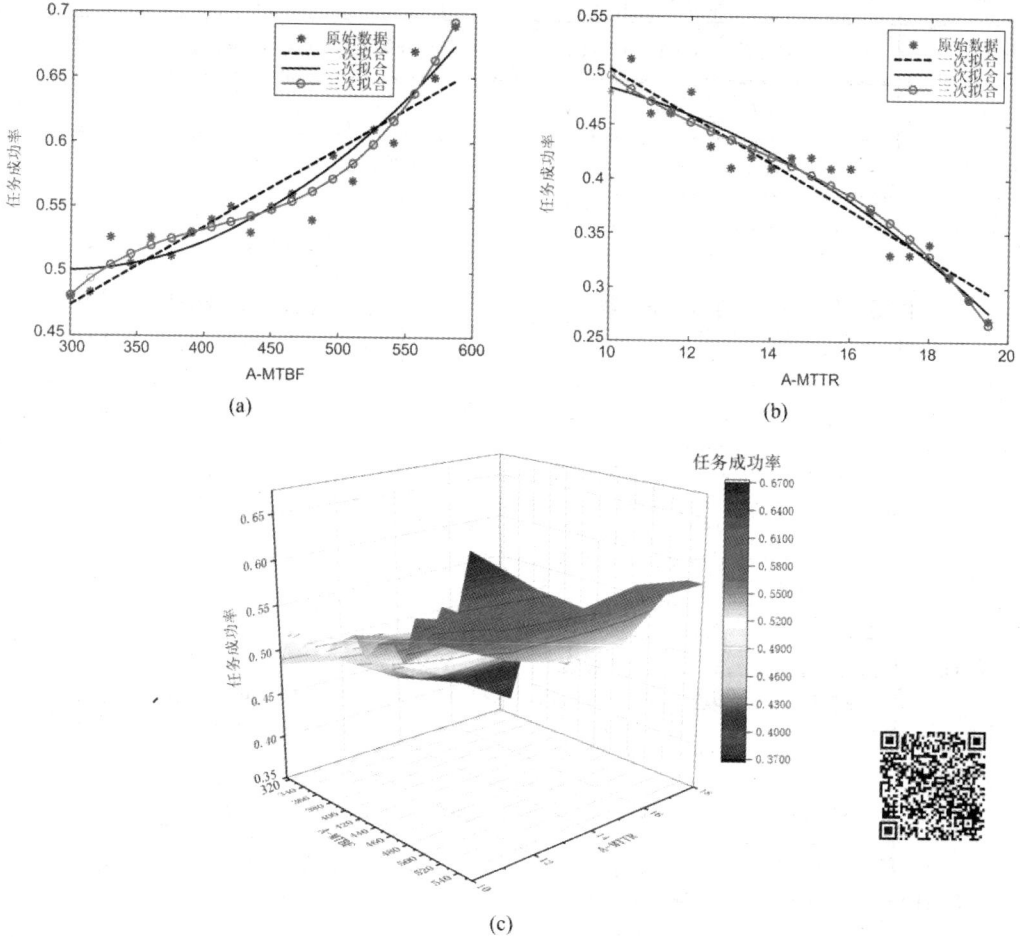

(a)

(b)

(c)

图 4.26　A 型机任务成功率敏感性分析

(2) B 型轰炸机。

对 B 型轰炸机基本作战单元任务场景进行仿真数据敏感性分析，将 B 型轰炸机平均故
障间隔时间(MTBF)、平均修复时间(MTTR)服从的正态分布均值进行调整，以任务成功率
为输出指标，分别进行仿真 30 次，调整步长及计算结果如表 4.13～表 4.15 所示。

表 4.13　B-MTBF 敏感性分析(5%步长调整)

MTBF	330	346.5	363	379.5	396	412.5	429	445.5	462	478.5
任务成功率	48%	51%	49%	49%	48%	48%	51%	54%	54%	55%
变化幅度	—	6.3%	−3.9%	0%	−2.0%	0%	6.3%	5.9%	0%	1.9%
MTBF	495	511.5	528	544.5	561	577.5	594	610.5	627	643.5
任务成功率	56%	56%	56%	57%	59%	50%	56%	56%	55%	57%
变化幅度	1.8%	0%	0%	1.8%	3.5%	−15.3%	12%	0%	−1.8%	3.6%

表 4.14　B-MTTR 敏感性分析(5%步长调整)

MTTR	6	6.3	6.6	6.9	7.2	7.5	7.8	8.1	8.4	8.7
任务成功率	48%	45%	44%	47%	43%	43%	43%	42%	45%	43%
变化幅度	—	−6.3%	−2.2%	6.8%	−8.5%	0%	0%	−2.3%	7.1%	−4.4%
MTTR	9	9.3	9.6	9.9	10.2	10.5	10.8	11.1	11.4	11.7
任务成功率	47%	42%	42%	43%	42%	43%	42%	40%	42%	42%
变化幅度	9.3%	−10.6%	0%	2.4%	−2.3%	2.4%	−2.3%	−4.8%	5.0%	0%

表 4.15　B-MTBF(5%步长调整)、B-MTTR(20%步长调整)综合敏感性分析

B-MTTR=6	MTBF	330	346.5	363	379.5	396	412.5	429	445.5	462	478.5
	任务成功率	48%	51%	49%	49%	48%	48%	51%	54%	54%	55%
	MTBF	495	511.5	528	544.5	561	577.5	594	610.5	627	643.5
	任务成功率	56%	56%	56%	57%	55%	56%	56%	56%	55%	57%
B-MTTR=8	MTBF	330	346.5	363	379.5	396	412.5	429	445.5	462	478.5
	任务成功率	46%	47%	47%	49%	46%	49%	50%	53%	54%	53%
	MTBF	495	511.5	528	544.5	561	577.5	594	610.5	627	643.5
	任务成功率	54%	56%	54%	58%	57%	56%	56%	54%	55%	56%
B-MTTR=10	MTBF	330	346.5	363	379.5	396	412.5	429	445.5	462	478.5
	任务成功率	43%	46%	46%	48%	48%	48%	50%	52%	53%	54%
	MTBF	495	511.5	528	544.5	561	577.5	594	610.5	627	643.5
	任务成功率	53%	54%	53%	53%	55%	55%	54%	53%	54%	55%
B-MTTR=12	MTBF	330	346.5	363	379.5	396	412.5	429	445.5	462	478.5
	任务成功率	42%	46%	46%	47%	47%	46%	48%	50%	51%	52%
	MTBF	495	511.5	528	544.5	561	577.5	594	610.5	627	643.5
	任务成功率	53%	53%	55%	56%	53%	55%	56%	56%	56%	55%
B-MTTR=14	MTBF	330	346.5	363	379.5	396	412.5	429	445.5	462	478.5
	任务成功率	40%	45%	44%	45%	47%	47%	47%	48%	51%	49%
	MTBF	495	511.5	528	544.5	561	577.5	594	610.5	627	643.5
	任务成功率	50%	53%	54%	53%	53%	52%	55%	54%	55%	56%

通过对数据进行拟合，得到 B 型轰炸机体系任务成功率敏感性分析图，如图 4.27 所示。

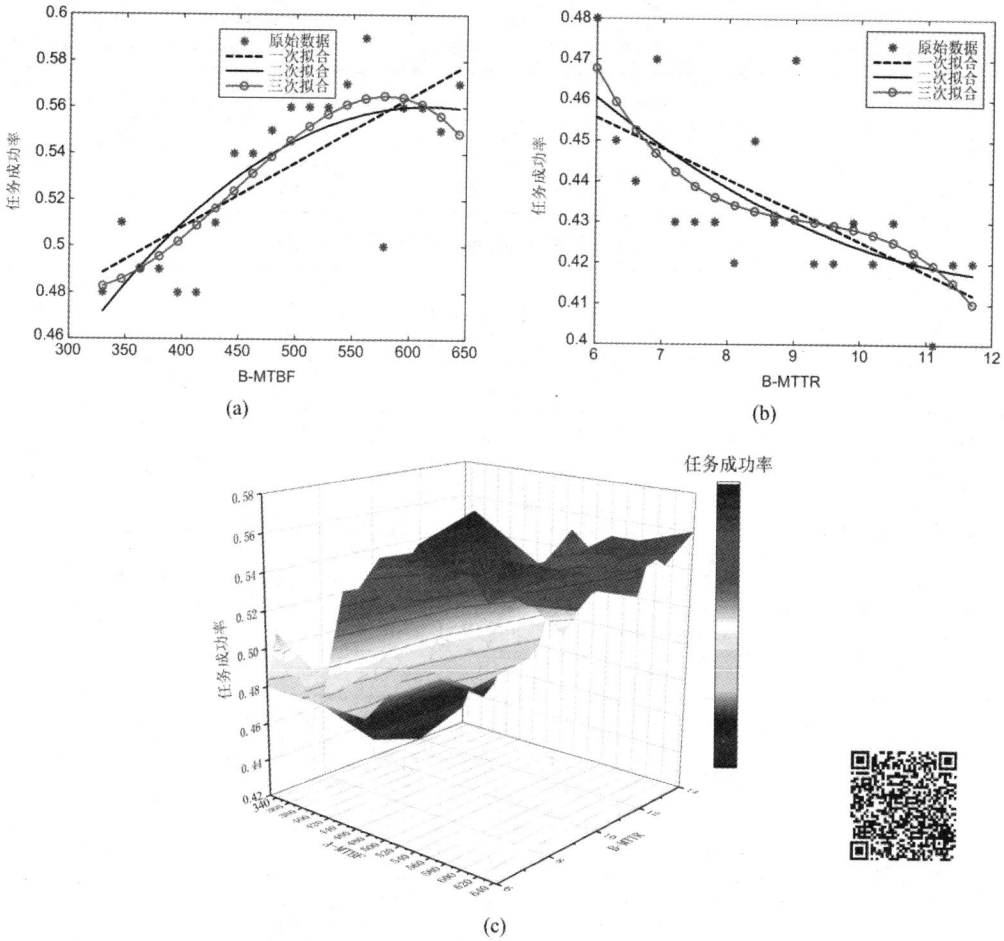

图 4.27　B 型机任务成功率敏感性分析

结果表明：当 MTBF 服从的均值增加时，故障发生时间增加，体系任务成功率呈现上升趋势，从 48% 上升至 57%，当 MTBF = 561，任务成功率最高，达到 59%；当 MTTR 服从的均值增加时，设备维修时间逐步增加，体系任务成功率呈现下降趋势，从 48% 下降至 42%，当 MTTR = 11.1 时，任务成功率最低，为 40%；对 MTBF、MTTR 服从的均值同时进行调整，当 [MTBF，MTTR] 取值 [330，14] 时，任务成功率取最小值 40%，当 [MTBF，MTTR] 取值 [643.5，6] 时，任务成功率取最大值 57%。

(3) C 型歼击机。

对 C 型歼击机基本作战单元任务场景进行仿真数据敏感性分析，将 C 型歼击机平均故障间隔时间 (MTBF)、平均修复时间 (MTTR) 服从的正态分布均值进行调整，以任务成功率为输出指标，分别进行仿真 30 次，调整步长及计算结果如表 4.16～表 4.18 所示。

表 4.16 C-MTBF 敏感性分析(5%步长调整)

MTBF	200	210	220	230	240	250	260	270	280	290
任务成功率	48%	51%	48%	50%	53%	53%	51%	50%	52%	50%
变化幅度	—	6.25%	−5.9%	4.2%	6%	0%	−3.8%	−2.0%	4%	−3.8%
MTBF	300	310	320	330	340	350	360	370	380	390
任务成功率	50%	51%	53%	53%	51%	52%	52%	51%	57%	56%
变化幅度	0%	2%	3.9%	0%	−3.8%	2.0%	0%	−1.9%	11.8%	−1.8%

表 4.17 C-MTTR 敏感性分析(5%步长调整)

MTTR	5	5.25	5.5	5.75	6	6.25	6.5	6.75	7	7.25
任务成功率	48%	47%	45%	47%	42%	39%	38%	30%	27%	28%
变化幅度	—	−2.1%	−4.3%	4.4%	−10.6%	−7.1%	−2.6%	−21.1%	−10%	3.7%
MTTR	7.5	7.75	8	8.25	8.5	8.75	9	9.25	9.5	9.75
任务成功率	19%	17%	13%	15%	11%	9%	7%	7%	5%	5%
变化幅度	−32.1%	−10.5%	−23.5%	15.4%	−26.7%	−18.2%	−22.2%	0%	−28.6%	0%

表 4.18 C-MTBF(5%步长调整)、C-MTTR(20%步长调整)综合敏感性分析

C-MTTR=5	MTBF	200	210	220	230	240	250	260	270	280	290
	任务成功率	48%	51%	48%	50%	53%	53%	51%	50%	52%	50%
	MTBF	300	310	320	330	340	350	360	370	380	390
	任务成功率	50%	51%	53%	53%	51%	52%	52%	51%	57%	57%
C-MTTR=6	MTBF	200	210	220	230	240	250	260	270	280	290
	任务成功率	44%	46%	45%	47%	48%	48%	47%	49%	49%	50%
	MTBF	300	310	320	330	340	350	360	370	380	390
	任务成功率	49%	50%	52%	52%	48%	50%	49%	51%	53%	55%
C-MTTR=7	MTBF	200	210	220	230	240	250	260	270	280	290
	任务成功率	37%	37%	39%	40%	44%	45%	45%	48%	47%	49%
	MTBF	300	310	320	330	340	350	360	370	380	390
	任务成功率	51%	49%	50%	51%	52%	50%	50%	51%	52%	54%
C-MTTR=8	MTBF	200	210	220	230	240	250	260	270	280	290
	任务成功率	35%	36%	36%	38%	37%	40%	42%	45%	44%	47%
	MTBF	300	310	320	330	340	350	360	370	380	390
	任务成功率	48%	48%	49%	51%	52%	51%	52%	52%	53%	53%
C-MTTR=9	MTBF	200	210	220	230	240	250	260	270	280	290
	任务成功率	30%	32%	33%	35%	35%	38%	39%	40%	43%	45%
	MTBF	300	310	320	330	340	350	360	370	380	390
	任务成功率	45%	47%	48%	48%	50%	50%	51%	52%	52%	52%

通过对数据进行拟合，得到 C 型歼击机体系任务成功率敏感性分析图，如图 4.28 所示。

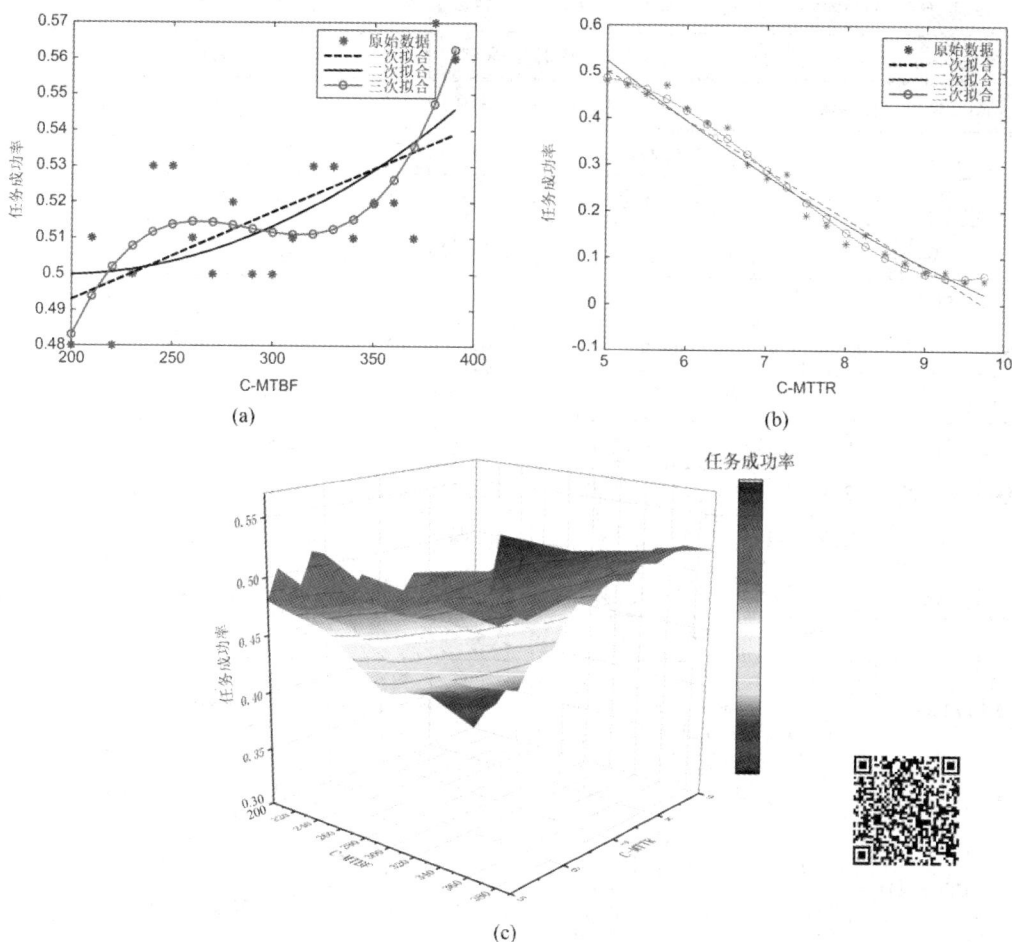

图 4.28　C 型机任务成功率敏感性分析

结果表明：当 MTBF 服从的均值增加时，设备故障发生时间增加，体系任务成功率呈现上升趋势，从 48%上升至 56%，当 MTBF = 380 时，任务成功率最高，达 57%；当 MTTR 服从的均值增加时，设备维修时间逐步增加，装备体系任务成功率呈现下降趋势，从 48% 下降至 5%，当 MTTR = 9.75 时任务成功率最低，为 5%；对 MTBF、MTTR 服从的均值同时进行调整，当[MTBF，MTTR]取值[200，9]时，任务成功率取最小值 30%，当[MTBF，MTTR]取值[390，5]时，任务成功率取最大值 57%。

(4) D 型电子战飞机。

对 D 型电子战飞机基本作战单元任务场景进行仿真数据敏感性分析，将 D 型电子战飞机平均故障间隔时间(MTBF)、平均修复时间(MTTR)服从的正态分布均值进行步长调整，以任务成功率为输出指标，分别进行仿真 30 次，调整步长及计算结果如表 4.19～表 4.21 所示。

表 4.19　D-MTBF 敏感性分析(5%步长调整)

MTBF	300	315	330	345	360	375	390	405	420	435
任务成功率	48%	51%	48%	53%	58%	64%	68%	73%	75%	72%
变化幅度	—	6.3%	−5.9%	10.4%	9.4%	10.3%	6.3%	7.4%	2.7%	−4.0%
MTBF	450	465	480	495	510	525	540	555	570	585
任务成功率	72%	74%	69%	76%	79%	73%	70%	73%	74%	75%
变化幅度	0%	2.8%	−6.8%	10.1%	3.9%	−7.6%	−4.1%	4.3%	1.4%	1.4%

表 4.20　D-MTTR 敏感性分析(5%步长调整)

MTTR	7	7.35	7.7	8.05	8.4	8.75	9.1	9.45	9.8	10.15
任务成功率	48%	43%	41%	42%	39%	40%	35%	34%	37%	33%
变化幅度	—	−10.4%	−4.7%	2.4%	−7.1%	2.6%	−12.5%	−2.9%	8.8%	−10.8%
MTTR	10.5	10.85	11.2	11.55	11.9	12.25	12.6	12.95	13.3	13.65
任务成功率	32%	28%	34%	32%	26%	23%	18%	20%	20%	19%
变化幅度	−3.0%	−12.5%	21.4%	−5.9%	−18.8%	−11.5%	−21.7%	11.1%	0.0%	−5.0%

表 4.21　D-MTBF(5%步长调整)、D-MTTR(20%步长调整)综合敏感性分析

D-MTTR=7	MTBF	300	315	330	345	360	375	390	405	420	435
	任务成功率	48%	51%	48%	53%	58%	64%	68%	73%	75%	72%
	MTBF	450	465	480	495	510	525	540	555	570	585
	任务成功率	72%	74%	69%	76%	79%	73%	70%	73%	74%	75%
D-MTTR=8.4	MTBF	300	315	330	345	360	375	390	405	420	435
	任务成功率	35%	44%	45%	51%	55%	65%	66%	73%	74%	73%
	MTBF	450	465	480	495	510	525	540	555	570	585
	任务成功率	73%	73%	71%	73%	73%	72%	73%	74%	71%	75%
D-MTTR=9.8	MTBF	300	315	330	345	360	375	390	405	420	435
	任务成功率	29%	35%	41%	50%	54%	60%	60%	68%	72%	70%
	MTBF	450	465	480	495	510	525	540	555	570	585
	任务成功率	71%	72%	71%	72%	73%	70%	73%	70%	70%	72%
D-MTTR=11.2	MTBF	300	315	330	345	360	375	390	405	420	435
	任务成功率	20%	29%	35%	49%	51%	55%	58%	63%	67%	71%
	MTBF	450	465	480	495	510	525	540	555	570	585
	任务成功率	70%	72%	71%	70%	71%	71%	73%	77%	75%	76%
D-MTTR=12.6	MTBF	300	315	330	345	360	375	390	405	420	435
	任务成功率	17%	25%	30%	48%	50%	52%	56%	62%	68%	72%
	MTBF	450	465	480	495	510	525	540	555	570	585
	任务成功率	70%	73%	68%	70%	69%	73%	75%	76%	74%	74%

第四章　基于多 Agent 的航空装备体系保障性建模研究

·91·

通过对数据进行拟合，D 型电子战飞机体系任务成功率敏感性分析如图 4.29 所示。

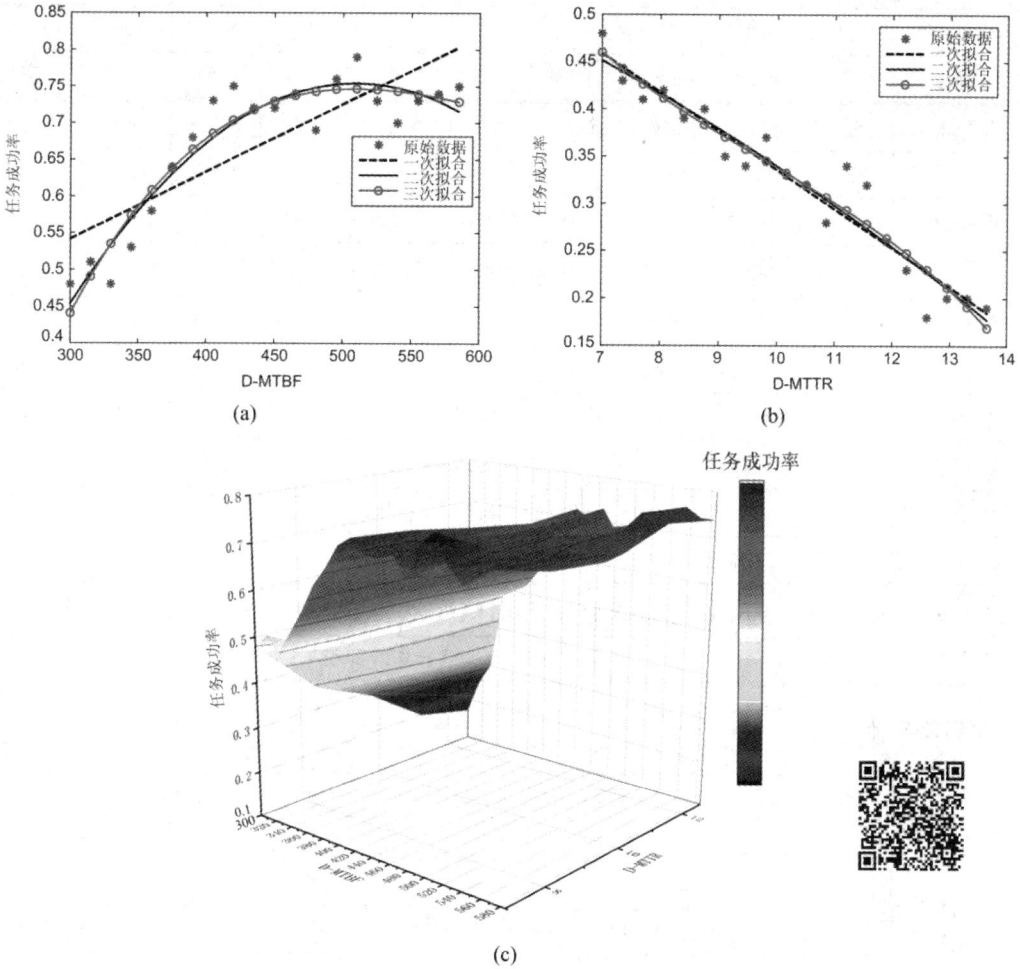

图 4.29　D 型机任务成功率敏感性分析

结果表明：当 MTBF 服从的均值增加时，设备故障发生时间增加，体系任务成功率呈现上升趋势，从 48%上升至 75%，当 MTBF = 510 时，任务成功率最高，达 79%；当 MTTR 服从的均值增加时，设备维修时间逐步增加，体系任务成功率呈现下降趋势，从 48%下降至 19%，当 MTTR = 12.6 时，任务成功率最低，为 18%；对 MTBF、MTTR 服从的均值同时进行调整，当[MTBF，MTTR]取值[300，12.6]时，任务成功率取最小值 17%，当[MTBF，MTTR]取值[510，7]时，任务成功率取最大值 79%。

(5) E 型加油机。

对 E 型加油机基本作战单元进行仿真数据敏感性分析，将 E 型加油机平均故障间隔时间(MTBF)、平均修复时间(MTTR)服从的正态分布均值进行步长调整，以任务成功率为输出指标，分别进行仿真 30 次，调整步长及计算结果如表 4.22～表 4.24 所示。

表 4.22　E-MTBF 敏感性分析(5%步长调整)

MTBF	350	367.5	385	402.5	420	437.5	455	472.5	490	507.5
任务成功率	48%	46%	45%	50%	49%	51%	51%	56%	52%	56%
变化幅度	—	−4.2%	−2.2%	11.1%	−2.0%	4.1%	0.0%	9.8%	−7.1%	7.7%
MTBF	525	542.5	560	577.5	595	612.5	630	647.5	665	682.5
任务成功率	56%	53%	51%	53%	54%	54%	53%	54%	62%	52%
变化幅度	0%	−5.4%	−3.8%	3.9%	1.9%	0.0%	−1.9%	1.9%	14.8%	−16.1%

表 4.23　E-MTTR 敏感性分析(5%步长调整)

MTTR	8	8.4	8.8	9.2	9.6	10	10.4	10.8	11.2	11.6
任务成功率	48%	44%	50%	46%	41%	42%	36%	37%	35%	46%
变化幅度	—	−8.3%	13.6%	−8.0%	−10.9%	2.4%	−14.3%	2.8%	−5.4%	31.4%
MTTR	12	12.4	12.8	13.2	13.6	14	14.4	14.8	15.2	15.6
任务成功率	41%	42%	33%	40%	41%	37%	38%	39%	41%	37%
变化幅度	−10.9%	2.4%	−21.4%	21.2%	2.5%	−9.8%	2.7%	2.6%	5.1%	−9.8%

表 4.24　E-MTBF(5%步长调整)、E-MTTR(20%步长调整)综合敏感性分析

E-MTTR=8	MTBF	350	367.5	385	402.5	420	437.5	455	472.5	490	507.5
	任务成功率	48%	49%	50%	50%	49%	51%	51%	56%	52%	56%
	MTBF	525	542.5	560	577.5	595	612.5	630	647.5	665	682.5
	任务成功率	56%	53%	51%	53%	54%	54%	53%	54%	62%	62%
E-MTTR=9.6	MTBF	350	367.5	385	402.5	420	437.5	455	472.5	490	507.5
	任务成功率	47%	49%	47%	48%	48%	48%	51%	53%	53%	55%
	MTBF	525	542.5	560	577.5	595	612.5	630	647.5	665	682.5
	任务成功率	53%	56%	53%	53%	54%	53%	53%	54%	54%	57%
E-MTTR=11.2	MTBF	350	367.5	385	402.5	420	437.5	455	472.5	490	507.5
	任务成功率	42%	41%	43%	47%	46%	45%	47%	51%	52%	53%
	MTBF	525	542.5	560	577.5	595	612.5	630	647.5	665	682.5
	任务成功率	52%	53%	55%	57%	55%	56%	56%	52%	54%	58%
E-MTTR=12.8	MTBF	350	367.5	385	402.5	420	437.5	455	472.5	490	507.5
	任务成功率	40%	41%	40%	42%	44%	44%	45%	47%	49%	50%
	MTBF	525	542.5	560	577.5	595	612.5	630	647.5	665	682.5
	任务成功率	49%	51%	53%	54%	53%	53%	54%	53%	53%	55%
E-MTTR=14.4	MTBF	350	367.5	385	402.5	420	437.5	455	472.5	490	507.5
	任务成功率	34%	38%	39%	41%	41%	43%	47%	44%	47%	47%
	MTBF	525	542.5	560	577.5	595	612.5	630	647.5	665	682.5
	任务成功率	47%	49%	52%	50%	52%	53%	54%	54%	53%	53%

通过对数据进行拟合，得到 E 型加油机体系任务成功率敏感性分析图，如图 4.30 所示。

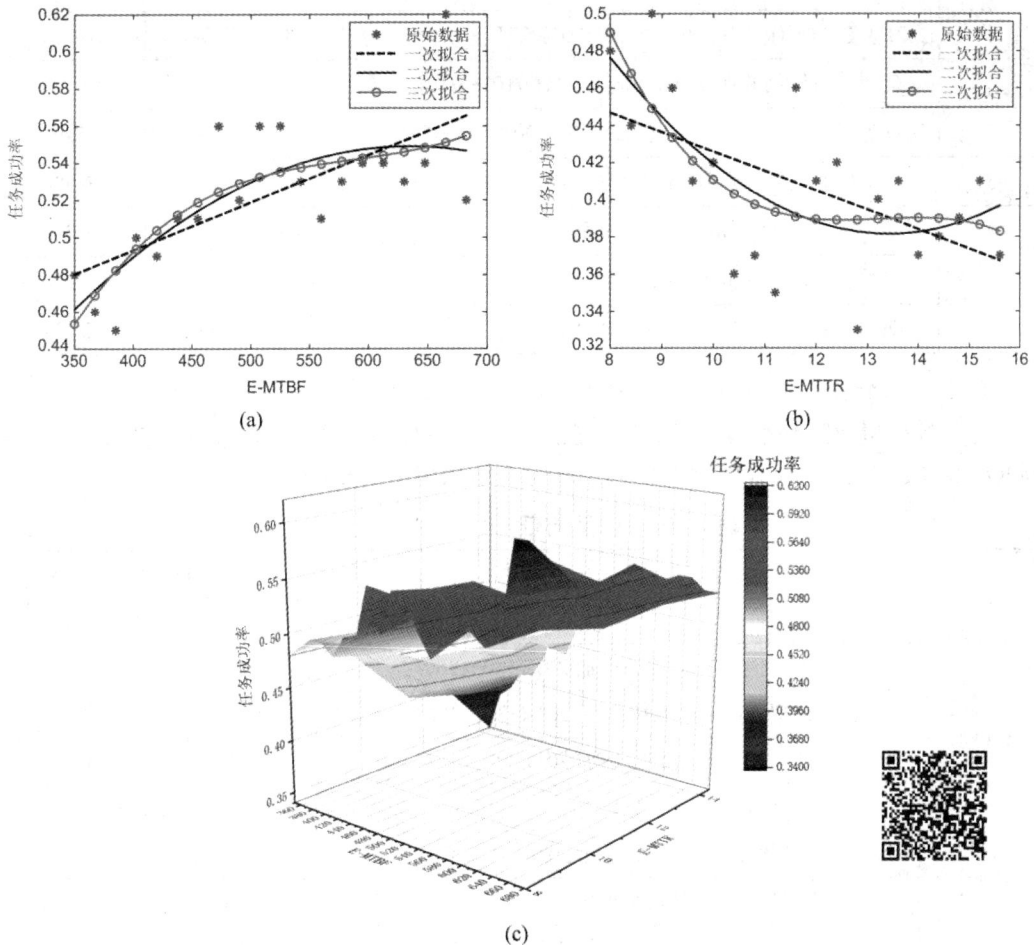

图 4.30　E 型机任务成功率敏感性分析

结果表明：当 MTBF 服从的均值增加时，设备故障发生时间增加，体系任务成功率呈现上升趋势，从 48% 上升至 52%，当 MTBF = 665 时，最高上升至 62%；当设备 MTTR 服从的均值增加时，设备维修时间逐步增加，体系任务成功率呈现下降趋势，从 48% 下降至 37%，当 MTTR = 12.8 时最低，下降为 33%；对设备 MTBF、MTTR 服从的均值同时进行调整，当[MTBF，MTTR]取值[350，14.4]时，任务成功率取最小值 34%，当[MTBF，MTTR]取值[682.5，8]时，任务成功率取最大值 62%。

3) 任务强度敏感性分析

对各机型任务强度及各阶段任务时间进行步长为 20% 的调整，统计数据如表 4.25 所示，如 A 型预警机任务强度由 2/3 降为 1/3，任务成功率变化幅度增加 25.8%。

表 4.25　任务强度敏感性分析

序号	任务强度敏感性因素	体系任务成功率	变化幅度
1	A 型预警机任务强度(max)降低 20%(2/3→1/3)	48%→60%	25.8%
2	B 型轰炸机任务强度(max)降低 20%(5/10→4/10)	48%→51%	6.9%
3	C 型歼击机任务强度(max)降低 20%(4/10→3/10)	48%→56%	16.7%
4	D 型电子战飞机任务强度(max)降低 20%(6/8→5/8)	48%→65%	35.4%
5	E 型加油机任务强度(max)降低 20%(4/6→3/6)	48%→51%	6.3%
6	第一任务阶段时间减少 20%(9.6h)	48%→52%	8.3%
7	第二任务阶段时间减少 20%(6.4h)	48%→50%	4.2%
8	第三任务阶段时间减少 20%(4.8h)	48%→49%	2.1%

4) 机型与任务强度敏感性对比分析

对比各机型故障与维修参数、任务强度及各阶段任务时间步长 20%的调整影响,统计数据如表 4.26 所示,各敏感因素步长 20%综合敏感性分析如图 4.31 所示。

表 4.26　机型与任务强度敏感性分析

类别	序号	敏感性因素	任务成功率		变化幅度
			初始值	变化值	
各机型 MTBF	1	A 型预警机 MTBF 增加 20%(300~360)	48%	52.6%	9.6%
	2	B 型轰炸机 MTBF 增加 20%(330~396)	48%	52%	8.3%
	3	C 型歼击机 MTBF 增加 20%(200~240)	48%	53%	10.4%
	4	D 型电子战飞机 MTBF 增加 20%(300~360)	48%	58%	20.8%
	5	E 型加油机 MTBF 增加 20%(350~420)	48%	49%	2.1%
各机型 MTTR	6	A 型预警机 MTTR 增加 20%(10~12)	48%	44%	−8.3%
	7	B 型轰炸机 MTTR 增加 20%(6~7.2)	48%	43%	−10.4%
	8	C 型歼击机 MTTR 增加 20%(5~6)	48%	42%	−12.5%
	9	D 型电子战飞机 MTTR 增加 20%(7~8.4)	48%	39%	−18.8%
	10	E 型加油机 MTTR 增加 20%(8~9.6)	48%	41%	−14.6%
任务强度	11	A 型预警机任务强度(max)降低 20%(2/3→1/3)	48%	60%	25.8%
	12	B 型轰炸机任务强度(max)降低 20%(5/10→4/10)	48%	51%	6.9%
	13	C 型歼击机任务强度(max)降低 20%(4/10→3/10)	48%	56%	16.7%
	14	D 型电子战飞机任务强度(max)降低 20%(6/8→5/8)	48%	65%	35.4%
	15	E 型加油机任务强度(max)降低 20%(4/6→3/6)	48%	51%	6.3%
阶段任务时间	16	第一任务阶段时间减少 20%(9.6h)	48%	52%	8.3%
	17	第二任务阶段时间减少 20%(6.4h)	48%	50%	4.2%
	18	第三任务阶段时间减少 20%(4.8h)	48%	49%	2.1%

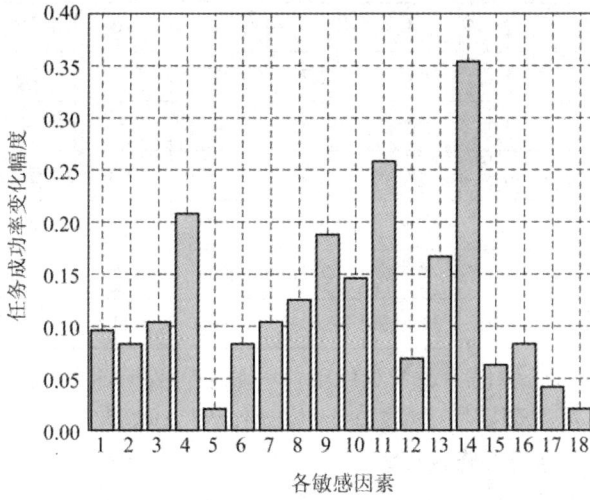

图 4.31　各敏感性因素步长 20%综合敏感性分析

结果表明：引起任务成功率变化最为敏感的前五个因素分别是 D 型电子战飞机任务强度、A 型预警机任务强度、D 型电子战飞机 MTBF、D 型电子战飞机 MTTR、C 型歼击机任务强度。

5) 维修保障活动敏感性分析

以 A 型机某部件修复性维修为例，选取分解、更换两个维修动作进行任务成功率敏感性分析。统计数据如表 4.27～表 4.29 所示。

表 4.27　A-某部件维修分解敏感性分析

人数步长 100%(分解)	2	4	6	8	10	12	14	16
时间(人均)	8	4	2.7	2	1.6	1.3	1.1	1
MTTR	19	15	13.7	13	12.6	12.3	12.1	12
任务成功率	32%	37%	37%	51%	51%	55%	53%	54%
变化幅度	—	15.6%	0	37.8%	0	7.8%	−3.6%	1.9%

表 4.28　A-某部件维修更换敏感性分析

人数步长 100%(更换)	1	2	3	4	5	6	7	8
时间(人均)	4	2	1.3	1	0.8	0.7	0.6	0.5
MTTR	19	17	16.3	16	15.8	15.7	15.6	15.5
任务成功率	26%	34%	35%	40%	40%	43%	42%	42%
变化幅度	—	30.8%	2.9%	17.6%	0	7.5%	−2.3%	5.0%

表 4.29　A-某部件维修分解更换综合敏感性分析

人数步长 100%(分解)	2	4	6	8	10	12	14	16
时间(人均)	8	4	2.7	2	1.6	1.3	1.1	1
人数步长 100%(更换)	1	2	3	4	5	6	7	8
时间(人均)	4	2	1.3	1	0.8	0.7	0.6	0.5
MTTR	19	13	11	10	9.4	9	8.7	8.5
任务成功率	29%	39%	40%	42%	51%	55%	55%	58%
变化幅度	—	34.5%	2.6%	5%	21.4%	7.8%	0	5.5%

对 A 型预警机基本作战任务场景维修动作—修复性保障维修人数进行仿真，并对数据进行敏感性分析，以 A 型预警机中某部件维修动作为例，选取维修分解、维修更换两个维修动作，对维修动作所需的维修保障人员数量进行调整和分析，以 A 型预警机平均修复时间、装备体系任务成功率为输出指标，分别进行仿真 30 次，通过对数据进行拟合，得到 A 型预警机某部件维修综合敏感性分析图，如图 4.32～图 4.34 所示。

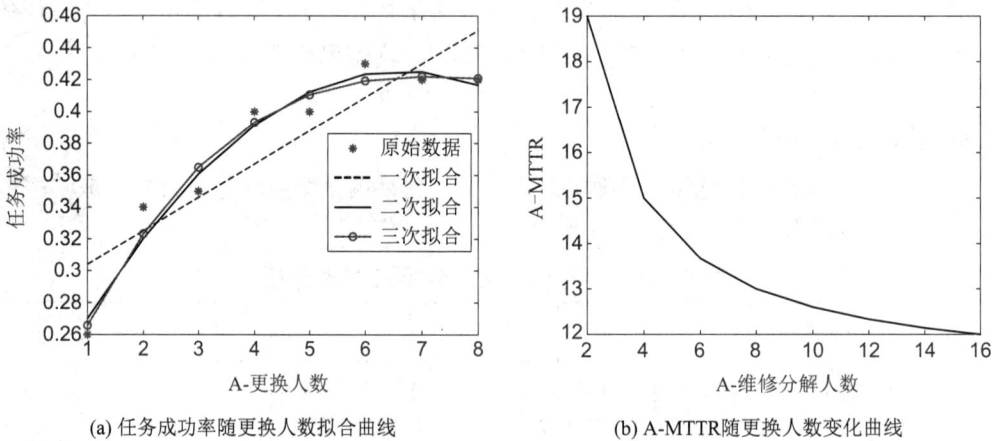

(a) 任务成功率随更换人数拟合曲线　　　　　(b) A-MTTR随更换人数变化曲线

图 4.32　A 型预警机维修更换人数敏感性分析图

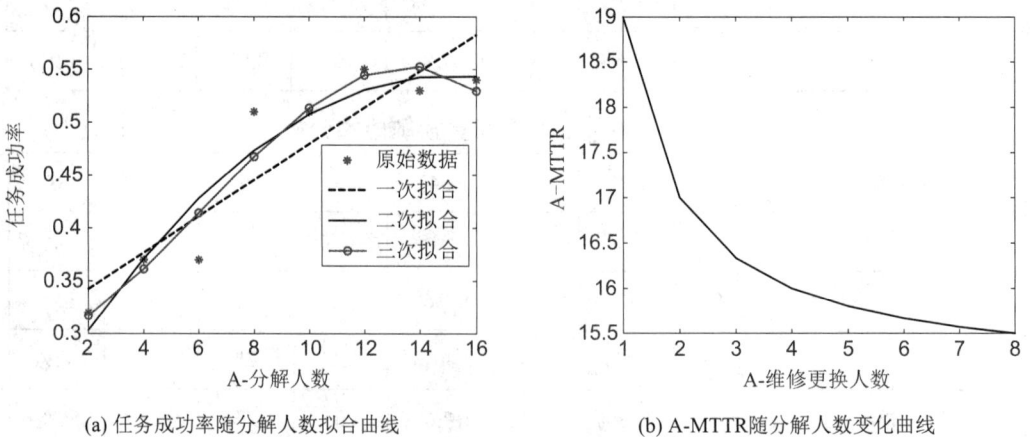

(a) 任务成功率随分解人数拟合曲线　　　　　(b) A-MTTR随分解人数变化曲线

图 4.33　A 型预警机维修分解人数敏感性分析图

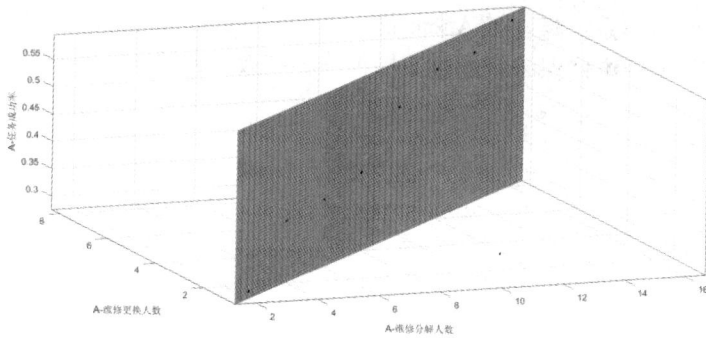

(a) 任务成功率随更换-分解人数拟合曲线

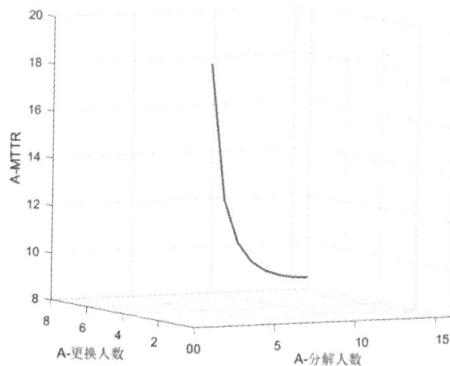

(b) A-MTTR随更换-分解人数变化曲线

图 4.34 A 型预警机维修更换—分解人数综合敏感性分析图

结果表明：当 A 型预警机基本作战单元部件维修更换动作-修复性维修人数增加时，A-MTTR 呈现下降趋势，体系任务成功率呈现上升的趋势，从初始的 29% 上升至 58%，当维修更换保障人数为 12 时，A-MTTR = 12.3，任务成功率最高达到 55%；当 A 型预警机基本作战单元维修分解动作—修复性保障维修人数增加时，A-MTTR 呈现下降趋势，装备体系任务成功率呈现上升的趋势，从初始的 26% 上升至 42%，当维修更换保障人数为 6 时，A-MTTR = 15.7，任务成功率最高达到 43%；当对维修更换、分解动作—修复性维修人员同步增加时，A-MTTR 呈现下降趋势，装备体系任务成功率呈现上升趋势，从 29% 上升至 58%，当维修分解人数为 16，维修更换人数为 8 时，A-MTTR = 8.6，装备体系任务成功率高达 58%。

本 章 小 结

本章研究了基于多 Agent 的体系保障性建模方法。对多 Agent 工作原理进行了分析，建立了装备保障的多 Agent 建模仿真思路；研究了体系保障性多 Agent 开发过程设计、面向装备保障运行体制的体系保障性实体模型逻辑框架构建；面向航空维修保障智能决策，重点研究了体系保障性多 Agent 模型构建方法；最后，在设计各 Agent 功能与交互的基础上，研究了航空装备体系保障性多 Agent 仿真交互的设计，并进行了仿真计算分析。通过本章研究，能够为航空维修保障智能决策提供一种有效的方法手段，支撑基于模型的智能决策优化实现。

第五章 面向任务的航空装备体系保障性分析仿真设计

本章针对面向任务的航空装备体系保障性分析，重点开展了保障性分析仿真业务流程、推演运行控制、仿真运行架构和指标计算方法研究。首先，明确体系保障性分析仿真设计的目标和需要解决的关键问题；其次，从任务装备保障业务逻辑出发，设计体系保障性分析仿真业务流程；再次，重点对体系保障性分析推演运行控制进行设计，包括过程控制因子配置、阶段运行控制设计和业务流程推进控制设计；接着，从复杂体系业务仿真流程实现和仿真基础支撑环境构造出发，对体系保障性分析仿真运行架构进行设计，并界定其关键技术途径；最后，以仿真运行架构为载体，对体系保障性指标仿真计算模型进行设计。

5.1 设计目标与问题描述

5.1.1 设计目标

体系保障性分析以多个航空兵旅(团)完成一定作战训练任务为背景，构建维修保障涉及相关仿真模型，推演装备体系执行典型战训任务时驱动的维修保障业务，完成维修保障能力的评估，提出决策建议。随着新机大量装备部队、实战化训练大纲的全面推进以及部队编制体制的新一轮调整，航空兵部队特别是机务大队层面的维修保障处于持续深化改革和创新实践期。通过开展航空装备维修体制、维修组织结构、维修作业分工、维修保障流程的分析与设计，维修保障资源配置与优化、维修保障能力与保障绩效评估等方面的科学研究，支撑机关决策、部队改革试点任务。仿真评估可以模拟现实动态系统，在仿真模型上进行各种试验，以评估和改善系统性能[124]，且具有实施难度小、评估时间周期短、成本低的特点，便于对维修保障直观复现、对比分析、优化调整。

体系保障性分析仿真设计主要解决三个方面的问题，一是任务背景下航空维修保障模式动态科学描述问题。航空维修保障模式本质上是一种保障方案，需要在实施过程中评估其优劣。一般情况下，航空维修保障模式要素，特别是维修管理体系、维修专业划分、维修作业方式等主要通过定性语言进行描述，不利于后续维修保障模式效能、效益的定量分析与评估。因此，从系统工程的角度，依托标准化建模语言，在构建航空维修保障模式的"结构模型+流程模型"的基础上，最终实现采用仿真模型方法描述航空维修保障模式。二是航空维修保障方案预先验证评估问题。传统的航空维修保障方案验证评估主要是通过试点采集数据，进行事后综合评估，周期长、代价高，无法实现航空维修保障多方案并行比较和预决策。另一方面，基于复杂作战任务进行保障性分析时，随着保障场景的时序变化，保障系统的人工调控更加困难。为此，需要探索航空维修保障方案预先运行、预先验证、预先评估的技术手段问题。三是航空维修保障方案决策与优化问题。航空维修保障方案不存在数学意义上的最优解，以往航空维修保障方案决策大多依赖专家研讨和群体经验进行确定，主观性较强。为此，有必要依据综合仿真评估结果数据结合演练实测数据，建立多目标决策准则与方法，实现航空维修保障备选方案优选；通过对模型输入参数进行敏感性分析或探索性分析，找出航空维修保障运行的薄弱环节，优化生成更合理的航空维修保障方案。

5.1.2　问题描述

1. 对象特点分析

构成装备体系保障性分析问题域的基本要素包括体系装备、保障资源、维修机构及维修规程。体系装备是完成战训任务的直接载体；保障资源是装备保障系统的实体，是实施保障的基本手段。维修保障的功能是完成维修任务，将待维修装备转变为技术状况符合规定要求的装备。在此过程中，需要输入各种相关的战训任务要求、信息、物资等。保障能力既取决于它的组成要素及相互关系，又同外部环境因素有关。因此，装备体系状态的变化是在某些离散时间点或量化区间上发生的，建模的重点在于刻画引起体系状态发生改变的事件以及确定与每类事件相关的逻辑关系，仿真的主线在于按照一定时间序列中各种事件的逻辑关系，触发体系状态的变化，从而对体系状态进行动态写照，探索其演化与涌现规律。

装备保障实施过程中，体系状态受离散事件驱动，导致体系的离散性；体系状态同时受诸多随机因素的影响，导致体系的动态随机性；体系状态随特征参数的增加呈指数级增长，导致体系的复杂性；体系状态随边界与需求的变化而演进，导致体系的适应性与目的性。因此，装备体系保障性分析研究对象是一个离散、动态、复杂和演化的系统，应当结合解析模型与仿真建模将体系的相关要素按照实际的运行逻辑有机地结合起来，真实反映出体系的状态与行为。

2. 问题逻辑描述

仿真输入涉及任务装备维修保障的全过程、全要素和全流程，要求这些输入能够反映装备的使用方案、维修保障实施、资源供应调配、维修机构运行等要素，主要包括装备任务、组织架构、装备系统、保障行为和保障系统等五个方面；实验输出反映指挥机关、保障评估机构、保障指挥决策机构和保障实施单位所关注的各层级能力需求，即体系任务完成能力、体系的任务支撑能力、保障系统的综合保障能力和具体装备单元的自身保障特性能力[125]，主要包括任务持续性指标计算、保障性综合指标计算、装备 RMS 指标计算、维修流程状态统计和保障资源状态计算等五个方面；在实验设计中主要考虑的环境扰动包括任务扰动、战场环境和指挥控制三个方面，例如要求实验人员能够在实验推进的任意时刻调整任务时间属性以满足指挥员下达的任务调整要求。

面向保障性分析仿真评估优化的目标，从输入因子和输出计算出发，保障性分析仿真设计重点需要解决仿真业务流程设计、推演运行控制设计、仿真运行架构设计和指标计算模型设计四个方面的核心问题。面向任务的航空装备体系保障性分析仿真设计问题抽象描述如图5.1所示。

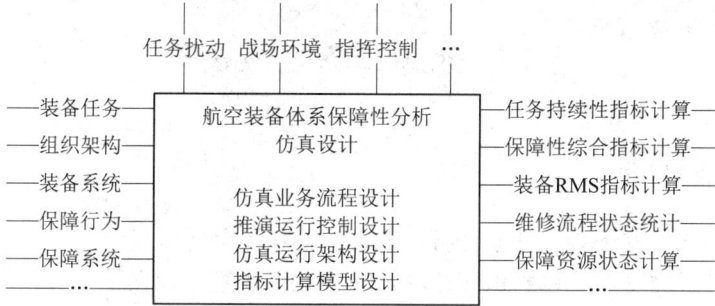

图 5.1 体系保障性分析仿真设计问题描述

仿真优化核心工作是在多阶段任务及其逻辑转换关系的驱动下，形成任务所需装备构型、装备构型之间的连接关系以及转换逻辑；建立面向任务的保障运行模型；任务推进过程中装备及装备构型产生随机故障及战损，通过控制维修保障过程进行维修保障优化。问题的解决遵循 Monte Carlo 仿真的基本原理，即构造体系推进涉及的随机过程，从已知概率分布抽样产生伪随机数，建立各无偏估计量，在此基础上进行评价和优化。

在仿真优化中，优化模型本身的描述与仿真的关联主要体现在设计参数的选择和优化目标的评估上，即仿真模型的输入与输出。仿真优化的输入分为两类，一类是装备单元本身的保障性能力参数，如平均故障间隔时间 MTBF、平均严重故障间隔时间 MTBCF、平均维修时间 MTTR、保障资源延误时间 LDT、管理延误时间 ADT 等；另一类是面向任务的任务与环境参数，如多阶段任务 PMS、环境扰动 Evn、保障指挥与控制 C2 等；仿真优化的输出是装备体系保障性参数和体系任务成功率参数，如体系装备完好率 R_{rrsos}、体系使用可用度 A_{osos}、体系任务持续概率 R_{mcsos}、PMS 任务成功率 MC 等。保障性分析主要集中于参数相关性和灵敏度分析，通过指挥控制优化保障系统达成使命任务的成功率要求。体系保障性分析仿真优化问题的抽象描述如图5.2所示。

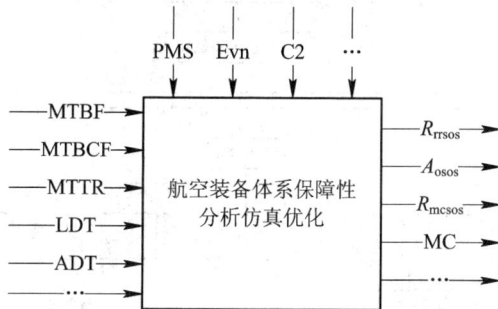

图 5.2 体系保障性分析仿真优化问题描述

从问题描述可知，仿真优化本质上是一种试验方法，目标是在试验中获得信息的同时，优化保障体系运行，达成任务成功率要求。仿真优化基本原理是一种黑箱方法(Black Box

Approach)，以仿真模型作为黑箱模型代替传统的解析模型。由优化算法产生初始解(决策参数)，将其输入模型中，以模型输出响应作为优化目标，再将其反馈到优化算法中，作为优化算法确定新一轮搜索方向的依据，并将搜索结果重新输入仿真模型。反复迭代，直至满足预先设定的终止条件。

5.2　仿真业务流程设计

5.2.1　业务逻辑分析

保障业务的导出始于装备体系任务，装备体系任务分解派发给装备单元，任务过程中装备单元分别触发故障、维修和供应活动。保障业务涵盖"训、管、修、供、评"装备全流程运用，以作战任务装备体系为分析对象，以多阶段作战任务推进为逻辑主线，将作战任务逐层分解映射到基本装备单元。随着任务时间的推进，根据任务要求转换装备体系执行任务。因此，保障业务流程以作战任务想定为输入起点，将维修保障组织机构、装备单元维修控制、保障行为实施、保障资源使用、保障指挥等任务相关要素动态耦合，研究其涌现演化性质。在任务执行过程中，由保障系统对装备体系中的具体装备实施维修保障，完成维修任务，将待维修装备转变为技术状况符合规定要求的装备，并提供航材备件、油料补充、环境条件等保障资源；保障指挥部门根据装备基本单元自身保障特性和整个保障的态势变化情况实施保障决策和调整，装备修复之后返回装备单元继续执行作战任务，直至装备体系任务完成。保障业务流程内部状态变化是在某些离散时间点或量化区间上发生的，流程建模的重点在于刻画引起体系状态发生改变的事件以及确定与每类事件相关的逻辑关系，仿真的主线在于按照一定时间序列中各种事件的逻辑关系，触发体系状态的变化，从而对体系状态进行动态写照，探索其演化与涌现规律。体系保障业务生成逻辑如图 5.3 所示。

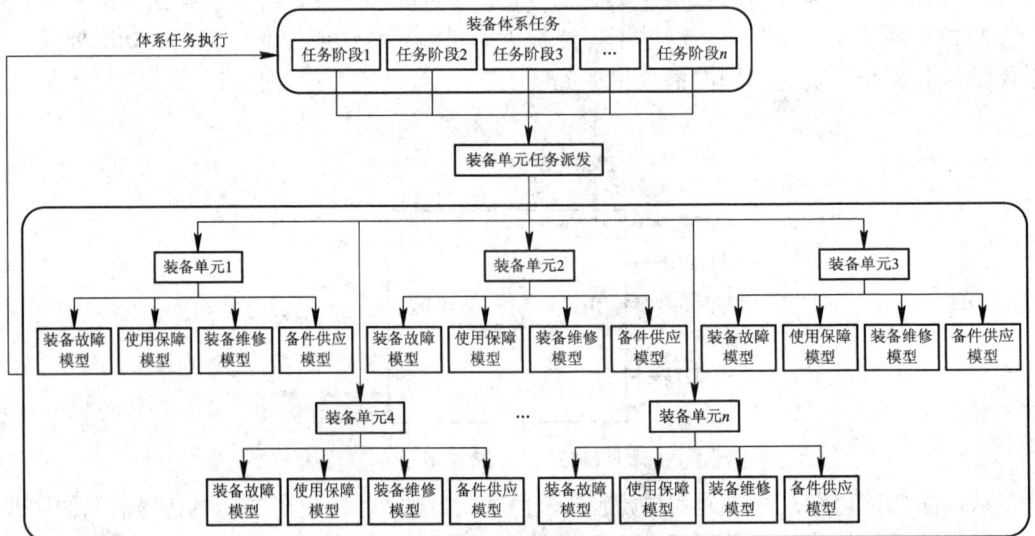

图 5.3　体系保障业务生成逻辑

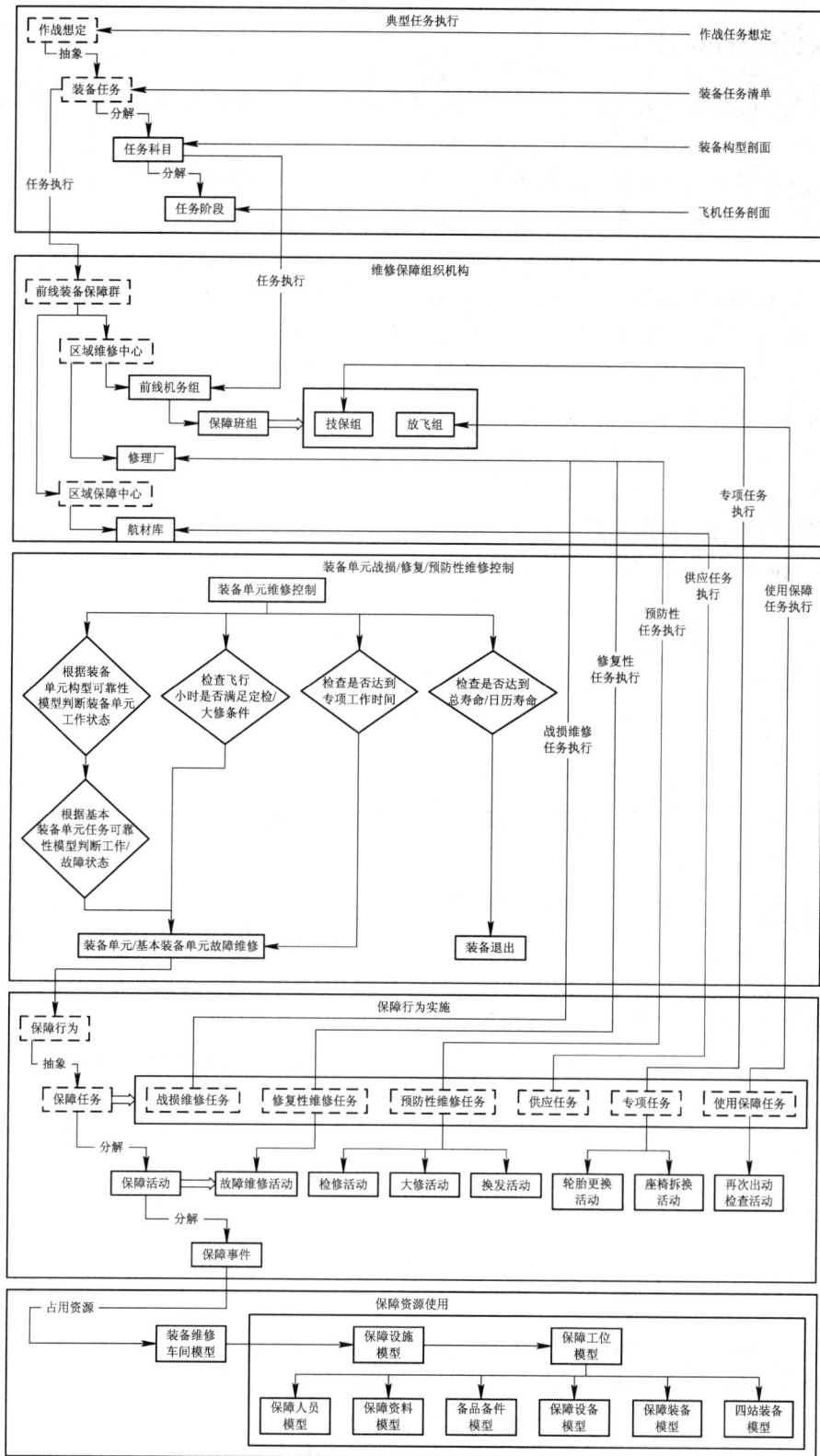

图 5.4　体系保障性分析仿真业务流程

5.2.2　业务流程设计

　　面向保障性分析仿真设计问题，本文构建的仿真业务流程包括典型任务执行、维修保障组织机构、装备单元战损/修复/预防性维修控制、保障行为实施和保障资源使用五个组成部分及其触发关系。典型任务执行模块是装备执行训练/作战任务的"训"的描述，负责将体系作战任务映射为装备使用任务，并逐层分解到任务科目、任务阶段，输出任务成功率、任务持续概率等任务持续性指标。维修保障组织机构模块是装备管理使用逻辑的"管"的描述，以前线装备保障群为中心，配属区域维修中心和区域保障中心，由前线机务组下属技保组(技术保障组)和放飞组保障任务科目的执行，由修理厂和航材库驱动维修和供应任务的执行，输出保障性综合指标；装备单元战损/修复/预防性维修控制模块和保障行为实施模块是装备故障机理和维修实施"修"的描述。装备单元战损/修复/预防性维修控制模块实现装备单元级别的维修控制，判断装备单元/基本装备单元工作状态、定检状态、专项工作状态、寿命状态等触发任务装备的维修保障工作，输出装备 RMS 指标；保障行为实施模块将保障行为抽象为保障任务，逐层分解为保障活动(active)和保障事件(event)，通过某个仿真时刻发生的保障事件恢复装备状态、消耗资源，输出维修流程状态信息。保障资源使用模块是资源调配使用"供"的描述，建立装备维修车间—保障设施—保障工位的资源使用模型，在保障工位上触发各类保障资源消耗和补充，输出保障资源状态信息。在整个业务流程各个阶段输出/计算保障性参数，共同完成"评"的功能。体系保障性分析仿真的"训—管—修—供—评"业务流程如图 5.4 所示。

5.3　推演运行控制设计

　　推演仿真实验一般包括仿真模型组件开发、仿真想定编辑、试验设计与分析、仿真运行控制、数据记录与回放及仿真运行支撑中间件等工具集[126]。仿真运行控制是整个仿真实验设计中起关键核心作用的部分，负责整个仿真实验的部署及管理，用于将实验系统中的仿真模型通过远程部署模块部署到各个计算机节点，构成一个分布式仿真实验系统。该系统对各个仿真模型进行初始化，控制仿真模型的运行，在运行过程中监视模型的内部信息(如组件、对象、实例、属性值等)和计算机节点信息(如硬盘、内存、网络使用情况等)[127]。仿真运行控制方法包括仿真引擎、远程部署和仿真运行过程监控三部分，面向保障性仿真业务流程，此处主要对运行控制部分进行研究，难点在于以任务为牵引设计各个关键节点的因子设置、事件触发、流程推进、数据记录及控制输入等。

5.3.1　过程控制因子配置

　　控制因子配置是对仿真运行过程中各种可控因子和不可控因子的输入及输出设置，是对整个仿真过程进行控制的手段。可控因子一般包括仿真运行过程中的计时机制、触发机制、运行次数、参数变化、实验类型、人为输入和监控设置等；不可控因子一般包括任务扰动、战损输入、环境变化等。保障性推演基础控制因子配置包括仿真参数设置、仿真实验类型设置、人为因素设置和仿真监控设置四个组成部分。其中，仿真参数设置包括时间机制、随机数种子、退出条件、运行次数、展示模式和仿真资源要求等的设置；仿真实验类型设置包括实验次数、优化实验、变参数实验、比较实验、灵敏度实验和校准实验等的设置；人为因素设置包括人在环控制、人为决策、人机交互和指挥控制等的设置；仿真监控设置包括模型状态快照、运行回放和人在环监控等的设置。

5.3.2　阶段运行控制设计

推演运行按照时间线划分为仿真准备阶段、仿真运行阶段和仿真完成阶段，分为任务下达、任务准备、任务执行和任务结束四个模块。仿真运行阶段触发航空装备体系保障性分析装备任务和维修保障任务，维修保障任务的实施在任务执行过程中只触发修复性维修工作和战损维修工作，任务结束之后触发预防性维修工作，在线维修只适用于连续任务和任务结束时间不确定可扩展任务。

表 5.1 为仿真准备阶段任务下达模块主要控制项，包括仿真派发、数据初始化、冲突检查、保障优先级确定和仿真状态等，主要功能是完成仿真开始前装备任务的自动派发和任务时间冲突检查。

表5.1　仿真准备阶段任务下达模块主要控制项

输入：任务下达		01 仿真准备
输出：仿真准备		0101 任务下达

仿真派发	1. 根据作战想定派发装备任务，导出任务科目
	2. 确定任务执行机构，分解任务至最下层机构节点，映射当前机构执行的任务
	3. 确定任务执行主体(机构或装备)，绑定任务流程与任务主体
	4. 汇总预防性维修任务，确定启动机制，任务中不启动预防性维修，未发生关键故障或故障停机不中断任务
	5. 汇总供应保障任务，确定启动机制，任务中不启动保障活动，未发生关键故障或故障停机不中断任务
	6. 向任务分派系统时间，通知时间等于任务开始时间
数据初始化	7. 初始化仓库存储量、各组织之间的维修供应关系
冲突检查	8. 检查任务执行时间，如果同一时刻同一主体执行不同任务，则生成时间冲突列表，随机执行任务，其余任务失败
保障优先级确定	9. 先为优先级高的任务优先配置保障装设备、备品备件
仿真状态	10. 仿真准备

表 5.2 为仿真运行阶段任务准备模块主要控制项，包括任务设置、数据记录、运行约束和仿真状态等，主要功能是完成仿真运行时装备任务优先级设置、任务装备构型记录、任务—科目—阶段—剖面映射信息记录、任务装备执行状态记录等工作。

表 5.2　仿真运行阶段任务准备模块主要控制项

输入：任务准备　　　　　　　　　　　　　　　　　　　　　　　　02 仿真运行
输出：仿真运行　　　　　　　　　　　　　　　　　　　　　　　　0201 任务准备

任务设置	1. 按照时间顺序设置执行任务，若同一时刻开始多项任务，则检查任务优先级；若优先级相同，则检查组织内最少装备已经满足的执行，否则提出冲突，调整任务执行时间
数据记录	2. 任务、科目、阶段的实际开始时间
	3. 任务优先级、任务状态、任务装备类型数
	4. 任务所需装备型别数量及最少型别数量
	5. 任务执行模式(持续任务、训练任务、扩展任务)、任务剖面映射(装备体系、装备单元、基本装备单元)
	6. 任务组织、任务装备、保障任务、保障任务设施、维修任务
	7. 任务(科目、阶段)状态转移时间
运行约束	8. 任务执行装备最低构型不满足，则仿真运行挂起，直到装备构型满足任务执行的最低强度要求时立刻启动任务
	9. 任务状态统计时，需记录超出任务成功时间的装备任务
仿真状态	10. 仿真运行

表 5.3 为仿真运行阶段任务执行模块主要控制项，包括任务执行、数据记录、运行约束和仿真状态等，主要功能是完成仿真运行时装备任务执行的触发、任务—科目—阶段—剖面—组织—装备—二级系统—部件—备件映射信息的记录等工作。

表 5.4 为仿真运行阶段任务执行模块(装备故障/修复性维修启动)主要控制项，包括任务执行、数据记录、运行约束和仿真状态等，主要功能是完成仿真运行时装备修复性维修的触发和装备故障件属性、故障、送修、运输信息记录等工作。

表 5.3　仿真运行阶段任务执行模块主要控制项

输入：任务执行　　　　　　　　　　　　　　　　　　　　　　　　02 仿真运行
输出：仿真运行　　　　　　　　　　　　　　　　　　　　　　　　0202 任务执行

任务执行	1. 按照组织任务流程开始执行任务
	2. 确定组织内参与当前任务的装备，开始执行任务
数据记录	3. 组织机构任务开始、结束时间
	4. 组织机构参与任务的装备构型
	5. 组织机构任务阶段(任务准备、任务执行、任务结束)
	6. 组织机构需执行的任务和科目的数量和时间
	7. 装备任务开始、结束时间
	8. 装备所属组织机构
	9. 装备状态(空闲、工作中)
	10. 装备关键系统(二级系统、关键件)
	11. 装备任务阶段(任务准备、任务执行、任务结束)
	12. 组织机构需执行的任务和科目的数量和时间
运行约束	13. 若部件被定义为 ASSY，则本节点不可更换维修，只能更换其子节点
	14. 若备件被定义为 DU、DP，则流程只能标记废弃
	15. 下级单元的故障率之和不可高于上级单元的故障率
仿真状态	16. 仿真运行

表 5.4　仿真运行阶段任务执行模块(装备故障/修复性维修启动)主要控制项

输入：任务执行　　　　　　　　　　　　　　　　　　　　　　　　02 仿真运行
输出：仿真运行，装备故障、修复性维修启动　　　　　　　　　　0202 任务执行

任务执行	1. 按照故障模型触发故障，开始执行修复性维修任务
	2. 按照战损模型触发战损，开始执行战损修复任务
数据记录	3. 装备故障件名称
	4. 装备故障件故障时间
	5. 装备故障件型号
	6. 装备故障件性质(故障、关键故障)
	7. 装备故障件送修组织
	8. 装备故障件运输模式
运行约束	9. 故障件关键故障维修任务优先级提前
	10. 关键度涉及 LRU、PRU、DU，如装备任务中非关键故障数已达到最大值，则下一次非关键故障按照关键故障处理
	11. 在线维修仅适用于连续任务和可扩展任务
仿真状态	16. 仿真运行

表 5.5 为仿真运行阶段任务结束模块(装备预防性维修启动)主要控制项，包括任务执行、数据记录、运行约束和仿真状态等，主要功能是完成仿真运行时装备任务结束后执行预防性维修的触发、装备预防性维修的启动、保障工位的使用、保障资源的使用、预防性维修时间信息的记录等工作。

表 5.5　仿真运行阶段任务结束模块(装备预防性维修启动)主要控制项

输入：任务结束　　　　　　　　　　　　　　　　　　　　　　　　02 仿真运行
输出：仿真运行，预防性维修任务启动　　　　　　　　　　　　　0203 任务结束

任务执行	1. 按照维修组织预防性维修模式，开始执行预防性维修任务
	2. 启动保障资源调度(维修设施工位、保障人员、保障装设备、备品备件)
数据记录	3. 装备任务结束时间(任务、科目、阶段)
	4. 装备任务结束时的装备构型、状态及数量
	5. 预防性维修任务(装备、二级系统、LRU)
	6. 预防性维修任务的启动模式
	7. 预防性维修任务的开始时间(对应启动机制)
	8. 保障工位状态(空闲、占用)
	9. 保障资源状态(空闲、占用)
	10. 部件预防性维修时间(开始时刻、结束时刻)
运行约束	11. 每次任务后检查预防性维修类型、启动模式，按照启动时间加入维修队列
仿真状态	12. 仿真运行

各仿真阶段运行控制中除了触发以上装备任务和维修保障任务外，还涉及保障资源在维修活动中的消耗、转移、调配控制，维修站点之间的保障关系、订货周期、运输策略、备件响应等的控制，此处不再赘述。

5.3.3　业务流程控制设计

业务流程控制是保障性分析仿真设计的重要工作，在业务流程模型的动态推演执行过程中提取保障模式、保障资源、维修流程、供应调配、保障指挥等的基础输入因子和关键指标，探索影响任务成功率的保障方案的效能及保障性薄弱环节。业务流程控制主要包括装备预防性维修任务控制、修复性/抢修维修任务控制和备件供应任务控制等。

1. 保障活动业务流程

装备保障系统及业务过程涉及综合保障系统的各个方面，一般包括保障指挥、保障监控、装备维修、器材供应、弹药供应等，以装备 Agent 和装备维修 Agent 为例，装备 Agent 向装备维修 Agent 输入维修消息，包括预防性维修、自然故障和抢救抢修，装备维修 Agent 在接收消息后，完成维修任务，内部构成如图 5.5 所示。装备维修 Agent 功能包括创建维修工作树以管理维修和使用活动，记录维修工作属性和关联维修工作模型。维修功能以保障事件发生和保障活动推进为载体，其中保障时间模型包括事件发生条件和任务开始方式，保障活动模型包括保障工作树自动同步和保障活动定义。装备维修任务派发之后，装备维修 Agent 触发保障事件，推进保障活动以调动相应的维修保障资源。

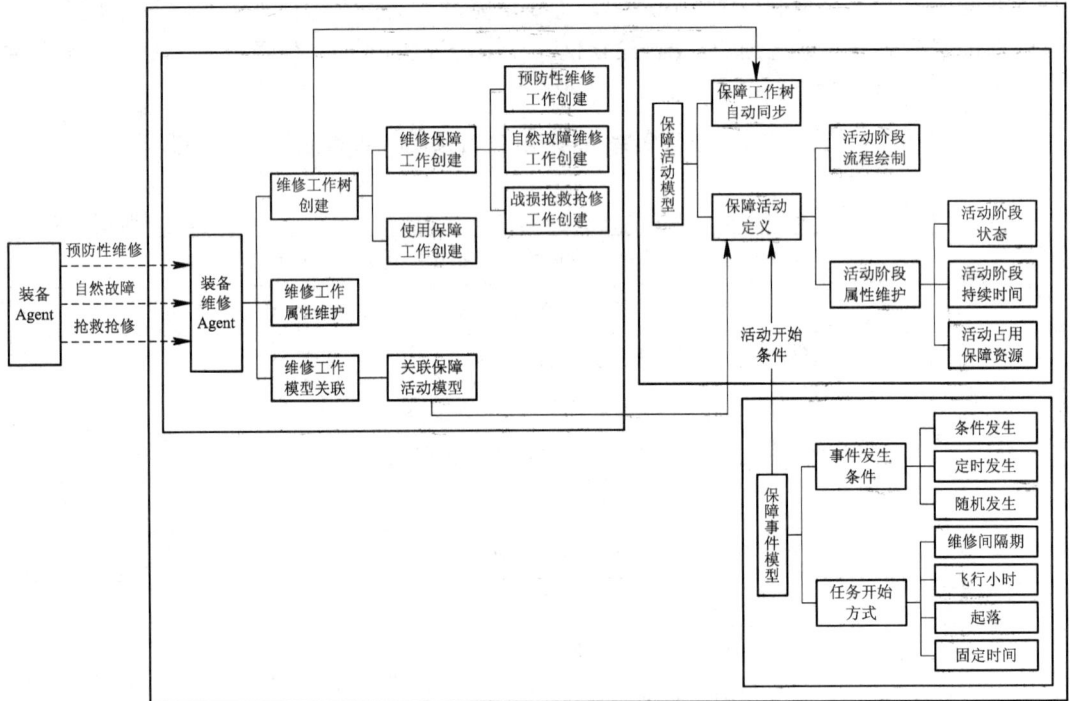

图 5.5　保障活动业务流程

保障活动阶段流程绘制是组织实施保障活动的底层抽象，是对维修过程的详细描述，以飞机修复性维修过程为例，包括直接维修过程、更换维修过程和额外拆卸维修过程，如

图 5.6 所示。装备故障可以通过更换一个或多个组件进行修复，也可以通过对装备的不可更换部分进行直接维修进行修复，组件通过直接维修或更换下一级故障组件进行修复。

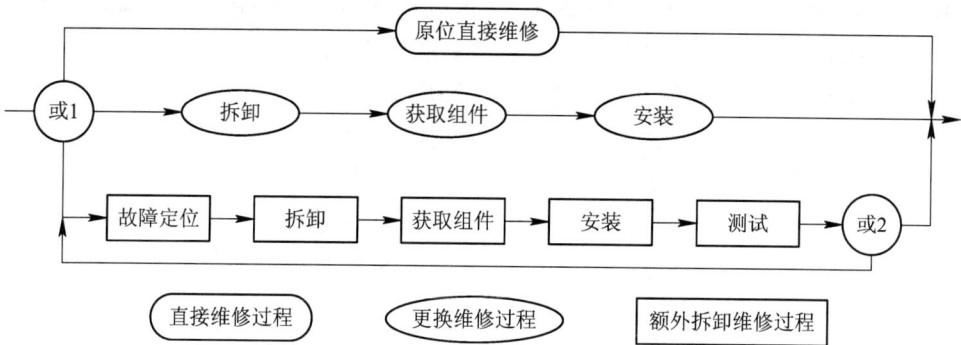

图 5.6　飞机修复性维修过程

直接维修过程、更换维修过程和额外拆卸维修过程模型的具体时间消耗可参考文献[128]的公式进行计算。以直接维修过程模型为例，组件的故障并非都是由组成该组件的下一级组件的故障导致的，如果该组件由 n 个下一级组件组成，则根据故障率的定义，此时认为

$$\lambda_s > \sum_{j=1}^{n} \lambda_j \tag{5.1}$$

式中，λ_s 为组件故障率，λ_j 为组成该组件的下一级第 j 个组件的故障率。令随机变量：

$$X = \begin{cases} 0, & \text{下级可更换组件导致组件故障} \\ 1, & \text{非下级可更换组件导致组件故障} \end{cases}$$

则其概率为

$$p^{(k)}(X=0) = \sum_{j=1}^{n} \frac{\lambda_j}{\lambda_s} \tag{5.2}$$

$$p^{(k)}(X=1) = \frac{\lambda_s - \sum_{j=1}^{n} \lambda_j}{\lambda_s} \tag{5.3}$$

分布函数为

$$F^{(k)}(x) = \begin{cases} \sum_{j=1}^{n} \frac{\lambda_j}{\lambda_s}, & 0 \leqslant x \leqslant 1 \\ 1, & x \geqslant 1 \end{cases} \tag{5.4}$$

式中，$P^{(k)}(X=0)$ 是下级可更换组件导致组件 k 故障的概率；$P^{(k)}(X=1)$ 是非下级可更换组件导致组件 k 故障的概率；$F^{(k)}(x)$ 是随机变量 X 的分布函数，$F^{(k)}(0)$ 称为组件 k 的维修模式比，表征组件处于直接或更换维修模式的概率。

2. 预防性维修任务

装备预防性维修任务在作战/作训任务结束后进行，依照维修任务队列顺序，以维修工位为载体实施，维修小组发现潜在故障后，调配使用备件完成维修活动。预防性维修任务的执行主体是各级维修组织，维修过程在维修工位上进行，保障资源的消耗也通过维修工位触发。预防性维修任务业务流程控制如图 5.7 所示。

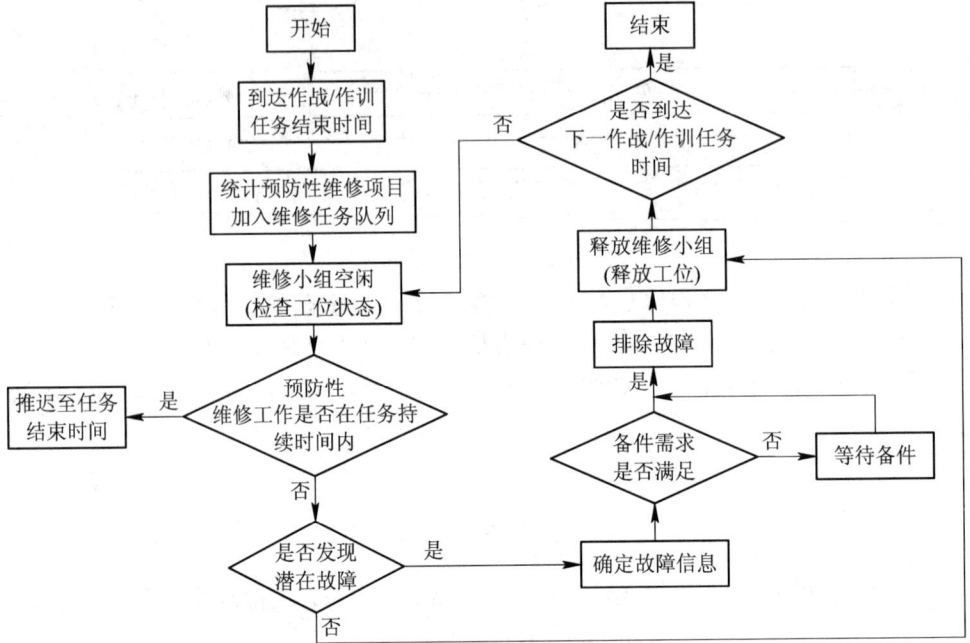

图 5.7　预防性维修任务业务流程控制

达到预防性维修的 LRU/SRU 维修任务主要区分换件维修、原件维修和一般的保养业务。业务流程进一步划分为需要备件的维修和不需要备件的维修，需要备件的维修通过与同级器材仓库的交互完成。达到预防性维修的 LRU/SRU 维修任务业务流程控制如图 5.8 所示。

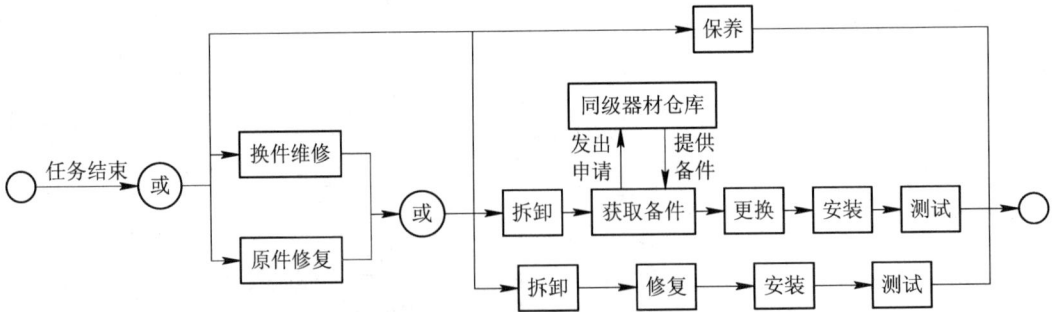

图 5.8　达到预防性维修的 LRU/SRU 维修任务业务流程控制

3. 修复性/抢修维修任务

装备修复性/抢修维修任务在作战/作训任务期间或任务结束后进行，依照维修任务队列顺序，以维修工位为载体实施，装备随机故障或战损故障后，调配使用备件完成维修活动。修复性/抢修维修任务的执行主体是各级维修组织，维修过程在维修工位上进行，保障资源的消耗同样通过维修工位触发。修复性/抢修维修任务业务流程控制如图 5.9 所示。

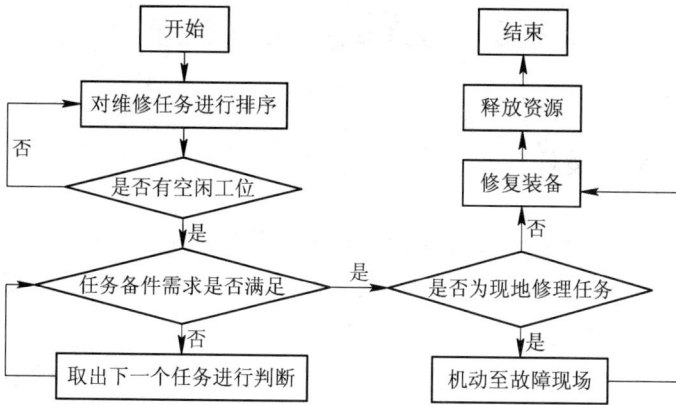

图 5.9　修复性/抢修维修任务业务流程控制

　　修复性/抢修维修任务执行中，当维修工位和备件不能满足需求时按照一定的调配算法调整任务顺序，直到所有维修任务完成。故障装备(故障部件)修复性/抢修维修任务业务流程控制如图 5.10 所示。

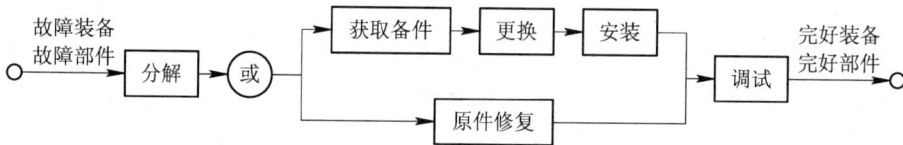

图 5.10　故障装备修复性/抢修维修任务业务流程控制

4. 备件供应任务

　　备件供应任务由维修组织和器材仓库产生需求，根据维修组织的备件供应申请向其提供被动备件供应，依据固定时间间隔向器材仓库提供主动备件补充。选取备件时通过备件和故障件名称和型号进行确定，当仓库备件储存量低于预警值时，启动补充需求，申请上级仓库调运。备件供应任务业务流程控制如图 5.11 所示。

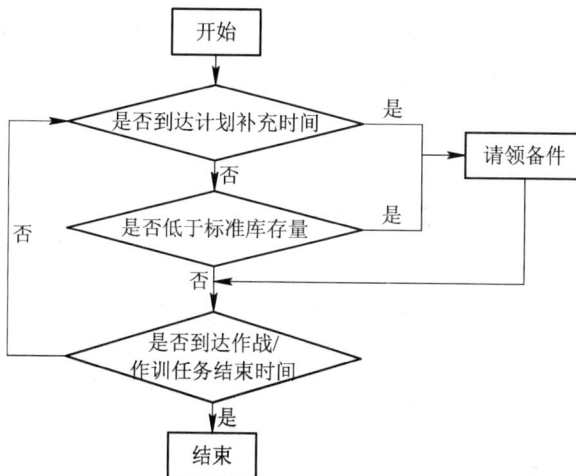

图 5.11　备件供应任务业务流程控制

5.4　仿真运行架构设计

5.4.1　仿真运行架构设计

HLA(High Level Architecture)按照面向对象的思想和方法来构建仿真系统，将作战系统抽象为各类相互作用的对象，在面向对象分析与设计的基础上设计仿真成员，进而构造仿真联邦。国内外相关研究人员在 HLA 框架基础上构建了大型分布式仿真系统[129-132]，较好地解决了复杂工程应用问题。此处探索将基于 HLA 的分布式仿真体系应用于体系保障性的仿真计算推演。完成仿真业务流程与推演运行控制设计后，通过 FOM(Federated Object Model)提供仿真联邦服务，FOM 以时间线和事件线进行驱动，时间线控制阶段任务推进，事件线控制发生的事件并与时间线对应，即推进到相应的时间发生相应的事件。在 FOM 启动之后，SOM(Simulation Object Model)开始初始化，包括 IP 注册、SOM 对象初始化、消息订阅和事件注册。针对仿真各类实体及聚焦的核心 Agent，通过对应的 SOM 实现分布式的部署、通信、计算和分析。根据仿真业务的需求，分为任务分解 SOM、指挥管理 SOM、装备维修 SOM、航材供应 SOM 和业务监控 SOM，并将各 SOM 映射到对应实体上，SOM 根据实体是否具备"逻辑—状态"属性界定各 Agent。

随着时间主线的推进，调用各类飞机系统模型、飞机任务模型、保障任务模型和保障资源模型等，完成保障任务。装备维修保障系统的业务过程是以人为主体的行为，活动/事件的状态具有多样性，对活动/事件的控制成为触发机制的关键。只有当前一活动处于结束状态时，才激活后继节点。采用基于事件的触发机制，解决日常使用任务或者维修保障任务的启动、执行和中止，随着活动定义的顺序完成任务的执行，借助仿真引擎推动任务进行。在仿真计算过程中，记录各实体 SOM 的活动、事件和时间数据，采用 REDIS 高速数据缓存处理计算过程数据，并存放到仿真计算过程数据集进行统一管理。仿真分析评估分为数据存储、数据分析和评估优化三部分，其中数据存储针对过程数据流表和数据实体表进行统一存储和管理；数据分析针对不同的保障行动特点和规律构建科学的指标体系，选择合理的算法产生评估数据，为保障方案修改、保障力量优化、保障体制编制、任务计划的合理性等提供参考和依据，提供评估所需的各类指标数据。

保障效能评估采用四级指标体系，即任务完成能力指标、任务支撑能力指标、综合保障能力指标和装备单元能力指标。对应于不同的保障性能力需求，指挥与评估机构通过保障活动的科学有效组织使诸多指标维持在一个可接受的范围。仿真分析评估主要实现维修保障作业条件下保障能力的对比分析，并提供评估所需的各类指标数据。基于 HLA 的体系保障性分析仿真运行架构如图 5.12 所示。

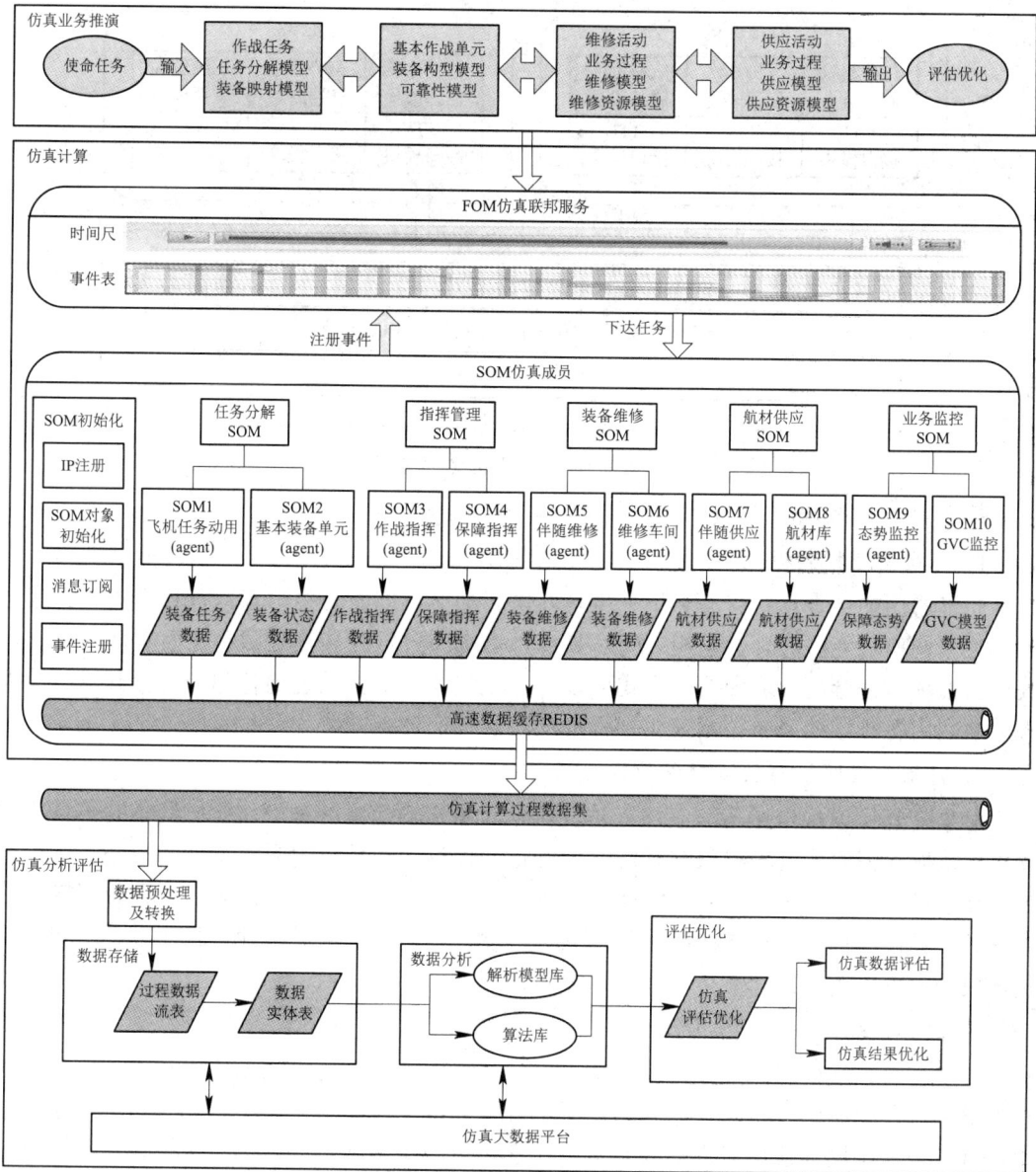

图 5.12　基于 HLA 的体系保障性分析仿真运行架构

5.4.2　架构关键技术途径

1. 基于 HLA 的分布式仿真体系框架

　　基于 HLA 的分布式仿真体系框架如图 5.13 所示,主体由联邦成员与运行支撑环境(RTI)构成,系统具有较为灵活的扩展性,方便联邦成员的加入和退出,联邦成员之间通过 RTI 实现互操作。

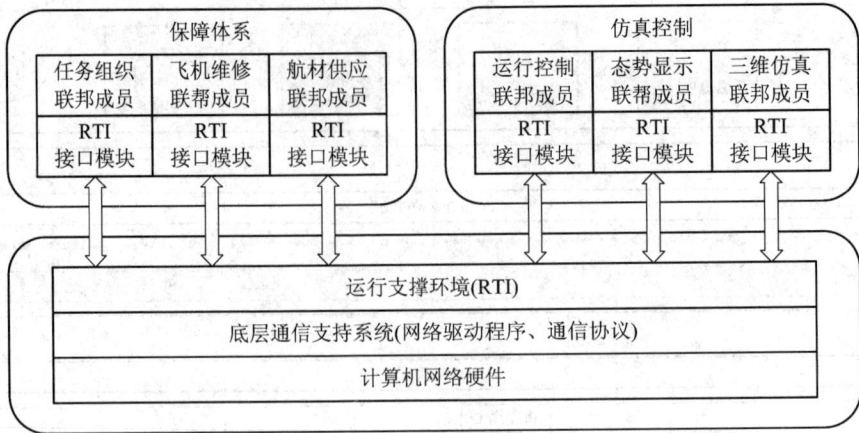

图 5.13　基于 HLA 的分布式仿真体系框架

基于 HLA 的分布式仿真体系框架解决以下三个核心问题：

1) 分层管理控制模式

通过通用的仿真运行支撑环境，将具体仿真功能实现、公共仿真运行管理服务和底层网络数据通信功能区分开，互相之间对具体技术细节进行封装与隐藏，从而实现应用层与底层支撑环境的分离，这种控制模式可以相对独立地对仿真系统的各部分进行开发，最大限度地利用各领域的最新技术来实现标准的功能与服务。

2) 对象交互协议与数据通信协议分离

对象交互协议规定在各种条件下仿真对象间所传输信息的种类，只与具体的仿真应用有关；数据通信协议传输对象交互协议中规定的信息，同具体的网络结构和拓扑有关。通过对象模型模板，仿真成员能够自行确定成员仿真过程中将会产生什么信息和希望接收什么信息，具体信息内容传送由底层通信服务实现，具备较大的灵活性。联邦成员之间只传输需要的和变化的信息，减少了网络通信量。

3) 仿真系统模块的即插即用

实现仿真系统模块的即插即用，而不必过多考虑不同系统中数据的表达方式、时间的管理机制以及模型的分辨率等问题，方便了新仿真系统的集成与管理。同时，HLA 还使得用户具备根据不同的应用需求对联邦进行快速组合与重新配置的能力，这种联邦范围内的互操作性与可重用性极大地提高了仿真开发的效率与灵活性。

2. 基于 RTI 的仿真单元高效同步和通信

基于高速网络数据发布结构 RTI(Run Time Infrastructure)实现仿真单元之间的高效同步和通信，联邦成员之间互操作所需的有关数据交互信息通过两类表格形式的 HLA OMT 模板定义。一类是联邦对象模型 FOM，一类是仿真对象模型 SOM，实现分布对象之间进行互相沟通的标准化接口。每个成员中分布对象需要公布的内容都通过 SOM 定义，多个 SOM 的相关内容共同组成 FOM，实现成员之间的通信。当本联邦要与其他联邦通信时，该联邦的 FOM 可以与其他的 FOM 再组成新的 FOM 通信。FOM、SOM 与对象的关系如图 5.14 所示。

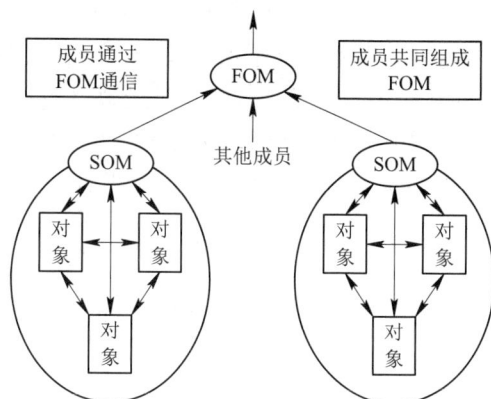

图 5.14　FOM、SOM 与对象的关系示意

FOM 为联邦成员之间进行数据交换提供公共的、标准化的格式，描述联邦运行过程中参与联邦成员之间信息交互的对象类、对象类属性、交互类、交互类参数的特性；SOM 为单一联邦成员可以对外发布的或需要接收的来自其他成员的对象类、对象类属性、交互类、交互类参数的特性，反映了联邦成员在参与联邦运行过程中所具备的能力以及交互所需信息的来源，方便对模型进行建立、修改和管理，有利于仿真资源的重用。据统计，在开发新的仿真系统时，75%的资源用于构造基础支撑环境，只有 25%的资源用于实现具体的仿真流程。通过 RTI、FOM、SOM 这三类公共接口，分布对象无论设置在什么位置、具有什么功能、和哪些对象具有数据交互关系，都可以实现信息的相互交换，且由于有了这些规范的接口，模型的标准化、重用性显著提高。

3. 基于时间/事件混合的仿真控制策略

在保障实验推演运行时，由 FOM 提供控制策略。根据装备保障的业务逻辑，基于 HLA 的网络协作模型建立的程序运行方式及运行状态控制，分为基于通用时间周期的推进机制和基于事件的触发机制。基于通用时间周期的推进机制是装备维修保障业务运行的主线程，根据保障业务时间特点设置基本的时间片，随着时间主线的推进，不断完成各时间段内产生的事件，最终随着连续时间片的推进，完成整个飞机的保障工作。装备维修保障业务过程是典型的离散事件发生和处理过程，采用连续时间片推进，驱动不同业务单元活动并改变相关业务单元状态。由于活动/事件具有多样性，对活动/事件按照事件进行的准确顺序控制成为事件触发机制的关键，即：只有前一活动结束，才能启动后续事件对应的活动，以避免造成业务时序的混乱及因果逻辑错误。基于事件触发采用"前向预测+事件探查"机制，避免事件的"后发先至"。

4. 基于 Hadoop 的海量数据存储与访问

海量数据存储与访问是大规模仿真计算、计算结果处理与深度分析的基础，Hadoop 具有海量数据并行存储能力和高效并行计算架构，用于解决各领域大数据处理需求[133-135]。为保证复杂保障模型的计算能力和可扩充性，采用基于 Hadoop 的大数据技术来保存和处理计算过程中产生的数据，相比传统仿真系统文件存储和普通数据库存储的方式效率更高，能够获取以前无法达到的计算处理能力。以某基地 24 架飞机日常飞行训练任务为例，假设飞机构型为三个层次(装备、系统、工作单元)，系统数为 15 个，LRU 数为 200 个，装备、系统状态为 6 种(停飞、故障工作、故障停机、备件延误、维修、正常工作)，LRU 状态为 2 种(故障、正常)，每日状态变化 2 个循环 4 次，则状态存储量超过 2 万条；若仿真一年时间且采用 500 次重复计算的规模，则状态记录数据超过 10 亿条，其计算量非传统的数据管理方式能够支撑，从而限制了仿真分析计算的深度。采用最新的 Hadoop 大数据库能够完整存储海量的计算数据，在仿真推演计算完毕后，实现对存储的中间过程数据的高效分析评估。

5.5　指标计算模型设计

体系保障性指标计算模型包括体系装备状态记录和体系保障性指标计算两部分共五个步骤，分别为基本装备单元元状态周期时序状态数据记录、基本装备单元任务周期时序状态数据记录、装备体系及装备单元任务周期时序状态数据记录、装备体系任务周期保障性指标构建时序状态及时间数据推送和体系保障性指标仿真计算。

Step1：基本装备单元元状态周期 T_i 时序状态数据记录。元状态周期 T_i 记录飞机工作(Work)—故障(Breakdown)—维修(Repairing)—等待备件(Waiting for spare parts)—修复完成(Repaired)的基本循环周期。T_i 值取决于基本装备单元机上各系统的故障概率、维修时间、备件供应时间和飞机使用保障时间。基本装备单元元状态周期时序状态数据记录模型如图 5.15 所示。

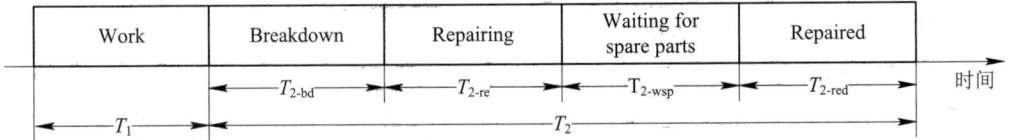

图 5.15　基本装备单元元状态周期时序状态数据记录模型

Step2：基本装备单元任务周期时序状态数据记录。基本装备单元任务周期时序状态由若干个元状态周期 T_i 相加组成，记录总时长为飞机任务期间对应的仿真计时时长。记录的基本状态包括任务、装备、组织、人员、资源和事件。基本装备单元任务周期时序状态数据记录模型如图 5.16 所示。

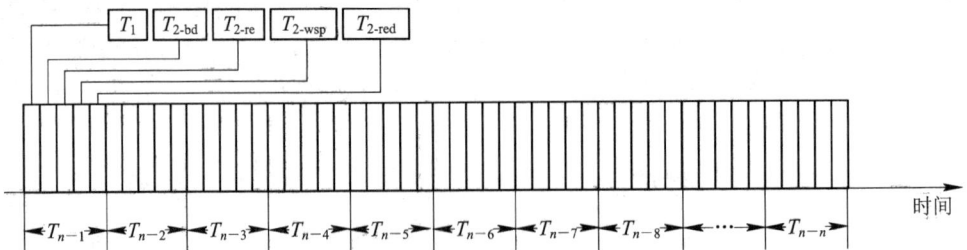

图 5.16　基本装备单元任务周期时序状态数据记录模型

仿真推进过程中，基本装备单元状态以一定的概率分布随机出现，包括飞机正常停机、飞机使用保障(飞行前准备、再次出动准备)、飞机正常工作、飞机故障停机、飞机故障维修、飞机故障等待备件、飞机周期性检查(定检、大修)、飞机定检等待备件、飞机大修等装备件、飞机到寿等 12 个状态，飞机正常停机和正常工作属于完好状态，除此之外属于不完好状态。基本装备单元任务周期状态表如图 5.17 所示。

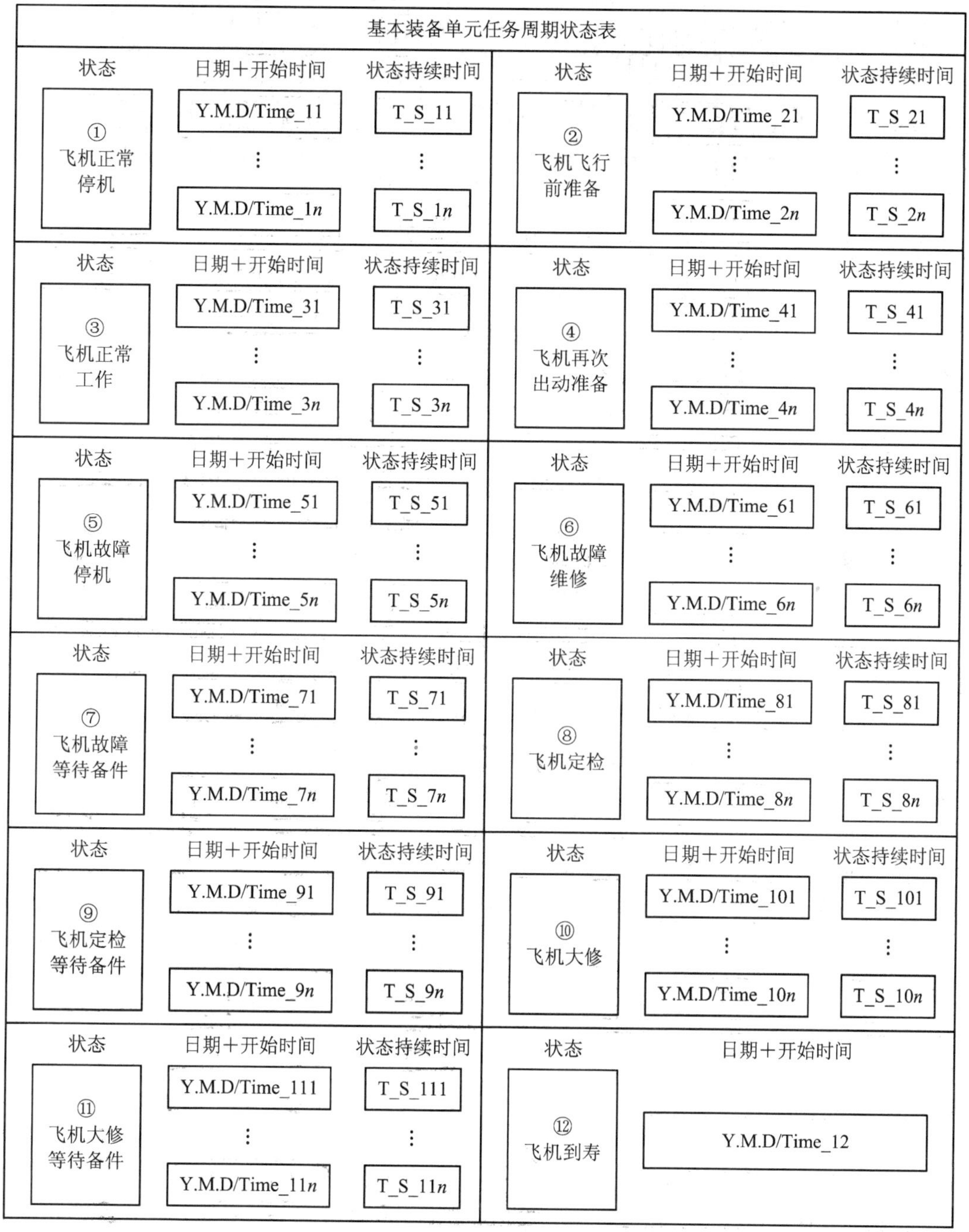

基本装备单元任务周期状态表					
状态	日期+开始时间	状态持续时间	状态	日期+开始时间	状态持续时间
① 飞机正常停机	Y.M.D/Time_11 ⋮ Y.M.D/Time_1n	T_S_11 ⋮ T_S_1n	② 飞机飞行前准备	Y.M.D/Time_21 ⋮ Y.M.D/Time_2n	T_S_21 ⋮ T_S_2n
状态	日期+开始时间	状态持续时间	状态	日期+开始时间	状态持续时间
③ 飞机正常工作	Y.M.D/Time_31 ⋮ Y.M.D/Time_3n	T_S_31 ⋮ T_S_3n	④ 飞机再次出动准备	Y.M.D/Time_41 ⋮ Y.M.D/Time_4n	T_S_41 ⋮ T_S_4n
状态	日期+开始时间	状态持续时间	状态	日期+开始时间	状态持续时间
⑤ 飞机故障停机	Y.M.D/Time_51 ⋮ Y.M.D/Time_5n	T_S_51 ⋮ T_S_5n	⑥ 飞机故障维修	Y.M.D/Time_61 ⋮ Y.M.D/Time_6n	T_S_61 ⋮ T_S_6n
状态	日期+开始时间	状态持续时间	状态	日期+开始时间	状态持续时间
⑦ 飞机故障等待备件	Y.M.D/Time_71 ⋮ Y.M.D/Time_7n	T_S_71 ⋮ T_S_7n	⑧ 飞机定检	Y.M.D/Time_81 ⋮ Y.M.D/Time_8n	T_S_81 ⋮ T_S_8n
状态	日期+开始时间	状态持续时间	状态	日期+开始时间	状态持续时间
⑨ 飞机定检等待备件	Y.M.D/Time_91 ⋮ Y.M.D/Time_9n	T_S_91 ⋮ T_S_9n	⑩ 飞机大修	Y.M.D/Time_101 ⋮ Y.M.D/Time_10n	T_S_101 ⋮ T_S_10n
状态	日期+开始时间	状态持续时间	状态	日期+开始时间	
⑪ 飞机大修等待备件	Y.M.D/Time_111 ⋮ Y.M.D/Time_11n	T_S_111 ⋮ T_S_11n	⑫ 飞机到寿	Y.M.D/Time_12	

图 5.17 基本装备单元任务周期状态表

Step3：装备体系及装备单元任务周期时序状态数据记录。装备体系及装备单元任务周期时序状态取决于各基本装备单元的时序状态组合，状态记录以仿真最小时间步长为基本单位，按照仿真粒度要求，可结合事件时间调整记录方式。(T_0+n)时刻的装备体系状态记为 State of Equipment SOS_(T_0+n)，(T_0+x)时刻的装备单元状态记为 State of Equipment SOS_(T_0+x)。装备体系及装备单元任务周期时序状态数据记录模型如图 5.18 所示。

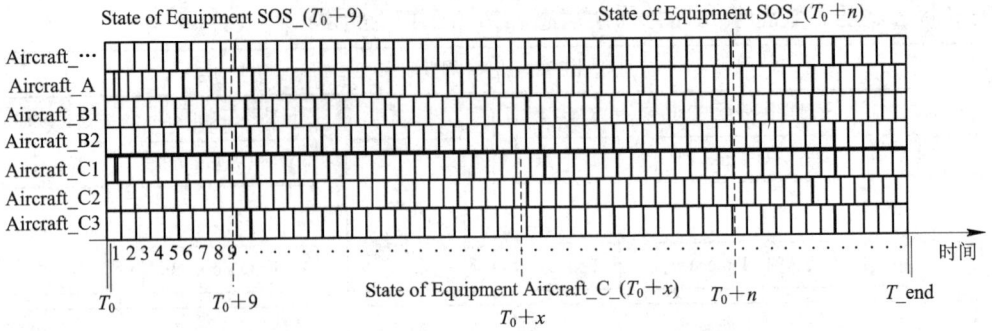

图 5.18　装备体系及装备单元任务周期时序状态数据记录模型

Step4：装备体系任务周期保障性指标构建时序状态及时间数据推送。装备体系任务周期保障性指标构建需要准确记录基本装备单元任务周期内任意时刻的时序状态及时间数据，面向体系保障性指标计算记录任务数据和装备数据。核心判断逻辑包括机型任务状态判断和体系任务状态判断，任务要求某任务阶段出动某装备单元 k 架飞机执行任务，需要出动 n 架（$n>k$），如果阶段任务过程中始终有大于等于 k 架飞机正常工作，则机型为可用状态，体系为可用状态；如果可用飞机小于 k 架，则机型为不可用状态，体系定义为不可用。若装备体系中的任一机型状态为不可用，则各型飞机构成的装备体系不可用。记录的时序状态和时间数据推送给仿真计算单元，仿真计算单元识别状态和时间并转换为逻辑判断结果进行模拟计数和计时，以供体系保障性指标的解析计算。航空装备体系任务周期保障性指标构建时序状态及时间数据推送模型如图 5.19 所示。

Step5：体系保障性指标仿真计算。对体系任务成功率、体系完好率、体系使用可用度和体系任务持续概率进行仿真计算，其中体系任务成功率和体系任务持续概率可在任务结束时刻提取仿真结果数据，体系完好率和体系使用可用度可在任务期间和任务结束时刻提取仿真结果数据。

$$MC = N\_Configuration\_reach/N\_simulation$$

其中：MC 为体系任务成功率；$N\_Configuration\_reach$ 为体系任务各阶段构型达标的仿真次数，即各阶段作战单元强度要求的最低飞机出动数量满足；$N\_simulation$ 为总任务仿真次数。

$$R_{rrsos} = (\sum_{i=1}^{n} N\_Aircraft\_i\_reach * N\_Aircraft\_i\_Total)/N\_Aircraft\_Total^2$$

其中：R_{rrsos} 为装备体系完好率，$N\_Aircraft\_i\_reach$ 为装备单元 i 机型的基本装备单元完好数量，$N\_Aircraft\_i\_Total$ 为装备单元 i 机型的基本装备单元总数量，$N\_Aircraft\_Total$ 为体系装备任务机型总数量。

$$A_{osos} = T\_Configuration\_reach/T\_simulation$$

其中：A_{osos} 为体系使用可用度；$T\_Configuration\_reach$ 为体系任务各阶段构型达标状态的仿真时间，即任务过程中始终有要求的飞机架数处于可用状态的时间；$T\_simulation$ 为任务仿真持续时间。

$$R_{mcsos} = \prod_{i=1}^{n} N\_Configuration\_i\_reach/N\_i\_simulation$$

其中：R_{mcsos} 为体系任务持续概率，$N\_Configuration\_i\_reach$ 为体系任务第 i 阶段构型处于达标状态的频数，$N\_i\_simulation$ 为体系任务第 i 阶段构型统计时间点频数。

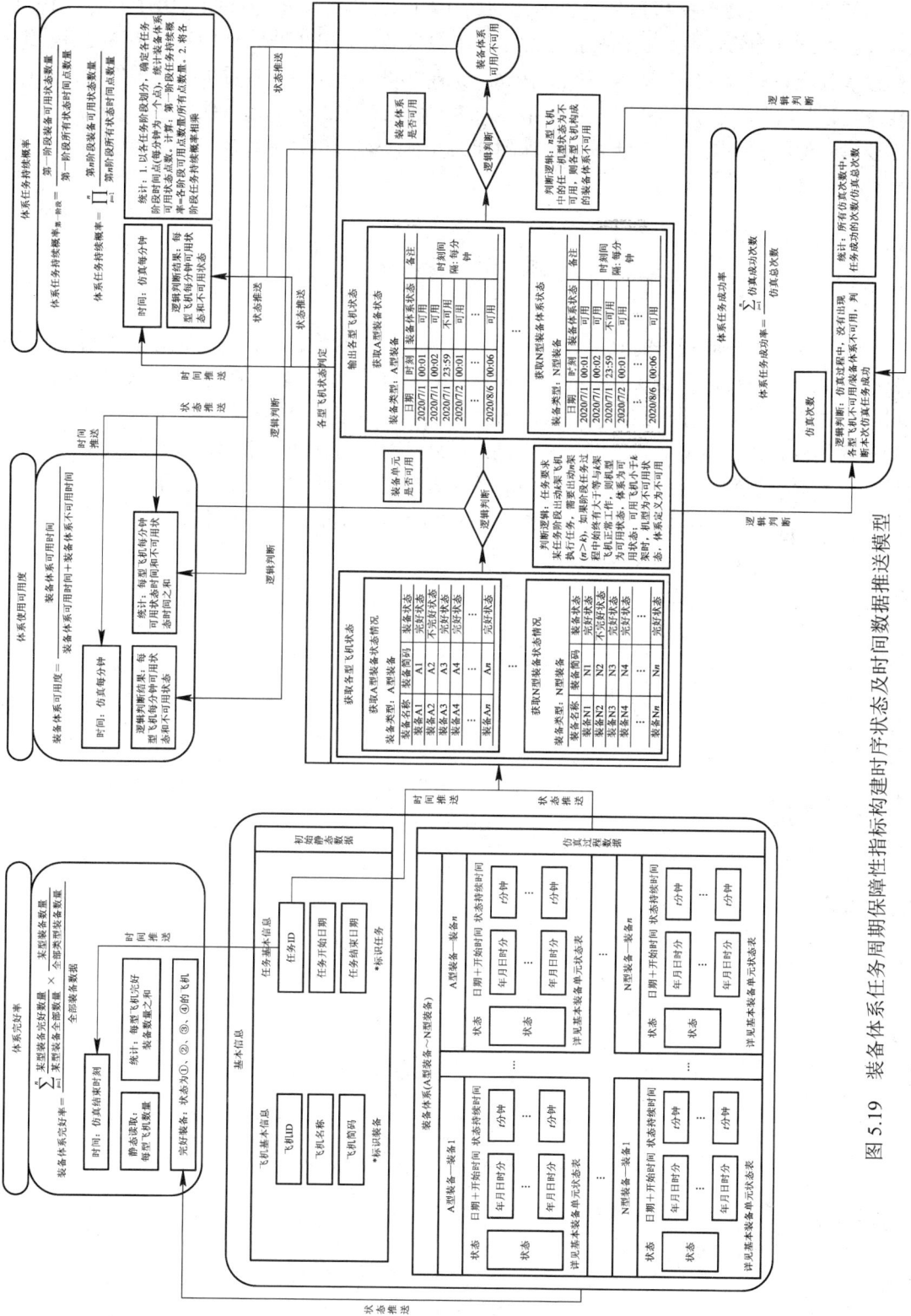

图 5.19　装备体系任务周期保障性指标构建时序状态及时间数据推送模型

综合保障能力指标和基本装备单元能力指标的仿真计算模型参照 GJB1909.1—1994《装备可靠性维修性参数选择和指标确定要求 总则》、GJB 1909.5—1994《装备可靠性维修性参数选择和指标确定要求 军用飞机》、GJB 1909A—2009《装备可靠性维修性保障性要求论证》等标准提出的基本参数和指标，考虑面向任务的体系装备保障中资源要素、组织要素、保障任务要素等对装备综合保障能力和基本装备单元能力的影响进行裁剪确定，此处不再赘述。

本 章 小 结

本章研究了面向任务的航空装备体系保障性分析仿真设计。首先，明确了体系保障性分析仿真设计的目标和需要解决的关键问题；其次，设计了体系保障性分析仿真业务流程；再次，对体系保障性分析推演运行控制进行了设计；接着，对体系保障性分析仿真运行架构进行了设计，并界定了其关键技术途径；最后，对体系保障性指标仿真计算模型进行了设计。本章的研究对体系保障性分析仿真的深入推进具有重要意义，为开展面向任务的保障性评估优化奠定了基础，为指挥员作战指挥和保障实施提供了决策依据。

第六章　航空装备体系保障性仿真评估典型案例分析

本章以××方向应急作战任务为背景,将本书所提建模仿真方法应用于应急作战中的航空装备体系保障性分析评估中,围绕装备体系任务、保障模型构建和体系指标计算进行评估分析,提出决策建议,主要解决量化决策、资源测算、态势监控、方案支撑等问题,流程包括作战背景描述、任务参数设置、保障性参数设置、仿真模型构建和仿真分析评估。通过案例分析,开展面向任务的航空装备体系保障性仿真评估,为指挥员作战指挥和保障实施提供决策依据。

6.1　作战背景(虚拟)描述

2025 年 1 月,A 国总统换届履新,新总统悍然宣布与 R 国争议地区 T 为 A 国所有,并通过国会立法任命 T 地区新任领导人,同时出动航母、飞机编队部署于争议地区空、海军基地。R 国领导人当即命令空中作战集团出动战机予以反击,空中作战集团指挥官下令由 A、B、C、D、E 五型战机共 40 余架组成空中编队执行作战任务,并于 2025 年 2 月 1 日 00:00 时集结至 H 地域执行先期预警探测任务。空中作战集团指挥中心参谋长命令保障指挥员即刻调动空军维修保障体系,务必保障战机持续完成作战任务,并发出后续任务预先号令。保障指挥员决定,根据飞机出动命令,立即组织保障人员进行方案制定并提出决策建议。

6.2　任务参数设置

6.2.1　任务机型构型参数

1. 任务机型

首先依据作战阶段任务要求设置任务期间出动飞机类型和数量参数,再根据阶段任务时间和任务样式类型设置油量方案和挂载方案。任务装备构型及任务模式方案参数如表 6.1 所示。

表 6.1 任务装备构型及任务模式方案参数

任务时间		26 小时		
阶段任务时间		12 小时	8 小时	6 小时
阶段任务要求		预警探测	前出侦察	远程攻击
		装备体系构型 CF$_1$	装备体系构型 CF$_2$	装备体系构型 CF$_3$
A 型机	最低数量	预警指挥 1	预警指挥 1	预警指挥 2
	出动数量	2	2	3
B 型机	最低数量	— —	— —	火力毁瘫 7
	出动数量			10
C 型机	最低数量	支援掩护 5	支援掩护 7	支援掩护 火力突击 10
	出动数量	8	10	16
D 型机	最低数量	— —	电子侦察 电子干扰 4	电子侦察 电子干扰 6
	出动数量		6	8
E 型机	最低数量	— —	— —	空中加油 4
	出动数量			6
A 型机任务模式		油量方案 AFC$_1$	油量方案 AFC$_2$	油量方案 AFC$_3$
B 型机任务模式		—	—	挂载方案 BHM$_3$
		—	—	油量方案 BFC$_3$
C 型机任务模式		挂载方案 CHM$_1$	挂载方案 CHM$_2$	挂载方案 CHM$_3$
		油量方案 CFC$_1$	油量方案 CFC$_2$	油量方案 CFC$_3$
D 型机任务模式		—	油量方案 DFC$_2$	油量方案 DFC$_3$
E 型机任务模式				油量方案 EFC$_3$

2. 任务模式

各型飞机任务模式以油量方案和挂载方案进行区分。油量方案约束包括各型机每飞行小时耗油量、任务飞行时间、初始载油量和降落载油量。机型油量参数略。

挂载方案涉及 B 型机和 C 型机，约束参数包括任务阶段弹药类型、弹药数量、挂载时间。机型挂载参数略。

3. 任务组织

任务组织设置空中作战集团、作战指挥中心、区域装备保障中心和战区装备保障基地。任务组织层次略。

6.2.2 出动机型构型参数

1. 机型数量

任务要求各型机在指定空域不间断执行任务，约束为支撑第一批飞机返航过程中第二批飞机接续执行任务。准备出动机型数量略。

2. 机型科目

根据阶段任务类型、阶段任务时间、飞机滞空时间确定各型飞机科目类型和科目持续时间。机型科目参数略。

3. 出动计划

以阶段任务时间、阶段任务装备构型、科目持续时间、飞机使用保障时间和飞机作战样式等为约束条件，确定机型批次和每架飞机任务起降时刻。

6.3　保障性参数设置

1. 飞机保障参数

飞机初始保障参数包括装备名称、编码、飞行小时、出厂日期、规定使用年限、规定寿命和阶段剩余寿命，通过阶段剩余寿命控制飞机定检、大修和各项周期性保障工作的触发。各型机初始保障参数略。

2. 保障人员参数

根据飞机维修保障模式和使用及维修保障大纲设置各型飞机使用保障人员类型、数量。各型机保障人员参数略。

3. 保障行为参数

以 A 型机为例，根据任务想定，保障机组不设置军械专业，执行 3.5 h 和 3 h 科目。A型机预先机务准备参数略。

4. 部件 RMS 参数

选取各作战单元飞机的发动机、液压油泵、飞机管理计算器、JIDS 数据链、多功能显示器等五个部件作为仿真的基本输入。部件 RMS 参数设置略。

6.4　仿真模型构建

仿真模型构建包括组织模型、装备任务模型、装备系统模型、保障系统模型和保障行为模型的构建。

6.4.1　组织建模

组织建模完成体系保障性仿真评估涉及的组织层次、机务组织、保障分队和保障班组模型构建，设置各组织统辖装备、人员和保障资源的类型和数量。组织建模界面如图 6.1所示。

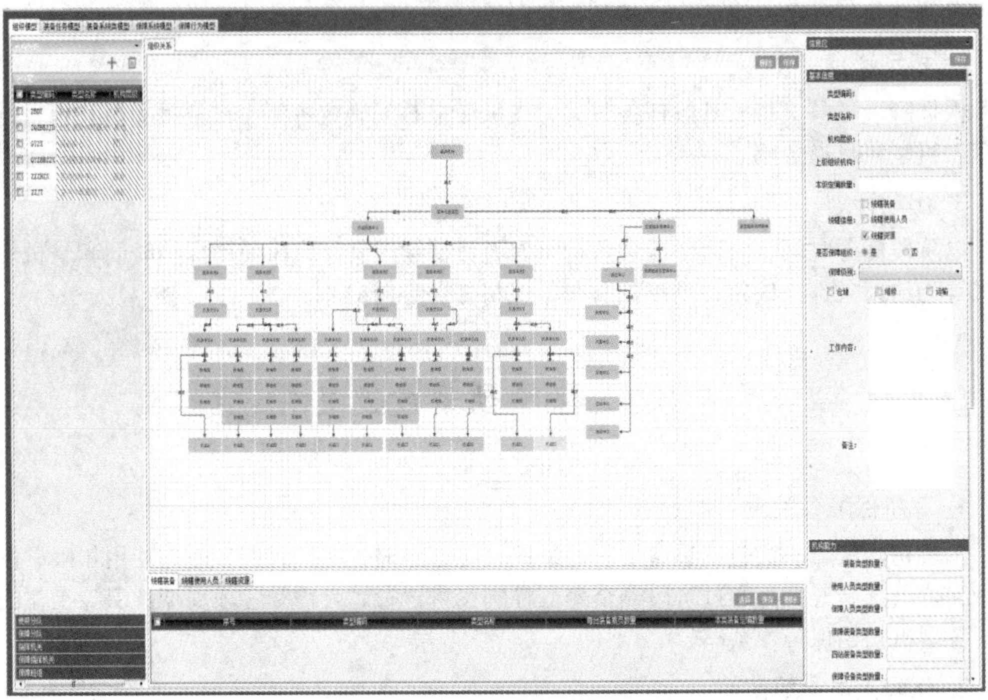

图 6.1　组织建模界面

6.4.2　装备任务建模

装备任务建模完成体系保障性仿真评估涉及的任务飞行计划、任务科目和任务阶段模型构建,设置任务具体装备使用、出动批次、场次调度和科目阶段等。装备任务(飞行计划)建模界面如图 6.2 所示。

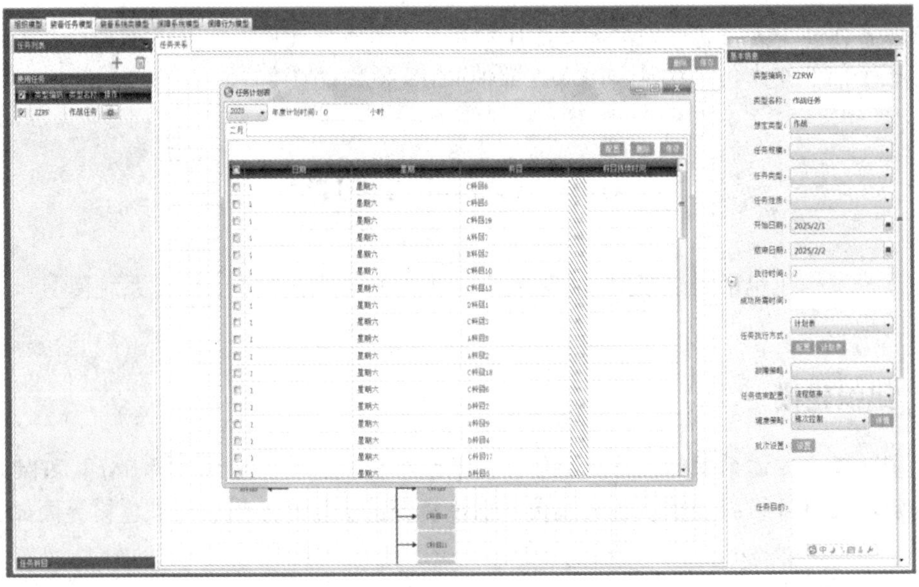

图 6.2　装备任务(飞行计划)建模界面

6.4.3　装备系统建模

装备系统建模完成体系保障性仿真评估涉及的装备结构模型构建，设置各型飞机二级系统属性、系统部件属性、部件故障参数、部件 RMS 指标等。

6.4.4　保障系统建模

保障系统建模完成体系保障性仿真评估涉及的各类保障资源及其调配管理关系模型构建，设置保障设施、保障装备、四站装备、保障设备、备品备件等的配置属性和关系描述。

6.4.5　保障行为建模

保障行为建模完成体系保障性仿真评估涉及的使用保障、维修保障和供应保障行为模型构建，设置各类保障工作属性、保障活动阶段、保障班组需求和保障资源需求。

6.4.6　保障模型实例化

保障模型实例化即在仿真模型构建的基础上，实例化仿真涉及的各种实体和实体之间的驱动关系。

6.5　仿真分析评估

案例计算推演与分析评估界面如图 6.3 和图 6.4 所示。

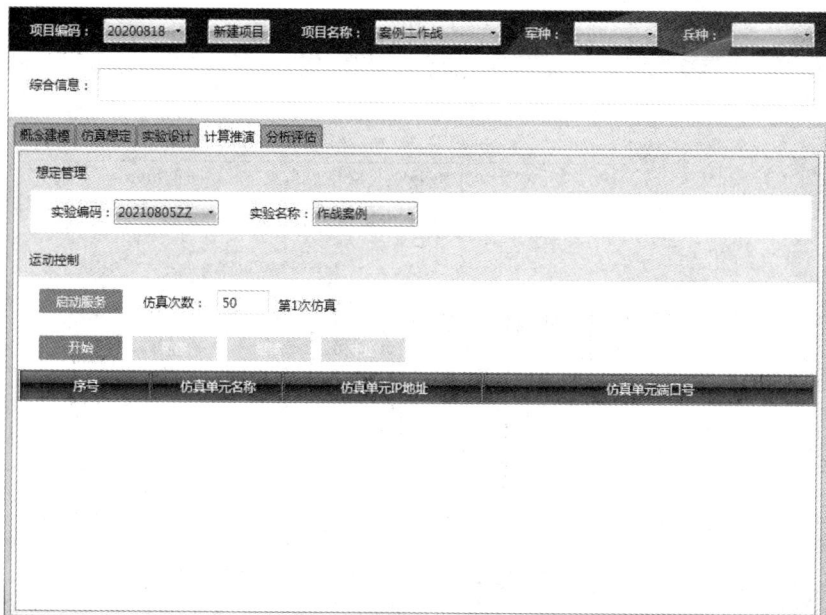

图 6.3　计算推演界面

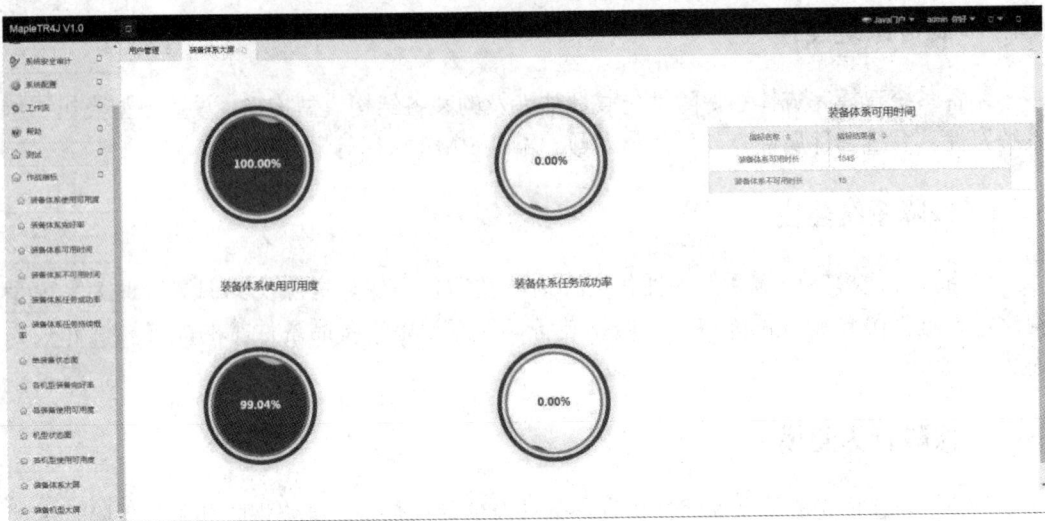

图 6.4　分析评估界面

6.5.1　初始状态分析

1. 单机要素

初始输入条件下，进行推演计算，统计任务周期 2025 年 2 月 1 日 00:00 时至 2025 年 2 月 2 日 02:00 时内单机要素仿真结果。A01～A06 号飞机状态如图 6.5～图 6.10 所示。

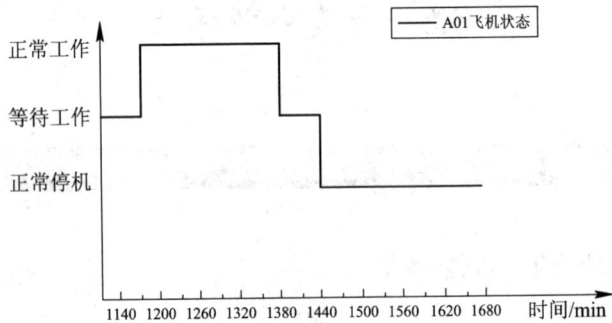

图 6.5　A01 号飞机状态图

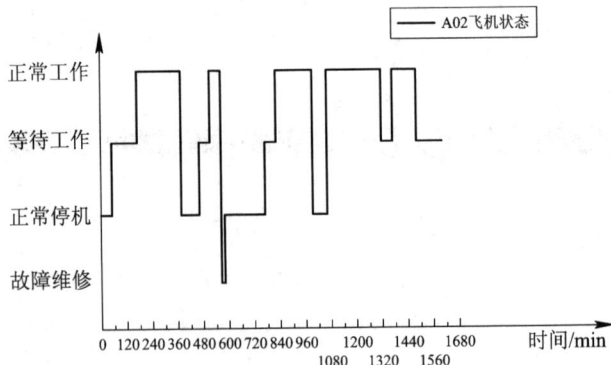

图 6.6　A02 号飞机状态图

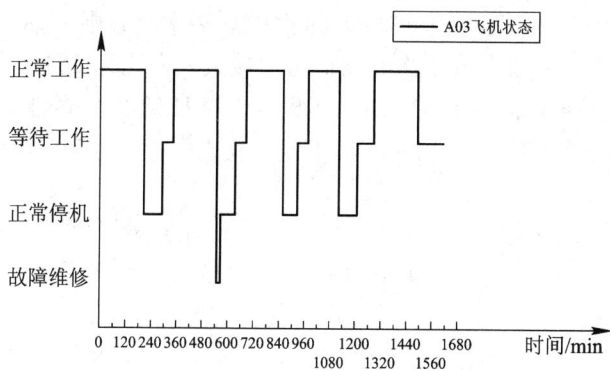

图 6.7　A03 号飞机状态图

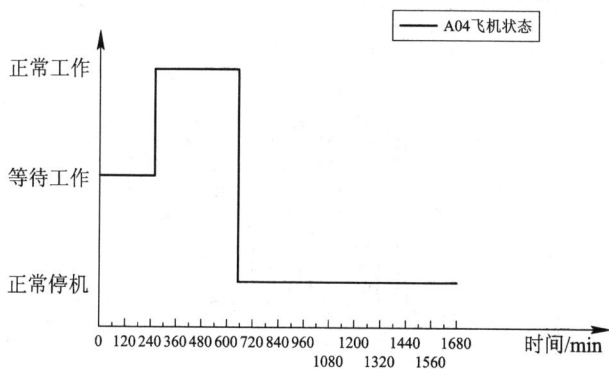

图 6.8　A04 号飞机状态图

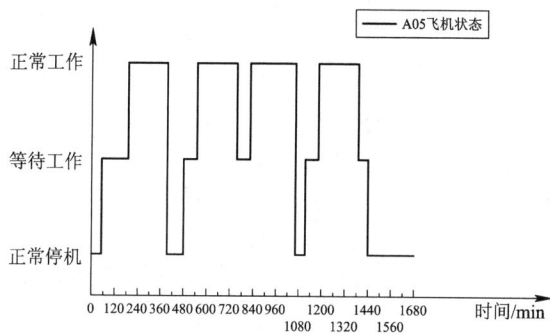

图 6.9　A05 号飞机状态图

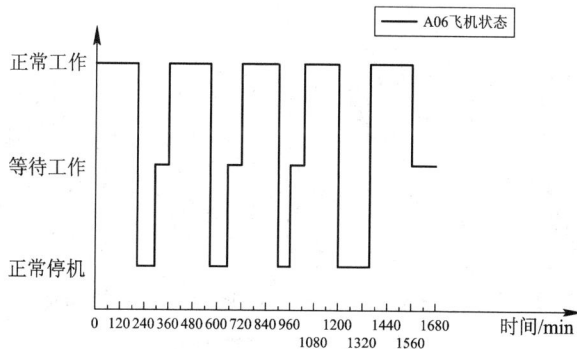

图 6.10　A06 号飞机状态图

　　由统计数据分析可知，飞机出动架次区间为[1，9]次，其中 C18 号飞机出动 9 次，D14 号飞机出动 1 次，出动次数 2 次的飞机比例最大，占比为 25%；飞机完好时间区间为[1547，1560]min，完好时间为 1547 min 的飞机占比为 11.2%，完好时间为 1560 min 的飞机占比为 67.5%；飞机任务时间区间为[60，989]min，飞机任务时间 750 min 的飞机比例最大，占比为 16.2%。

　　A02 号飞机任务期间完好时间为 1547 min，执行任务时间为 770 min，出动频次为 5 次，在 2025 年 2 月 1 日 9 点 50 分出现故障，于 2025 年 2 月 1 日 10 点 03 分恢复完好状态。在单架飞机状态仿真数据的基础上可进一步统计飞机出动架次、飞机使用可用度和飞机任务时间等信息。飞机逐号出动架次统计、飞机逐号使用可用度统计和飞机逐号任务时间统计如图 6.11～图 6.13 所示。

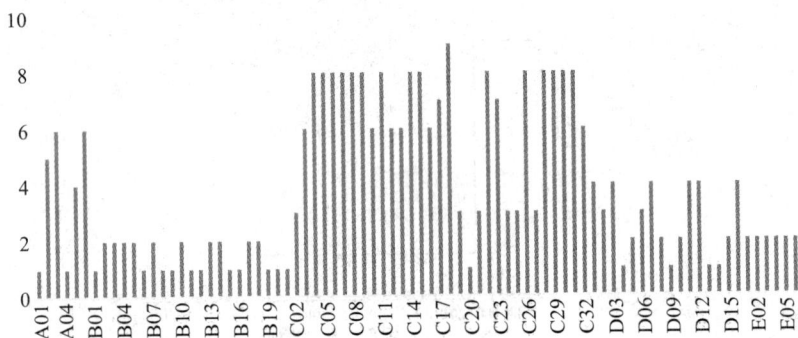

图 6.11　飞机逐号出动架次

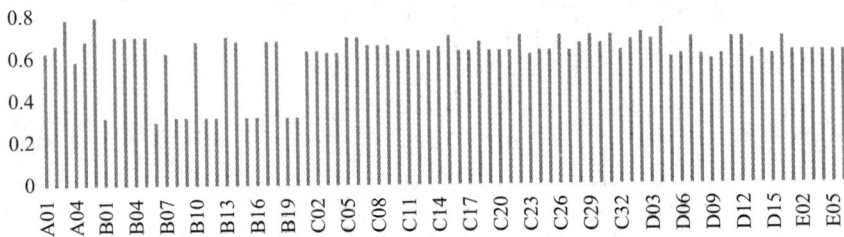

图 6.12　飞机逐号使用可用度

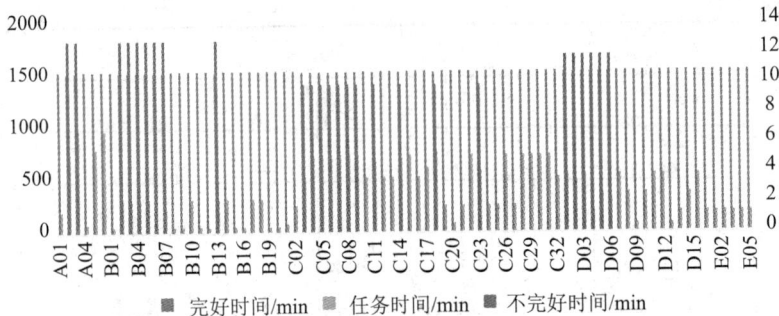

■ 完好时间/min　■ 任务时间/min　■ 不完好时间/min

图 6.13　飞机逐号任务时间统计

2. 体系要素

任务周期时间内各型飞机使用可用度、体系使用可用度、体系任务持续概率均为100%；仿真结束时刻，机型完好率、体系装备完好率均为100%。以 A 型机为例进行分析，任务过程中，A 型机飞行科目覆盖任务的三个阶段，虽 A03、A02 号飞机分别在 2025 年 2 月 1 日 9 点 30 分和 9 点 50 分出现故障并进行维修，但每个阶段均满足任务强度要求，即每个阶段机型均为可用，故 A 型机的使用可用度为 100%。

从保障资源的角度，以 C 型机直接机务准备为例。C 型机科目出动数量最大为 16 架，氮气车和氧气车配置数量相对较低，在 C 型机直接机务准备过程中，氧气车一批次可供给 6 架装备，耗时 15 min，三批次可供给 16 架装备，耗时 45 min，未超出 C 型机的直接机务准备时间，因此，C 型机 6 架氧气车可在规定时间内为 16 架装备提供保障支撑。

分析可知，初始保障系统配置可以较好地支撑应急作战装备体系完成各阶段任务，下一步，以初始输入数据和计算指标结果为基础，针对保障系统主要 RMS 参数和任务强度相关参数进行调整试验，考查系统级和体系级指标的变化情况。

6.5.2　RMS 敏感性分析

RMS 敏感性分析即在基础数据输入基础上，调整 LRU 部件(关重件和一般件)单一参数和复合参数，通过体系保障性指标的变化分析评估保障系统支撑作战任务的基本能力。

以 A 型机为例，机型发动机 RMS 参数调整值略，各型机完好率指标变化趋势(A 型机发动机 RMS 调整)如图 6.14 所示，各型机使用可用度指标变化趋势(A 型机发动机 RMS 调整)如图 6.15 所示，体系保障性指标变化趋势(A 型机发动机 RMS 调整)如图 6.16 所示。

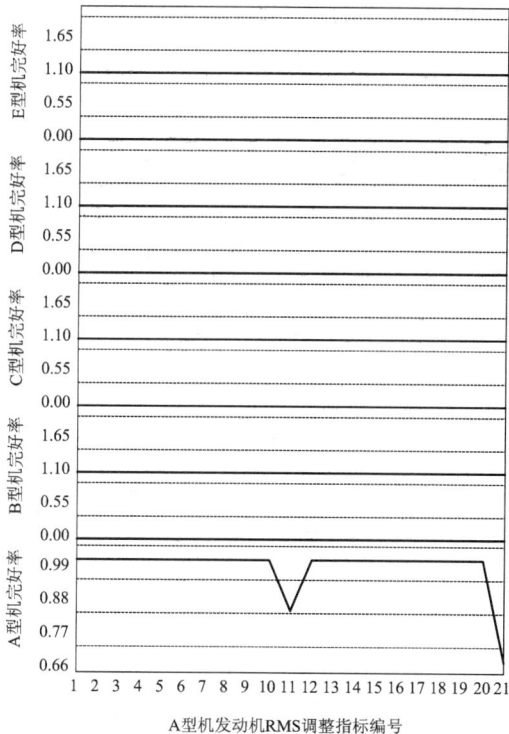

图 6.14　各型机完好率指标变化趋势(A 型机发动机 RMS 调整)

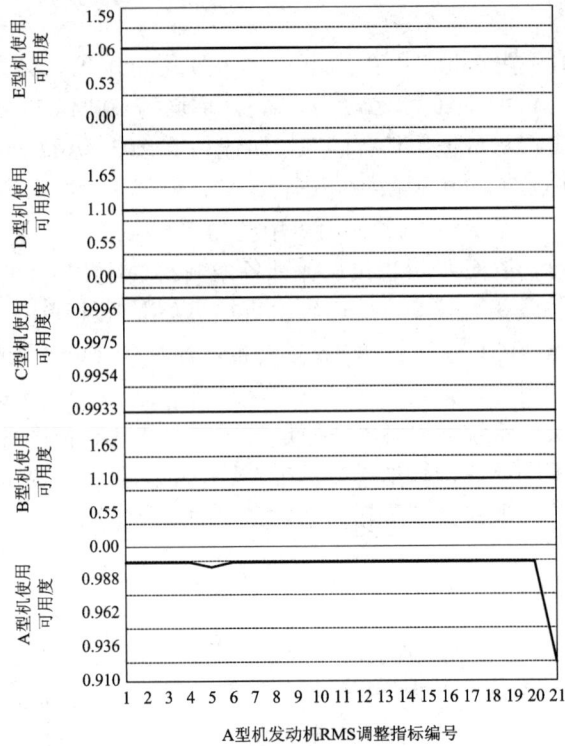

图 6.15　各型机使用可用度指标变化趋势(A 型机发动机 RMS 调整)

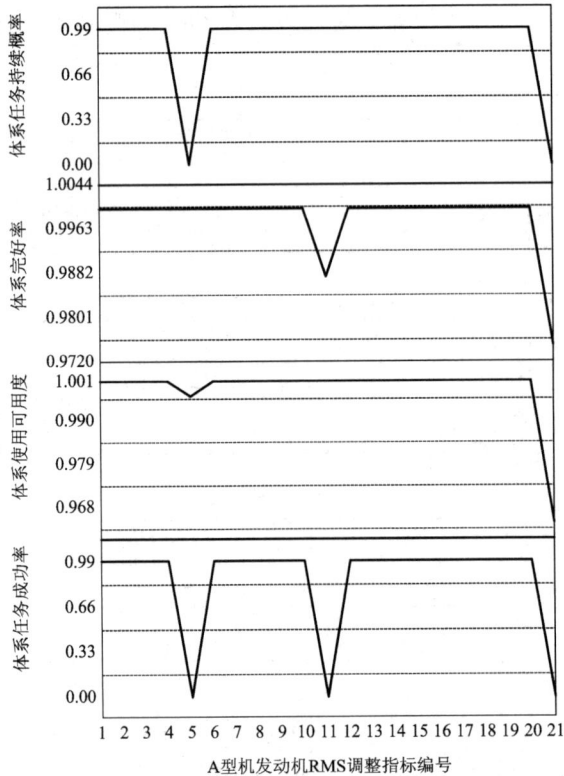

图 6.16　体系保障性指标变化趋势(A 型机发动机 RMS 调整)

分析可知，A 型机 RMS 参数对机型完好率和使用可用度影响较小。A 型机 MTBF 减小 98.40%至 20 min 时，A 型机完好率降低至 99.62%，体系使用可用度降低至 99.62%；A 型机 MTTR 延长 1590%至 220 min 时，A 型机完好率降至 83.33%，体系完好率降低至 98.75%；A 型机复合指标中 MTBF、MTTR、MLDT 分别调整至 20 min、220 min、45 min 时，A 型机完好率出现最小值 66.67%，A 型机使用可用度出现最小值 92.24%，体系使用可用度降低至 96.41%，体系完好率降低至 97.50%，此时，体系任务无法持续推进，体系任务失败。总体上，任务时间内，A 型机 RMS 指标对整个任务的成功影响较小，主要原因在于任务时间较短，任务强度较小，装备体系配置冗余较大。

6.5.3 保障行为敏感性分析

保障行为敏感性分析即调整基本装备单元使用保障行为参数和保障资源参数，通过体系保障性指标的变化分析评估保障系统弹性支撑应急作战任务的能力。保障行为参数调整值略，各型机完好率指标变化趋势(保障行为调整)如图 6.17 所示，各型机使用可用度指标变化趋势(保障行为调整)如图 6.18 所示，体系保障性指标变化趋势(保障行为调整)如图 6.19 所示。

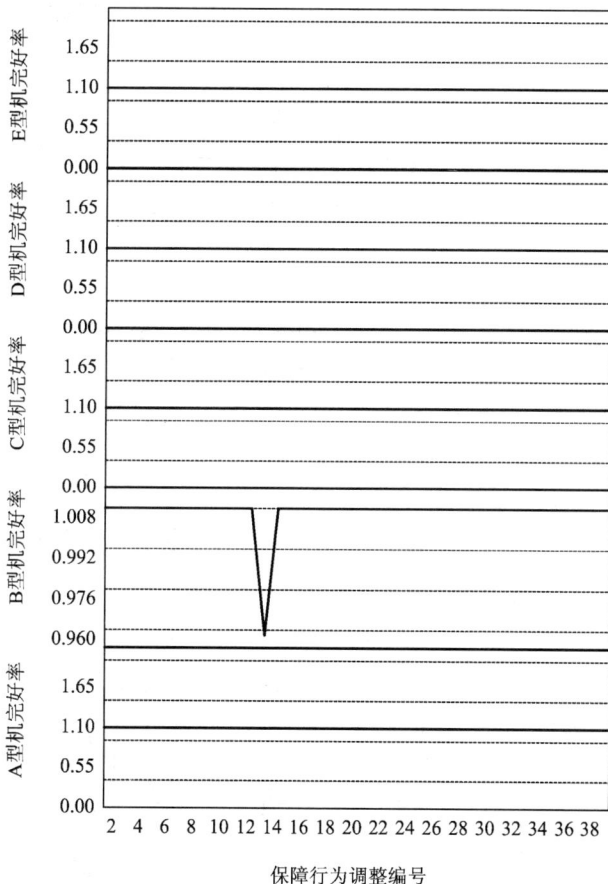

图 6.17 各型机完好率指标变化趋势(保障行为调整)

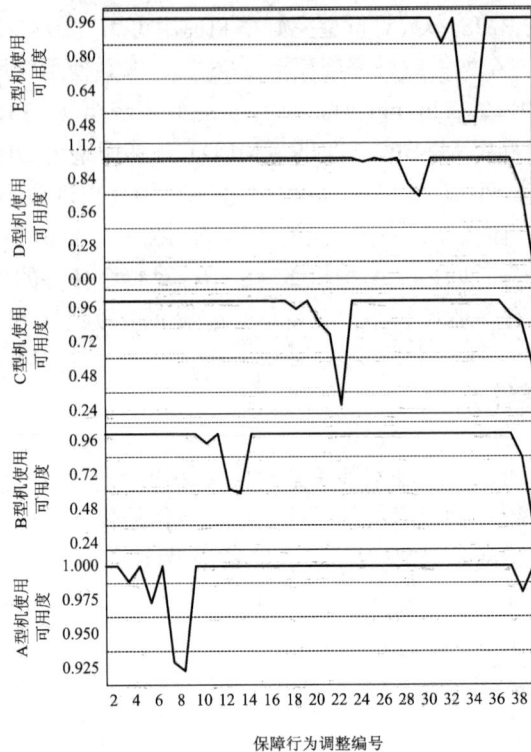

图 6.18　各型机使用可用度指标变化趋势(保障行为调整)

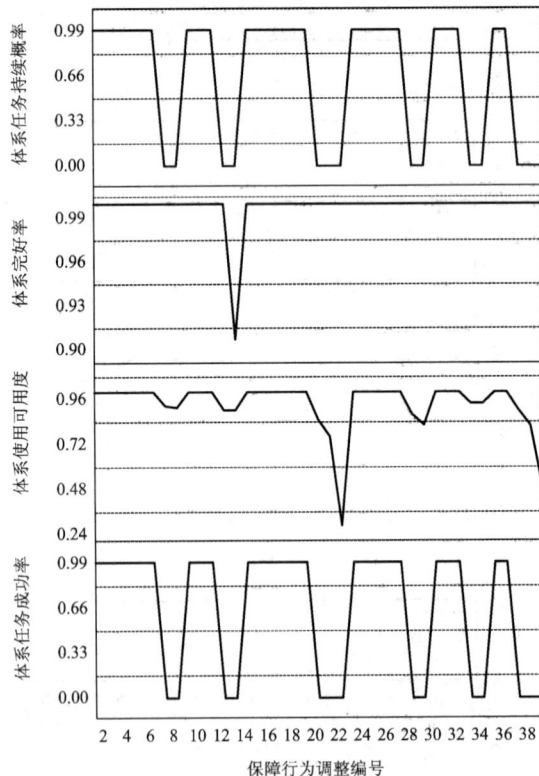

图 6.19　体系保障性指标变化趋势(保障行为调整)

分析可知，任务结束时刻统计各机型状态时，A、C、D、E 型机完好率未发生变化，均为 100%；当 B 型机电源车数量降低 80% 时，B 型机完好率由 100% 降至 95%。

分析可知，使用保障行为调整对各型机使用可用度影响较小，A 型机直接机务准备时间增大 40% 时，使用可用度降至 98.85%；A 型机再次出动机务准备时间增大 60% 时，使用可用度降至 97.31%。保障资源调整对各型机使用可用度影响较大，A 型机电源车数量减少 90% 时，使用可用度降至 92.31%；特别地，作为五型机通用车辆的附油车数量降低 80% 时，A 型机使用可用度降至 98.08%，附油车数量降低至 90% 时，B 型机使用可用度出现最低值，为 33.33%，C 型机使用可用度出现最低值，为 14.29%；E 型机电源车数量降低 80% 时，使用可用度出现最低值，为 57.14%。可以看出，同样配置的通用型和专用型保障资源对各型机的使用可用度最低值点的出现影响不同。

分析可知，各型机使用保障行为调整对体系保障性指标未产生影响；保障资源调整对体系保障性指标影响较大，体系任务成功率、体系使用可用度及体系任务持续概率变化趋势相似。C 型机电源车数量降低 90% 时，体系使用可用度从 100% 降至 28.85%，为体系使用可用度的最低值，体系任务无法持续推进，体系任务失败，整体上看，C 型机电源车数量调整对体系使用可用度的影响最大；B 型机电源车数量降低 80% 时，体系完好率由 100% 降至 98.75%，其余指标调整对体系完好率均无影响，可以看出，B 型机电源车数量调整对体系完好率变化较为敏感；通用型保障资源附油车数量调整至 60% 时，体系使用可用度开始下降，体系任务开始无法持续推进，因此，在任务过程中，应重点监控附油车使用情况，及时补充调配。

6.5.4　任务强度敏感性分析

任务强度敏感性分析即调整各型机阶段任务强度，分析各个指标变化情况。任务强度参数调整值如表 6.2 所示，各型机使用可用度指标变化趋势(任务强度调整)如图 6.20 所示，体系保障性指标变化趋势(任务强度调整)如图 6.21 所示。

表 6.2　任务强度参数调整值

编号	任务阶段	调整方式	调整步长	调整前值(k/n)	调整后值(k/n)
1	A-1	增大	50%	1/2	2/2
2	A-2	增大	50%	1/2	2/2
3	A-3	增大	30%	2/3	3/3
4	B-3	增大	30%	7/10	10/10
5	E-3	增大	50%	4/6	6/6
6	C-1	增大	40%	5/8	7/8
7	C-2	增大	40%	7/10	10/10
8	C-3	增大	40%	10/16	16/16
9	D-2	增大	40%	4/6	6/6
10	D-3	增大	20%	6/8	8/8

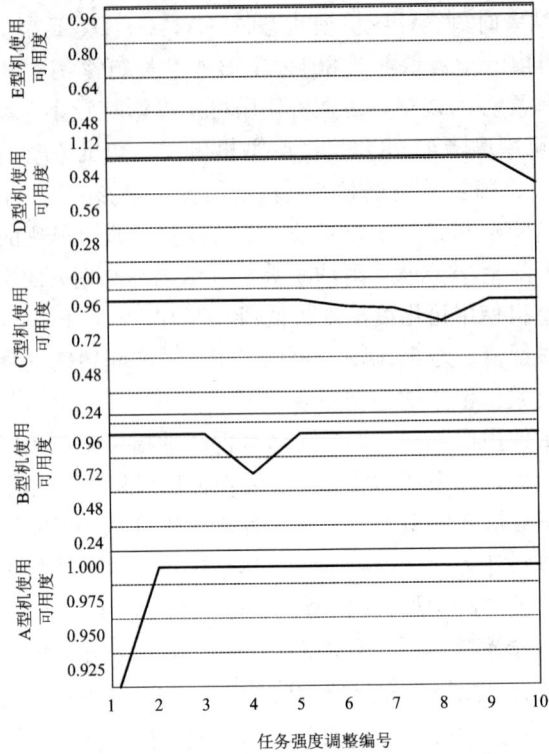

图 6.20　各型机使用可用度指标变化趋势(任务强度调整)

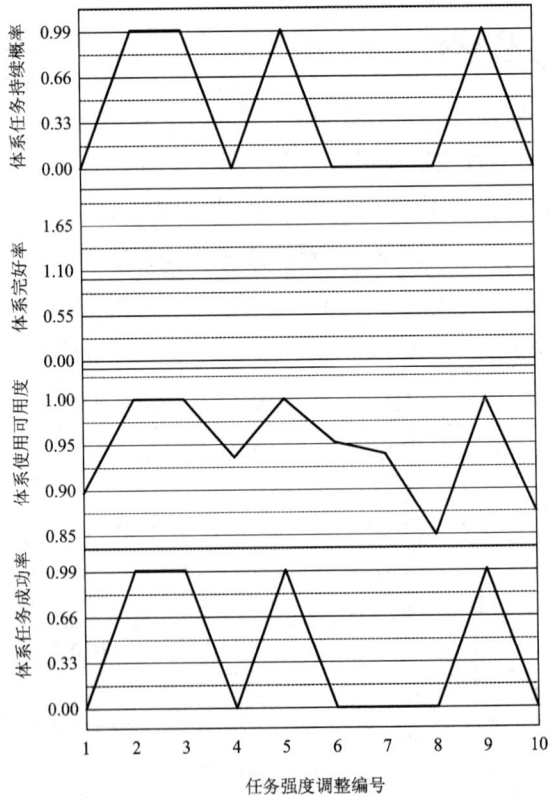

图 6.21　体系保障性指标变化趋势(任务强度调整)

分析可知，当要求出动的 6 架 E 型机在第三任务阶段都处于完好工作状态时，E 型机使用可用度仍未发生变化，说明其配置冗余较大；A-1 的调整使得 A 型机使用可用度降低到最小值 89.74%，B-3 的调整使得 B 型机使用可用度降低到最小值 72.22%，C-3 的调整使得 C 型机使用可用度降低到最小值 84.94%，D-3 的调整使得 D 型机使用可用度降低到最小值 77.39%。

分析可知，体系任务成功率、体系使用可用度和体系任务持续概率呈现大致相同的变化趋势，其中体系任务成功率与体系任务持续概率变化趋势相同，说明体系各阶段任务可持续，意味着体系任务可以成功；体系完好率一直维持在 100%，说明在任务结束时刻，各基本装备单元都可以恢复到完好状态。A-1、B-3、C-1、C-2、C-3 及 D-3 的调整使得体系任务成功率、体系任务持续概率降为 0，C-3 的调整使得体系使用可用度降为最低值 84.94%，且任务无法持续推进，因此，应加强对第三阶段 C 型机使用的监控，并统筹加强使用与维修保障。

本 章 小 结

本章以航空兵参加应急作战任务为背景，将本书提出的建模与仿真方法应用于该任务的体系保障性分析评估中。通过案例分析，验证了定量分析评估体系保障性弹性支撑应急作战任务能力的技术途径的可行性，所得结果可用于开展面向任务的航空装备体系保障性分析评估，为指挥员作战指挥和保障实施提供决策依据。

参 考 文 献

[1] 高龙, 曹军海, 宋太亮, 等. 分布式装备保障体系任务分配模型[J]. 装甲兵工程学院学报, 2018, 32(06): 13-21.

[2] LUO L Z, CHAKRABORTY H N, SYCARA K. Multi-robot assignment algorithm for tasks with set precedence constraints [C] ∥ 2011 IEEE International Conference on Robotics and Automation. Piscataway, NJ, USA: IEEE, 2011: 2526-2533.

[3] 左文博, 赵英俊, 张建行, 等. 防空反导装备抢修任务分配建模[J]. 装甲兵工程学院学报, 2018, 32(04): 7-11.

[4] 王坚浩, 张亮, 史超, 等. 基于入侵杂草蝙蝠双子群优化的装备保障编组协同任务规划[J]. 控制与决策, 2019, 34(07): 1375-1384.

[5] 王坚浩, 张亮, 史超, 等. 装备精确保障任务规划建模与混沌蝙蝠算法求解[J]. 控制与决策, 2018, 33(09): 1625-1630.

[6] 马海英, 金学科, 刘力. 区域联合作战装备保障任务分配模型[J]. 火力与指挥控制, 2017, 42(08): 72-75.

[7] 赵田, 张炜, 吕耀平, 等. 基于多视角的装备保障任务规划机理分析[J]. 装备学院学报, 2017, 28(02): 13-17.

[8] 邢彪, 曹军海, 宋太亮, 等. 面向任务成功性的装备保障体系复杂网络鲁棒性分析[J]. 计算机应用研究, 2018, 35(02): 475-478.

[9] 李康, 黄之杰, 吴潇洁, 等. 装备保障效能仿真评估中的任务问题研究[J]. 计算机与数字工程, 2018, 46(10): 1995-1998, 2052.

[10] SONG T L, XING L D. Mission need-based system supportability objectives determination [C]. IEEE, Reliability and Maintainability Symposium (RAMS), 2011.

[11] 于风竺, 方光统, 杨瑞平, 等. 面向任务的舰船装备维修保障资源优化配置研究[J]. 舰船电子工程, 2017, 37(06): 79-83.

[12] 王铁宁, 李浩, 王生凤, 等. 面向作战任务的装甲装备群携行备件配置优化[J]. 兵工学报, 2016, 37(10): 1881-1888.

[13] 胡文璟. 保障性分析在通信装备维修保障资源需求确定中的应用[D]. 上海: 华东理工大学, 2016.

[14] 李鼎. 基于 Petri 网的基本作战单元使用保障资源仿真建模与优化[D]. 长沙: 国防科学技术大学, 2013.

[15] 盛旺, 齐建军, 黄生俊, 等. 基于任务可靠性的使用保障设备优化配置模型[J]. 电子产品可靠性与环境试验, 2013, 31(05): 23-28.

[16] LI L, XU C Q, TAO M X. Resource allocation in open access OFDMA femtocell. Networks [J]. Wireless Communications Letters, 2012, 1(6): 625-628.

[17] 王睿, 雷红伟, 彭英武, 等. 战时任务条件下舰艇装备多级备件优化[J]. 上海交通大

学学报, 2013, 47(03): 398-403.

[18] 盛经雨. 基本作战单元使用保障资源协调配套评价指标研究[D]. 长沙: 国防科学技术大学, 2012.

[19] HOOKS D C, RICH B A. Open systems architecture for integrated RF electronics[C]. IEEE Aerospace and Electronic Systems Magazine, 1999, 14(1): 29-33.

[20] 韩小孩, 张耀辉, 王少华, 等.考虑维修工作的装备任务成功性评估方法[J]. 系统工程与电子技术, 2017, 39(03): 687-692.

[21] 王开良, 史宪铭, 于洪敏, 等. 基于兰彻斯特方程的维稳军事行动军械装备维修任务量估算[J]. 物流科技, 2011, 34(08): 97-101.

[22] 刘文宝, 王少华, 孟祥辉, 等. 基于遗传算法的装备维修任务规划[J]. 兵工自动化, 2010, 29(11): 23-26.

[23] 曹立军. 以任务成功性为中心的维修决策方法与应用[J]. 火力与指挥控制, 2007(06): 97-101.

[24] 郭霖瀚, 康锐. 基本作战单元预防性维修保障过程建模仿真[J]. 计算机仿真, 2007(04): 36-39+86.

[25] 綦海龙, 何志德. 装备维修任务模型研究[J]. 航空计算技术, 2006(02): 124-125+128.

[26] 刘斌. 舰船装备保障资源和维修策略优化及效能评估[D]. 西安: 西北工业大学, 2006.

[27] 田舢, 张晓丰, 董钰. 用遗传算法解决装备抢修任务分配问题[J]. 航空计算技术, 2006(01): 83-85.

[28] 张涛. 装备使用阶段维修保障能力评估建模与分析[D]. 长沙: 国防科学技术大学, 2004.

[29] 刘彬, 米东, 杜晓明, 等. 装备保障仿真军事概念模型研究[J]. 装备指挥技术学院学报, 2011, 22(2): 37-41.

[30] 孙王虎, 柏彦奇, 张学民. 军事概念模型的格式化描述方法研究[J]. 计算机仿真, 2013, 30(9): 18-21, 40.

[31] 李大喜, 杨建军, 孙鹏, 等.MOTE 的空基反导军事概念模型描述[J]. 火力与指挥控制, 2014, 39(3): 108-111.

[32] 阮长明, 储昌参, 张为民. 海军战役特种作战军事概念模型体系架构研究[J]. 海军学术研究, 2015, 2: 47-50.

[33] 孙新波, 汪民乐, 邓昌. 基于 UML 的常规导弹毁伤概念建模研究[J]. 第二炮兵工程学院学报, 2009, 23(2):90-93.

[34] 李晨, 柏彦奇. 面向任务的陆军装备保障系统概念建模研究[J]. 计算机与数字工程, 2018, 46(8): 1568-1574.

[35] 舒正平, 张永东. 装备保障能力系统分析及其概念模型研究[J]. 陆军军官学院学报, 2017, 3: 70-73.

[36] 唐凯, 柏彦奇. 陆军战术级装备保障系统仿真概念模型六视图体系结构研究[J]. 军械工程学院学报, 2015, 27(5): 1-6.

[37] 王骏, 杨振忠, 张春润. 基于软系统方法的航材保障概念模型研究[J]. 徐州空军学院

学报, 2008, 19(5): 41-45.

[38]　柏彦奇. 联邦式作战仿真[M]. 北京: 中国人民解放军国防大学出版社, 2001.

[39]　翟怀宇. 基于系统六元抽象的作战系统仿真建模方法研究[D]. 石家庄: 中国人民解放军军械工程学院, 2011.

[40]　刘占伟. 基于系统六元的仿真想定规范化描述方法研究[J]. 计算机与数字工程, 2012, 40(4): 39-41.

[41]　张祥林. 系统抽象与面向 Agent 六视图建模方法[J]. 计算机仿真, 2008, 25(9): 82-85.

[42]　关楠. 基于灰色理论的装备保障性评价数学分析方法研究[J]. 青岛大学学报(自然科学版), 2016, 19(3): 7-11.

[43]　金荣. 基于熵权多目标决策的保障性评价方法研究[J]. 空军工程大学学报(自然科学版), 2007, 8(3): 56-59.

[44]　李军亮, 滕克难, 夏菲. 一种复杂可修系统的可用度计算方法[J]. 航空学报, 2017, 38(12): 221169.

[45]　郭小威, 李保刚, 滕克难. 面向多阶段任务可用度的装备群维修决策模型[J]. 系统工程与电子技术, 2016, 38(3): 582-587.

[46]　魏勇, 徐廷学, 顾钧元, 等. 基于多阶段任务系统的成功率建模与仿真[J]. 计算机仿真, 2011, 28(3): 5-10.

[47]　陆凯, 聂成龙. 装备体系维修保障能力的参数体系研究[J]. 军械工程学院学报. 2016, 28(6): 11-15.

[48]　CLAUDE M, BOLTON Jr. FCS Supportability [J]. Army Al&T. 2005, (1):0-2.

[49]　MOHAMMAD A, MAKARAND S K, GANDHI O P .A conceptual framework for capturing supportability attributes of a mechanical systems[J], International Journal of Services and Operations Management, 2014, 17(1): 107-118.

[50]　MOHAMMAD A, MAKARAND S K, GANDHI O P. An insight to availability for O&M support of mechanical systems[J],International Journal of Productivity and Quality Management, 2015, 16(4):462-472.

[51]　MO Y C, SIEWIOREK D, YANG X Z. Mission reliability analysis of fault-tolerant multiple-phased systems[J]. Reliability Engineering & System Safety, 2008, 93(7): 1036-1046.

[52]　钱学森, 于景元, 戴汝为. 一个科学新领域——开放复杂巨系统及其方法论[J]. 自然杂志, 1990, 3(1): 3-10.

[53]　赵青松, 杨克巍, 陈英武, 等. 体系工程与体系结构建模方法与技术[M]. 北京:国防工业出版社, 2013: 2-4.

[54]　李英华, 申之明, 李伟. 武器装备体系研究的方法论[J]. 运筹与系统工程, 2004, 18(1): 17-20.

[55]　胡涛, 杨春辉, 王乐, 等. 舰船技术保障装备体系优化分析技术[M]. 北京:科学出版社, 2018:5-6, 7-11.

[56]　陶帅. 装备维修保障体系能力评估[M]. 北京:国防工业出版社, 2018:8-11.

[57] 潘星, 张振宇, 张曼丽, 等. 基于 SoSE 的装备体系 RMS 论证方法研究[J]. 系统工程与电子技术, 2019, 41(8): 1771-1779.

[58] 罗湘勇.基于 DoDAF 的装备保障任务建模与仿真验证[J]. 海军航空工程学院学报, 2012, 27(5): 579-582.

[59] 米巧丽, 徐廷学, 刘旭宁. 基于 ExtendSim 的舰炮维修保障过程建模与仿真[J]. 现代防御技术, 2015, 43(3): 139-145.

[60] 尹丽丽, 寇力, 范文慧. 基于多 Agent 的装备保障体系分布式建模与仿真方法[J]. 系统仿真学报, 2017, 29(12): 3185-3194.

[61] 寇力, 范文慧, 宋爽, 等. 基于多智能体的装备保障体系建模与仿真[J]. 中国科学: 信息科学, 2018, 48(7):794-809.

[62] MAHULKAR V, MCKAY S, ADAM S D E, et al. Charurvedi, System-of-Systems Modeling and Simulation of a Ship Environment With Wireless and Intelligent Maintenance Technologies[J] IEEE TRANSACTIONS ON SYSTEMS, MAN, AND CYBERNETICS- PART A: SYSTEMS AND HUMANS, 2009, 39(6) : 1255-1270.

[63] YANG L B, XU T H, WANG ZH X. Agent based heterogeneous data integration and maintenance decision support for high-speed railway signal system, 2014 IEEE 17th International Conference on Intelligent Transportation Systems (ITSC) October 8-11, 2014[C]. Qingdao, China, 2014,1976-1981.

[64] CAO Y, PENG Y L, WANG T N. Research on Equipment Support Process Model Based on Multi-Agent System[J]. 2009 International Conference on Information Management, Innovation Management and Industrial Engineering, 2009: 574-576.

[65] PANTELEEV V V, KAMAEV V A, KIZIM A V. Developing a Model of Equipment Maintenance and Repair Process at Service Repair Company Using Agent-based Approach[J]. Procedia Technology 2014 (16): 1072–1079.

[66] DU X M, PEI G X, XUE ZH, et al. An Agent-Based Simulation Framework for Equipment Support Command[J]. International Symposium on Computational Intelligence and Design, 2016: 12-16.

[67] 李亚飞, 吴庆顺, 徐明亮. 基于强化学习的舰载机保障作业实时调度方法[J]. 中国科学:信息科学, 2021, 51:247-262.

[68] 张亚东, 王硕, 李亚. 基于 STPA 与多智能体的列控运营场景危险分析及仿真验证方法[J]. 中国铁道科学, 2021, 42(1):147-155.

[69] 赵洪利, 张猛. 发动机机队备发仿真研究[J]. 计算机应用与软件, 2021, 38(1):87-92.

[70] 杨英杰, 于永利, 张柳, 等. 装备维修保障仿真系统灵敏度分析与参数优化[J]. 系统工程与电子技术, 2016, 38(3):575-581.

[71] 王双川, 贾希胜, 胡起伟, 等. 合成部队多阶段作战任务成功概率仿真评估[J]. 系统工程与电子技术, 2021, 43(3):763-772.

[72] MASSIMO C, SIMONE O I. Modeling of failure probability for reliability and component reuse of electric and electronic equipment[J]Energies,2020,13,1843.

[73] ZHOU L, LIU J, DONG L, et al. Maintenance process simulation based maintainability evaluation by using stochastic colored Petri net[J]. Applied Sciences, 2019, 9, 3262.

[74] 许庆, 侯兴明, 张永福, 等.面向仿真的航天装备维修保障效能评估指标参数体系[J]. 兵工自动化, 2019, 38(9): 4-10.

[75] MIRANDA P A, TAPIA-UBEDA F J, HERNANDEZ V, et al. A simulation based modelling approach to jointly support and evaluate spare parts supply chain network and maintenance system[J]. IFAC-Papers OnLine, 2019, 52(13): 2231-2236.

[76] PETROVIC S, MILOSAVLJEVIC P, LOZANOVIC SAJIC J,.Rapid evaluation of maintenance process using statistical process control and simulation[J]. International Journal of Simulation Modelling, 2018, 17(1): 119-132.

[77] PANG S, JIA X Y, LIU X, et al. Study on simulation modeling and evaluation of equipment maintenance[J]. Journal of Shanghai Jiaotong University(Science), 2016, 21(5): 594-599.

[78] 赵青松, 鲁延京, 杨克巍. 基于多视点的武器装备体系需求建模[J]. 火力与指挥控制, 2009, 34(10): 66-68.

[79] 涂刚, 郭基联. 基于作战任务的航空装备体系可靠性分析[J]. 军事运筹与系统工程, 2014, 28(3): 53-56.

[80] 刘彬, 杜晓明, 高鲁. 装备保障仿真概念模型理论与方法[M]. 北京:国防工业出版社, 2020.

[81] 张浩, 吴朝晖, 杨正义, 等.基于综合微观分析的装备体系多视图建模方法研究[J]. 装备制造技术, 2017, (7): 223-226.

[82] The Institute of Electrical and Electronics Engineers, Inc. IEEE Std 1471-2000. IEEE Recommended Practice for Architectural Description of Software-Intensive Systems[S]. IEEE Press, 2000.

[83] 闫旭, 曹军海, 宋太亮, 等. 基于 agent 的作战单元任务持续性仿真评估方法[J]. 系统仿真学报, 2018, 30(8): 2841-2847.

[84] 钱雪忠, 王燕玲, 林挺. 数据库原理及技术[M]. 北京: 清华大学出版社, 2011.

[85] 周斌, 吴霞. 生成函数的应用[J]. 湘南学院学报, 2017, 38(5): 110-113.

[86] 马丽琼. 几个简单可修系统的可靠性分析[D]. 成都: 西南交通大学, 2009.

[87] 戴瑞克·希金斯. 系统工程: 21 世纪的系统方法论[M]. 朱一凡, 王涛, 杨峰, 译. 北京:电子工业出版社, 2019.

[88] 谭跃进, 陈英武, 罗鹏程, 等. 系统工程原理[M]. 北京:科学出版社, 2019.

[89] LEVESON N G. A new accident model for engineering safer systems[J]. Safety Science, 2004, 42(4): 237-270.

[90] 胡剑波, 李俊, 郑磊. 航空四站气体保障过程的 STAMP 建模与 STPA 安全性分析[J]. 航空工程进展, 2017, 8(4): 408-415.

[91] LEVESON N G, THOMAS J P. STPA Handbook[M]. 2018.

[92] LEVESON N G. An STPA Primer[M]. Cambridge: MTTit Press, 2013.

[93] 张钰涵, 王洁宁. 基于STPA 的跑道入侵危险源识别模型[J]. 中国民航飞行学院学报,

2019, 30(5):5-9.

[94]   王瑛, 孙赟, 李超. 基于 IDAC-STPA 模型的战机飞行安全性分析与评价[J]. 系统工程与电子技术, 2019, 41(5): 1056-1062.

[95]   胡剑波, 郑磊. 综合火/飞/推控制系统复杂任务的STAMP建模和STPA分析[J]. 航空工程进展, 2016, 7(3): 309-315.

[96]   ANASTASIOS P, NEKTARIOS K. Using STPA in the evaluation of fighter Pilots training programs[J].Procedia Engineering,2015,(128):25-34.

[97]   BOER R J D, KARANIKAS N, THOMAS J, et al. STPA-based Method to Identify and Control Feature Interactions in Large Complex Systems[J]. Procedia Engineering, 2015, 128: 12-14.

[98]   Williams A D. Beyond a series of security nets: applying STAMP & STPA to port security[J]. Journal of Transportation Security, 2015, 8(3-4):139-157.

[99]   OSIRIS A.Valdez Banda. A STAMP-based approach for designing maritime safty management system[J]. Safety Science,2018,109:109-209.

[100] 丁定浩. 论证军用装备 RMS 顶层参数指标的意义和建议[J]. 电子产品可靠性与环境试验, 2011, 29(5):1-5.

[101] 苏永定, 邱静, 杨鹏. 面向任务的导弹测试性需求分析与指标确定[J]. 国防科技大学学报, 2011, 33(2): 125-129.

[102] GJB1909.1《装备可靠性维修性参数选择和指标确定要求 总则》. 中国人民解放军总装备部, 1994.

[103] GJB1909.5《装备可靠性维修性参数选择和指标确定要求 军用飞机》. 国防科学技术工业委员会, 1994.

[104] 冉宝峰, 张英锋, 张梁. 基于 CAIV 效费险权衡的飞机保障性指标决策方法[J]. 指挥控制与仿真, 2015, 37(6): 109-132.

[105] 张建军. 作战单元维修保障能力评估与优化技术研究[D]. 长沙: 国防科学技术大学, 2009.

[106] 陈冰, 朱小冬, 王毅刚, 等. 装备完好率要求和人才成长规律的维修任务分配方法[J]. 火力与指挥控制, 2014, 39(9): 96-100.

[107] 康锐, 等. 可靠性维修性保障性工程基础[M]. 北京: 国防工业出版社, 2014.

[108] 徐英, 李三群, 李星新, 等. 型号装备保障特性试验验证技术[M]. 北京: 国防工业出版社, 2015.

[109] 单志伟, 等. 装备综合保障工程[M]. 北京：国防工业出版社, 2008.

[110] 孔博枢. 基于情感 BDI 模型的 Agent 行为控制研究[D]. 长沙：湖南大学, 2016.

[111] 李雄. 基于 Agent 的作战建模[M]. 北京: 国防工业出版社, 2013.

[112] 陈春良, 王岩磊, 吕会强, 等. 装备保障系统建模与应用[M]. 北京:电子工业出版社, 2019.

[113] 阿纳达·佩雷兹·卡斯塔诺. 人工智能实战[M]. 敖富江, 周云彦, 李博, 等, 译. 北京：清华大学出版社, 2019.

[114]　梁鹏, 王海燕, 王耀辉. 由反应式 Agent 构造智能 Agent 的方法[J]. 东北电力大学学报: 自然科学版, 2008,18(2):94-97.

[115]　MULLER J P, PISCHEL M. The Agent Architecture InteRRaP: Concept and Application[J]. Deutsches Forschungszentrum Für Kunstliche Intelligenz Gmbh Frg, 1993, 60(1):45-48.

[116]　熊伟. 基于免疫多 Agent 系统的柔性作业车间调度问题研究[D]. 北京：北京科技大学. 2018.

[117]　周青骅. 基于 MAS 的复杂海工装备建造物资追溯管理方法研究[D]. 哈尔滨：哈尔滨工程大学, 2018.

[118]　王毅. 基于仿人机器人的人机交互与合作研究[D]. 北京：北京科技大学, 2014.

[119]　段立明. 面向大型分布式系统的智能监控系统设计与实现[D]. 沈阳：中国科学院大学(中国科学院沈阳计算技术研究所), 2018.

[120]　刘静. 多 Agent 联合灭火救援作战系统应用基础研究[D]. 淮南: 安徽理工大学, 2013.

[121]　方洋旺, 伍友利, 魏贤智, 等. 航空装备作战建模与仿真[M]. 北京:国防工业出版社, 2012.

[122]　李群, 黄建新, 朱一凡, 等. 基于 ABMS 的体系计算实验方法及应用[M]. 北京:电子工业出版社, 201:27-29.

[123]　王步云, 张国. 一种适用于人工生命作战仿真的混合 Agent 结构[J]. 系统仿真学报, 2010, 22(11): 2515-2518.

[124]　秦天保, 王岩峰. 面向应用的仿真建模与分析[M]. 北京: 清华大学出版社, 2009.

[125]　丁刚, 崔利杰, 史超, 等. 航空装备体系保障性指标构建研究[J]. 空军工程大学学报, 2019, 19(3): 55-59.

[126]　贾长伟, 彭健, 廖建, 等. 基于 HLA 的仿真运行控制方法设计[J]. 计算机测量与控制, 2014, 22(10): 3426-3428.

[127]　刘金鹏, 张晗, 姚益平, 等. 并行仿真多样本任务分发与调度工具的设计[J]. 计算机仿真, 2009, 26(12): 282-285.

[128]　郭霖瀚, 康锐. 基本作战单元修复性维修过程建模仿真[J]. 北京航空航天大学学报, 2007, 33(1): 27-31.

[129]　刘佳. 基于 HLA 的 CBTC 仿真测试系统研究与设计[J]. 铁路通信信号工程技术, 2018, 15(4): 43-46.

[130]　杨菲. 基于 HLA 大规模仿真系统的并行绘制技术研究[D]. 长沙: 国防科学技术大学, 2005.

[131]　MOLLER B, GARRO A, FALCONE A, et al. On the Execution Control of HLA Federations using the SISO Space Reference FOM[R]. National Aeronautics and Space Administration, Houston, TX. Lyndon B. Johnson Space Center, 2017.

[132]　CRUES E Z, MOLLER B, GARRO A，et al. Promoting A-Priori Interoperability of HLA-Based Simulations in the Space Domain: The SISO Space Reference FOM Initiative[R].National Aeronautics and Space Administration, Houston, TX. Lyndon B.

Johnson Space Center, 2016.

[133]   朱昶胜, 王莎莎, 王永贤. 基于 R＋Hadoop 的中药材大数据的分析及预测[J]. 兰州
         理工大学学报, 2017, 43(1): 98-103.

[134]   洪波, 吕燕霞, 黄磊. 大数据环境下基于 Hadoop 框架的数据挖掘算法的研究与实现
         [J]. 电子设计工程, 2017, 25(7): 41-44.

[135]   MARCO C, GIUSEPPE D M, CARMELO P, et al. Multi-job Hadoop scheduling to process
         geo-distributed big data[C]. Computers and Communications (ISCC), IEEE Conference
         Publication, 2017: 1175-1181.